Klaus Fröhlich-Gildhoff

unter Mitarbeit von
Andreas Abler, Ines Dold, Tonja Gröschner,
Katrin Isele, Philipp Klein, Wendula Mordhorst
und Ute Steinmetz-Brand

Gewalt begegnen

Konzepte und Projekte
zur Prävention und Intervention

Verlag W. Kohlhammer

1. Auflage 2006

Alle Rechte vorbehalten
© 2006 W. Kohlhammer GmbH Stuttgart
Umschlag: Gestaltungskonzept Peter Horlacher
Gesamtherstellung:
W. Kohlhammer Druckerei GmbH + Co. KG, Stuttgart
Printed in Germany

ISBN-10: 3-17-018846-1
ISBN-13: 978-3-17-018846-4

„Wird dem eigentlichen Lebenszweck, nämlich zu wachsen und zu leben, entgegen gearbeitet, dann macht die gehemmte Energie einen Umwandlungsprozeß durch. **Der Destruktionstrieb ist die Folge eines ungelebten Lebens.** *Die individuellen und gesellschaftlichen Bedingungen, die eine solche Blockierung der lebensfördernden Energie bewirken, bringen den Destruktionstrieb hervor, der seinerseits zur Quelle der verschiedenen Manifestationen des Bösen wird.*

... Wir haben dargelegt, daß der Mensch nicht zwangsläufig böse ist, sondern nur dann böse wird, wenn die für sein Wachstum geeigneten Bedingungen fehlen. Das Böse führt kein unabhängiges Eigenleben; es ist das Nichtvorhandensein des Guten, das Scheitern eines Verwirklichungsversuchs.“

Erich Fromm: Psychoanalyse und Ethik, S. 234f, 236 [1978, Frankfurt/M.: Ullstein].

Inhalt

Vorwort

Dieses Buch ist entstanden aus dem Zusammenhang von Lehre, praktischer Anwendung und Forschung im Rahmen der Evangelischen Fachhochschule Freiburg (EFH). Vor meiner Zeit als Dozent an der EFH war ich viele Jahre tätig als Psychotherapeut und als Geschäftsführer eines Jugendhilfeträgers und hierbei gewissermaßen ‚naturgemäß‘ direkt mit Kindern und Jugendlichen konfrontiert, die durch aggressives oder gewalttätiges Verhalten auffällig geworden sind. Viele von ihnen waren aus allen institutionellen Zusammenhängen herausgefallen, sie waren von der Schule verwiesen worden und im Rahmen von Einrichtungen nicht mehr zu betreuen gewesen.

Zusammen mit engagierten Kolleginnen und Kollegen im „Arbeitskreis Gemeindenahe Gesundheitsversorgung" (AKGG Melsungen) wurden individuell bezogene Angebote, besonders intensive Einzelbetreuungen für diese Zielgruppe geschaffen; in einer eigens geschaffenen Schule für Erziehungshilfe gelang es gut, diese Jugendlichen zu erreichen. Aus dieser Arbeit heraus sind auf praktischer Ebene Konzepte entstanden, und zugleich erfolgte eine zunehmend vertiefte Reflexion und theoretische Auseinandersetzung mit dem Thema Aggression und Gewalt. Die hieraus gewonnenen Erkenntnisse flossen später in die Lehre der EFH Freiburg ein und konnten in verschiedenen Seminaren weiterentwickelt werden. Die persönliche Herausforderung durch gewalttätige Kinder und Jugendliche, die die Studierenden der Sozialpädagogik/Sozialarbeit in ihren Praxisphasen immer wieder erlebten, war ein Ansporn, sich fachlich auf inhaltlicher wie praktischer Ebene weiterzuqualifizieren.

Dieses Buch versucht, die gewonnenen Erfahrungen und Erkenntnisse zusammenzuführen. Grundlage ist eine theorie- und therapieschulenübergreifende Sichtweise und deren praktische Anwendung. So wird ein Schwerpunkt einerseits auf die theoretischen Grundlagen gelegt und andererseits ein Überblick über Interventionsformen und -möglichkeiten gegeben. Diese werden vertieft durch konkrete Anwendungsbeispiele. Aus der mehrjährigen Arbeit resultiert auch ein konkretes Programm, um mit Kindern und Jugendlichen zu arbeiten, die durch aggressives Verhalten auffällig geworden sind. Das „Freiburger Anti-Gewalt-Training" ist ausführlich in einem weiteren Buch (Fröhlich-Gildhoff, 2006) dargestellt.

Das Verfassen eines solchen Werkes erfolgt in enger Zusammenarbeit mit anderen Menschen, ohne deren Unterstützung ich es nicht geschafft hätte, es fertig zu stellen.

Ein besonderer Dank gilt hier Tina Dörner, die viele Texte nach (schlechtem) Diktat geschrieben hat und eine große Unterstützung bei den Korrekturarbeiten war.

Eine große Hilfe waren die MitautorInnen, vor allem aus der Praxis, die den Mut gefunden haben, ihre Erfahrungen aufzuschreiben.

Inhaltliche und moralische Unterstützung hat mir mein Team des „Zentrums für Kinder- und Jugendforschung" an der EFH Freiburg (Eva-Maria Engel, Maike Rönnau und Gabriele Kraus) gegeben.

Besonderer Dank gilt meiner Frau Gaby und meinen Söhnen Michel und Moritz, die viel Verständnis für meine innere Beschäftigung und den zeitlichen Aufwand beim Verfassen des Buches aufgebracht haben.

Ein besonderer Dank gilt auch Herrn Dr. Ruprecht Poensgen vom Kohlhammer-Verlag, der mich zum Erstellen des Buches ermutigt hat.

Freiburg, im Frühjahr 2006   Klaus Fröhlich-Gildhoff

Hinweis zur Orientierung im Buch

Praxisnahe Abschnitte wie beispielsweise Sitzungen aus Trainingsprogrammen sind am Seitenrand grau hinterlegt. Weiß belassene Teile hingegen sind mehr theoretischer Natur und geben einen Überblick über den aktuellen Wissensstand zur Thematik.

1 Einleitung

Das Thema Gewalt – oder Aggression – ist immer wieder Thema in der breiten Öffentlichkeit, aber auch in der Fachöffentlichkeit. Das Thema kocht immer dann besonders hoch, wenn spektakuläre Ereignisse – wie der tragische Amoklauf in Erfurt – auftreten; es wird dann mit oft nicht abgesicherten Daten argumentiert, nach schnellen Lösungen gesucht, die sich vielmals in restriktiven Vorstellungen erschöpfen. Gleichfalls haben in diesen Zeiten einfache Erklärungsmodelle Konjunktur, etwa nach dem Motto „gewalttätige Computerspiele führen zum Ansteigen von Gewalt".

Demgegenüber ist von wissenschaftlicher Seite in den letzten Jahren eine kaum mehr übersehbare Zahl von Fachpublikationen erschienen, die sich doch überwiegend durch ein hohes Maß an Nüchternheit und Sachlichkeit auszeichnen.

Die Zeit der ,großen einfachen Theorien' – der Triebtheorie und des Modelllernens – zur Erklärung aggressiven bzw. gewalttätigen Verhaltens scheint vorbei. Demgegenüber hat sich das umfassendere bio-psychosoziale Modell durchgesetzt, als eine differenzierte Betrachtung eines komplexen Wirkungsgeschehens von vielen, ineinander spielenden Faktoren. Die Komplexität des Geschehens wird mittlerweile unabhängig von einzelnen Theorieschulen oder Grunddisziplinen anerkannt.

Ebenso anerkannt ist die Tatsache, dass aggressives bzw. gewalttätiges Verhalten ein relativ stabiles Verhalten ist, sofern es sich einmal als Persönlichkeitsmerkmal und Art, der Welt zu begegnen, etabliert hat – dementsprechend schwer ist es zu ändern. Auch auf der Ebene der Interventionen gibt es eine Vielzahl von Konzepten mit unterschiedlichen Schwerpunkten. Es gibt unterschiedliche Methoden, auch für unterschiedliche Zielgruppen, von der Prävention im Kindergarten bis zur Behandlung von Straftätern mit massiven Gewalttaten. Dabei ist hinsichtlich der möglichen Erfolge ein gewisses Maß an Nüchternheit eingetreten.

Der vorliegende Band gibt einen Überblick über Definitionsversuche, Symptomatik und Auftretenshäufigkeit von aggressivem bzw. gewalttätigem Verhalten. Auf theoretischer Ebene wird auf der Grundlage des bio-psychosozialen Modells eine umfassende Erklärung für die Entstehung und Aufrechterhaltung aggressiven Verhaltens gegeben – ein besonderer Schwerpunkt wird dabei auf die (frühe) Interaktion zwischen dem Kind und seinen Bezugspersonen gelegt. Dabei wird zum einen Bezug genommen auf aktuelle empirische Erkenntnisse, zum anderen wird angeknüpft an die bestehende Systematik anderer AutorInnen.

Ein zweiter Schwerpunkt des Buches besteht darin, einen Überblick über Präventions- und Interventionskonzepte zu geben.

Da überdauerndes, stabiles gewalttätiges Verhalten seine Wurzeln in den ersten vier bis fünf Lebensjahren hat, muss insbesondere der Prävention zukünftig eine besondere Aufmerksamkeit gelten. Daher werden neben einem Überblick über das bekannte und relativ weitverbreitete Programm FAUSTLOS und ein weiteres Programm von Lösel et al. (2004) zwei Präventionskonzepte breiter dargestellt, die in der praktischen Arbeit in einer Kindertagesstätte (Beitrag von Tonja Gröschner) bzw. einer Grundschule (Beitrag von Katrin Isele) entstanden sind und auch evaluiert wurden.

In den letzten Jahren sind ebenfalls Konzepte entstanden, die sich auf den institutionellen Zusammenhang beziehen. Der ursprüngliche Ansatz von Olweus (1995) wird referiert. Ausführlicher wird auch hier ein in der Praxis einer Schule für Erziehungshilfe erfolgreich durchgeführtes Konzept von Ute Steinmetz-Brand vorgestellt.

Auf der Ebene der Interventionen hat ein Paradigmenwechsel von eher begleitenden und zum Teil auch unspezifischen Behandlungsformen zu einem eher konfrontativeren Vorgehen stattgefunden. Dieses Vorgehen hat seine Wurzeln in den USA; in Deutschland hat es seinen Ausgangspunkt in der Jugendstrafanstalt Hameln genommen. Aus diesen Gründen ist zum einen das Konzept von Heilemann & Fischwasser-von Proeck (2001) breiter referiert, das unter dem Begriff „Hamelner Modell" mittlerweile bundesweit bekannt ist und als „Anti-Aggressivitäts-Training" auch im ambulanten Bereich realisiert wird. Eine kritische Betrachtung der konfrontativen Ansätze und der Programme in den USA wird – aufgrund eigener Praxiserfahrungen – in dem Beitrag von Philipp Klein, Wendula Mordhorst und Ines Dold vorgenommen.

Neben diesen konfrontativen Ansätzen gibt es ganzheitliche Interventionsoder Trainingsprogramme. Das bekannteste und verbreitetste ist das von Petermann & Petermann (2001), das aus diesem Grund gleichfalls referiert wird. Aus praktischen Arbeitszusammenhängen ist das „Freiburger Anti-Gewalt-Training" entstanden, welches ebenfalls an den dem gewalttätigen Verhalten zugrunde liegenden Faktoren Selbst- und Fremdwahrnehmung, Selbststeuerung, Soziale Kompetenzen und Selbstwert ansetzt. Dieses vom Autor entwickelte, über Jahre erprobte und in den letzten Jahren zunehmend weiter vermittelte Programm wird gleichfalls ausführlicher beschrieben. Das Manual und die ausführliche Evaluation sind in einem gesonderten Band (Fröhlich-Gildhoff, 2006) erschienen.

Die aufgeführten Beispiele aus der Praxis sollen Mut zum Handeln machen. Gewalttätiges Verhalten bei Kindern und Jugendlichen ist schwer zu beeinflussen – aber es ist zu beeinflussen. Es bedarf dazu engagierter und standhafter PädagogInnen und TherapeutInnen, die bereit sind, sich auf die Begegnung mit den Betroffenen einzulassen, die bereit sind zur Konfrontation, die aber auch fähig sind, die Kinder und Jugendlichen als ganze Personen anzunehmen und wertzuschätzen.

2 Einführung, Überblick

2.1 Definitionen

Je nach theoretischem Hintergrund und praktischer Ausrichtung der AutorInnen finden sich in der Literatur eine Vielzahl von Definitionen von Aggression, Gewalt, antisozialem Verhalten und Delinquenz.

Dabei hat sich in den letzten Jahren eine Grundübereinstimmung herausgebildet, die Aggression bzw. aggressives Verhalten mit einer Schädigungsabsicht verbindet.

> Unter Aggression wird eine zielgerichtete und beabsichtigte körperliche oder verbale Tätigkeit verstanden, die zu einer psychischen oder physischen Verletzung führt.

Oder: „Bei Aggression handelt es sich um ein Verhalten mit Schädigungsabsicht, das vom Opfer als verletzend empfunden wird.

Aggression verläuft dabei auf drei Ebenen (Scheithauer, 2003):

- Motivationale Ebene mit Einstellungen oder Absichten (z.B. Feindseligkeit),
- Emotionale Ebene (z.B. Ärger),
- Verhaltensebene der ausgeführten Handlung (direkt, verbal, indirekt/ relational oder körperlich)" (Scheithauer & Petermann, 2004, S. 369).

Diese Definition erscheint griffig, ist allerdings mit der Problematik verbunden, dass sich die Absicht der Schädigung zunächst nur indirekt erschließen lässt, „deren Beurteilung (…) ist auf das soziale Urteil eines Beobachters angewiesen" (Kleiber & Meixner, 2000, S. 193; vgl. auch Essau & Conradt, 2004). Scherr (2004) betont die Perspektive des Opfers: „Dass Gewalt vorliegt, ist … nur unter der Perspektive ihrer Opfer erkennbar: Gewalt liegt dann vor, wenn Individuen sich unerwünschten Angriffen auf ihre psychische und/oder physische Unversehrtheit ausgesetzt sehen" (ebd., S. 204).

Die o. g. Definitionen sind auf das aggressive Handeln von Individuen bzw. Gruppen in konkreten sozialen Kontexten bezogen – andere Form von Aggression und/oder Gewaltausübung, z.B. das Konzept der strukturellen Gewalt (Galtung, 1993, vgl. Überblick bei Nolting, 1999 oder bei Borg-Laufs, 1997, S. 19 ff), sind in dem vorliegenden Zusammenhang nicht von Bedeutung. Der

Begriff der Gewalt wird i.d.R. für massive Formen aggressiven Verhaltens benutzt, „wobei sich personale Gewalt auf aktive Handlungsvollzüge bezieht, die zu einer effektiven Schädigung von Personen oder Dingen führen und bei der in der Regel ein Ungleichgewicht der Kräfte (z.B. von zwei Personen) vorliegt" (Scheithauer & Petermann, 2004, S. 369).

Nunner-Winkler (2004) analysiert ausführlich die mit einer Gewalt-Definition verbundenen Schwierigkeiten und plädiert für eine Reduktion des Begriffs, indem Gewalt „als absichtsvolle physische Schädigung" (ebd., S. 27) verstanden werden sollte. Das Ausüben psychischer Gewalt sei immer durch ein interaktives Geschehen geprägt: „Im prototypischen Fall (kann) physische Gewalt monologisch, d.h. vom Täter allein vollzogen werden ..., während psychische Gewalt ein interaktives Geschehen ist, d.h. der Täter ist für den Erfolg auf die Mitwirkung des Opfers angewiesen" (ebd., S. 39).

Weitere, oft benutzte Begriffe in diesem Zusammenhang sind die des aggressiv-antisozialen Verhaltens und der Delinquenz. Dabei umfasst der Begriff antisoziales Verhalten solche Handlungen, die offen und klar gegen gesellschaftliche und soziale Regeln gerichtet sind und die Rechte anderer Menschen verletzten. „Der Begriff einer ,Delinquenz' wird zur Beschreibung des Verhaltens von Kindern (und Jugendlichen; die Verfasser) verwandt, die einen Gesetzesverstoß begangen haben, der schwer genug ist, den Jugendstrafvollzug einzuschalten (Kazdin, 1995)" (Essau & Conradt, 2004, S. 16 f), – hierbei sollte allerdings immer beachtet werden, dass unter diesem Begriff zum Teil sehr unterschiedliche For-

Tab. 1: Verschiedene Ausdrucksformen aggressiven Verhaltens (nach Vitiello & Stoff, 1997; erweitert von Petermann, Döpfner & Schmidt, 2001, S. 3)

Ausdrucksform aggressiven Verhaltens	Erläuterungen
feindselig vs. instrumentell	• mit dem Ziel, einer Person direkt Schaden zuzufügen • mit dem Ziel, indirekt etwas Bestimmtes zu erreichen
offen vs. verdeckt	• feindselig und trotzig, eher impulsiv und unkontrolliert (z.B. kämpfen) • versteckt, instrumentell und eher kontrolliert (z.B. stehlen oder Feuer legen)
reaktiv vs. aktiv	• als Reaktion auf eine wahrgenommene Bedrohung oder Provokation • zielgerichtet ausgeführt, um etwas Bestimmtes zu erreichen
körperlich vs. indirekt	• in offener, direkter Konfrontation mit dem Opfer • die sozialen Beziehungen einer Person betreffend und manipulierend
affektiv vs. „räuberisch"	• unkontrolliert, ungeplant und impulsiv • kontrolliert, zielorientiert, geplant und versteckt

men von Gesetzesverstößen, vom Ladendiebstahl bis zum Mord, gefasst werden (s. u.).

Ausgehend von dieser Definition, kann man verschiedene Formen aggressiven Verhaltens unterscheiden. Die gebräuchlichste Unterscheidung von Vitiello & Stoff (1997) haben Petermann et al. (2001) noch etwas weiter differenziert (s. Tab. 1).

Eine weitere, insbesondere unter geschlechtsspezifischer Sichtweise analysierte Form der Aggression ist die sog. ‚relationale Aggression': „Relationale Aggression wird ein Verhalten genannt, durch das andere Schaden nehmen, indem Beziehungen, Freundschaften, Gruppenzugehörigkeit oder ein Gefühl der Akzeptanz zerstört werden oder eine solche Zerstörung angedroht wird (Crick, 1995)" (Essau & Conradt, 2004, S. 19). Dieses auch als indirekte oder antisoziale Aggression bezeichnete Verhalten hat Scheithauer (2003) weitergehend untersucht. Es umfasst „die indirekte oder direkte Schädigung einer anderen Person über die soziale Gruppe, in der sich die Person bewegt, beispielsweise über soziale Manipulation, Deformierung, Ausschluss oder dem Verbreiten von Gerüchten" (Petermann et al., 2004, S. 370; auf den Aspekt der Geschlechtsspezifik wird später noch genauer eingegangen).

2.2 Klassifikationen

Die international gebräuchlichsten Klassifikationssysteme, das DSM-IV und der ICD-10 ordnen aggressives bzw. gewalttätiges Verhalten in etwas unterschiedliche Systeme ein, deshalb seien sie im Folgenden tabellarisch erläutert:

Das DSM-IV (Saß et al., 1996) geht von zwei Störungsformen aus, zum einen der ‚Störung des Sozialverhaltens' und zum anderen der ‚Störung mit Oppositionellem Trotzverhalten'.

Die *Störungen des Sozialverhaltens* sind gekennzeichnet durch sich wiederholende Verhaltensmuster: Über einen Zeitraum von 12 Monaten müssen mindestens drei der 15 Kriterien nach Tab. 2 aufgetreten sein, zusätzlich müssen klinisch bedeutsame Beeinträchtigungen im sozialen bzw. schulischen Bereich vorliegen. Es werden zwei Subtypen abhängig vom Alter unterschieden: zum einen der Typus mit Beginn in der Kindheit (Auftreten von mindestens einer der charakteristischen Verhaltensweisen vor dem 10. Lebensjahr) sowie der Typus mit Beginn in der Adoleszenz (Auftreten nach dem 10. Lebensjahr).

Die *Störung mit Oppositionellem Trotzverhalten* umfasst als Hauptmerkmal „ein Muster wiederkehrender trotziger, ungehorsamer und feindseliger Verhaltensweisen gegenüber Autoritätspersonen (z. B. gegenüber der Mutter oder dem Vater). Das Verhalten muss mindestens über einen Zeitraum von sechs Monaten andauern und es müssen mindestens vier von acht Kriterien erfüllt sein" (Scheithauer & Petermann, 2004, S. 371; vgl. Tab. 3).

Tab. 2: Symptomliste für die Störung des Sozialverhaltens
(nach DSM IV) (American Psychiatric Association, 1994, S. 129 f;
nach Scheithauer & Petermann, 2004, S. 370 f)

Aggressives Verhalten gegenüber Menschen und Tieren:
- bedroht oder schüchtert andere häufig ein
- beginnt häufig Schlägereien
- hat schon häufig eine Waffe benutzt, die anderen schweren körperlichen Schaden zufügen könnte (z.B. Schlagstöcke, Ziegelsteine, zerbrochene Flaschen, Messer, Gewehre)
- war körperlich grausam zu Menschen
- quälte Tiere
- hat in Konfrontation mit dem Opfer gestohlen (z.B. Überfall, Taschendiebstahl, Erpressung, bewaffneter Raubüberfall)
- zwang andere zu sexuellen Handlungen

Zerstörung von Eigentum:
- beging vorsätzliche Brandstiftung mit der Absicht, schweren Schaden zu verursachen
- zerstörte vorsätzlich fremdes Eigentum (jedoch nicht durch Brandstiftung)

Betrug oder Diebstahl:
- brach in fremde Wohnungen, Gebäude oder Autos ein
- lügt häufig, um sich Güter oder Vorteile zu verschaffen oder um Verpflichtungen zu entgehen (d.h. ‚legt andere herein')
- stahl Gegenstände von erheblichem Wert ohne Konfrontation mit dem Opfer (z.B. Ladendiebstahl, jedoch ohne Einbruch, sowie Fälschungen)

Schwere Regelverstöße:
- bleibt schon vor dem 13. Lebensjahr trotz elterlicher Verbote häufig über Nacht weg
- lief mindestens zweimal über Nacht von zu Hause weg, während er noch bei den Eltern oder bei anderen Bezugspersonen wohnte (oder nur einmal mit Rückkehr erst nach längerer Zeit)
- schwänzt schon vor dem 13. Lebensjahr häufig die Schule

Tab. 3: Symptomliste für die Störung mit Oppositionellem Trotzverhalten
(nach DSM IV) (American Psychiatric Association, 1994, S. 133;
nach Scheithauer & Petermann, 2004, S. 370 f)

- wird schnell ärgerlich
- streitet sich häufig mit Erwachsenen
- widersetzt sich häufig aktiv den Anweisungen oder Regeln von Erwachsenen oder weigert sich, diese zu befolgen
- verärgert andere häufig absichtlich
- schiebt häufig die Schuld für eigene Fehler oder eigenes Fehlverhalten auf andere
- ist häufig empfindlich oder lässt sich von anderen leicht verärgern
- ist häufig wütend oder beleidigt
- ist häufig boshaft und nachtragend

Beide Störungen weisen eine hohe Komorbidität miteinander auf. Kleiber & Meixner (2000) gehen davon aus, dass „dies (…) weniger für zwei eigenständige Störungstypen als vielmehr für eine zeitliche Abfolge einer umfassenden Störungsentwicklung mit Beginn in der frühen Kindheit und einer Veränderung der Schwere und Art der Symptome im Verlauf des Jugendalters (vgl. Achenbach, 1993, Lahey & Loeber, 1997)" spricht (ebd., S. 194).

Im Klassifizierungssystem ICD-10 (Dilling et al., 1994) werden grundsätzlich Störungen des Sozialverhaltens (ICD F91) von sog. kombinierten Störungen des Sozialverhaltens der Emotionen (ICD F92) unterschieden. Innerhalb des Typus der Störung des Sozialverhaltens (F91) lassen sich noch folgende Unterkategorien bilden:

Tab. 4: Typen der Störung des Sozialverhaltens nach ICD-10
(Dilling et al.1994; nach Petermann, Döpfner & Schmidt, 2001, S. 5 f)

1. **Auf den familiären Rahmen beschränkte Störung des Sozialverhaltens (F91.0)**
Aggressiv-dissoziales Verhalten, das völlig auf den häuslichen Rahmen oder die Interaktion mit Familienmitgliedern beschränkt ist und oppositionelles und trotziges Verhalten übersteigt

2. **Störung des Sozialverhaltens bei fehlenden sozialen Bindungen (F91.1)**
Aggressives Verhalten, das oppositionelles oder trotziges Verhalten übersteigt und mit einer andauernden Beeinträchtigung der Beziehung des Kindes zu anderen Personen einhergeht (insbesondere zur Gruppe der Gleichaltrigen)

3. **Störung des Sozialverhaltens bei vorhandenen sozialen Bindungen (F91.2)**
Aggressives Verhalten, das oppositionelles oder trotziges Verhalten übersteigt, bzw. ein andauerndes delinquentes Verhalten, aber mit guter sozialer Einbindung in die Altersgruppe

4. **Störung des Sozialverhaltens mit oppositionellem, aufsässigem Verhalten (F91.3)**
Ungehorsames und trotziges Verhalten bei Fehlen schwerer delinquenter oder aggressiver Verhaltensweisen, das typischerweise vor dem neunten Lebensjahr auftritt

5. **Andere bzw. nicht näher bezeichnete Störung des Sozialverhaltens (F91.8/F91.9)**
Störungstyp, bei dem die Kriterien einer Störung des Sozialverhaltens erfüllt werden, eine Zuordnung zu einer Subgruppe aber nicht möglich ist

6. **Kombinierte Störung des Sozialverhaltens und der Emotionen (F92)**
Störungen des Sozialverhaltens, die in Kombination mit einer emotionalen Störung (z.B. Depression oder Zwangsgedanken) auftreten

Die Diagnostikleitlinien der Deutschen Gesellschaft für Kinder- und Jugendpsychiatrie und -psychotherapie (2003) formulieren als Leitsymptome:

- „ein deutliches Maß an Ungehorsam
- streiten oder tyrannisieren
- ungewöhnlich häufige und schwere Wutausbrüche
- Grausamkeiten gegenüber anderen Menschen oder Tieren
- erhebliche Destruktivität gegen Eigentum
- zündeln
- stehlen
- häufiges Lügen
- Schuleschwänzen
- weglaufen von zu Hause.

Bei erheblicher Ausprägung genügt jedes einzelne der genannten Symptom für eine Diagnosestellung, nicht jedoch einzelne dissoziale Handlungen" (ebd., S. 261).

Die Deutsche Gesellschaft für Kinder- und Jugendpsychiatrie und -psychotherapie (2003) differenziert auch drei unterschiedliche Schweregrade (leicht, mittel und schwer), in Abhängigkeit von der Anzahl der Symptome, der Intensität der gezeigten negativen Verhaltensweisen und der Auswirkungen auf das Umfeld (ebd).

Essau & Conradt (2004) setzen sich kritisch mit diesen Klassifikationssystemen auseinander. Zum einen seien die „Schwellenwerte für die Symptome, anhand derer im DSM-IV (auch in der ICD-10) bestimmt wird, ob eine Störung des Sozialverhaltens bzw. eine Störung mit Oppositionellem Trotzverhalten vorliegt (...) recht willkürlich festgelegt" (ebd., S. 35). Kritisch wird ebenfalls gesehen, dass eine relativ eindimensionale Betrachtung des Verhaltens den Systemen zu Grunde liegt. Die unterschiedlich beeinträchtigenden Symptome seien gleichwertig, zudem ist der Entwicklungsaspekt unzureichend berücksichtigt: „da viele Kinder Zeiten von Unfolgsamkeit und trotzigem Verhalten durchleben, liefern unsere Klassifikationssysteme wenig Anhaltspunkte dafür, wie sich zwischen einer Störung des Sozialverhalten und einem Trotzverhalten unterscheiden lässt, das zwar schwierig, im Umgang aber altersangemessen ist" (ebd., S. 37). Nicht zuletzt wird kritisiert, dass der kulturelle Hintergrund von Störungen des Sozialverhaltens bzw. Oppositionellem Trotzverhalten eine große Bedeutung hat, der in diesem Klassifikationssystem nicht berücksichtigt wird. Essau & Conradt weisen ausdrücklich darauf hin, dass eine Kategorisierung alleine nach diesen Systemen zu einer Etikettierung bzw. Stigmatisierung von Kindern führen kann (ebd., S. 35) – hier werden fundamentale Fragen zur Diagnostik angesprochen (s. u.).

2.3 Epidemiologie

2.3.1 Prävalenz

Die Angaben zur Prävalenz der ‚Störungen des Sozialverhaltens' bzw. des ‚aggressiv-dissozialen Verhaltens' variieren in unterschiedlichen Studien erheblich. Dies liegt zum einen an unterschiedlichen zugrunde liegenden Diagnosesystemen, unterschiedlichen Erhebungsmethoden, aber auch unterschiedlichen Beurteilungsquellen (z. B. die Einschätzung der Kinder über Fremdbeurteilung durch die Eltern oder andere Außenstehende); Borg-Laufs (1997, S. 26) stellte unterschiedliche Studienergebnisse zusammen, die zeigten, dass „nur schwache Übereinstimmungen" von (verschiedenen) Fremdeinschätzungen miteinander und auch mit Selbsteinschätzungen bestehen (Korrelationen von bestenfalls .33).

Tab. 5: Prävalenz der Störung des Sozialverhaltens bzw. aggressiv-dissozialen Verhaltens

Untersuchung durch:	Prävalenz	Quelle
American Psychiatric Association, 1996	8% aller Kinder und Jugendlichen (6–16% Jungen, 2–9% Mädchen)	Petermann, Döpfner & Schmidt, 2001
Mannheimer Risiko-Kinder-Studie	14,5% diagnostizierte Kinder der Stichprobe (Grundschulalter), davon 70% Jungen, 30% Mädchen	Laucht, 2003
Romano et al., 2001	4,2% 14- bis 17-Jährige (Selbstbericht Jugendliche und Beeinträchtigungskriterien) (5,5% Jungen, 2,9% Mädchen)	Essau & Conradt, 2004
Lahey et al., 1998	0–11,9% (4- bis 18-Jährige, Median 2%)	Scheithauer & Petermann, 2004

Diese Zusammenstellung macht deutlich, wie unterschiedlich die Einschätzungen hinsichtlich der Auftretenshäufigkeit sind. Allerdings wird übereinstimmend berichtet, dass die Störung des Sozialverhaltens „zu den am häufigsten ermittelten Störungsformen (zählen). Noch auffälliger zeigt sich die hohe Verbreitungsrate dieser Störung im Kindes- und Jugendalter in klinischen Studien" (Scheithauer & Petermann, 2004, S. 373).

2.3.2 Hat das aggressive bzw. gewalttätige Verhalten zugenommen?

Aufgrund der dargestellten methodischen Probleme lassen sich keine klaren Aussagen darüber machen, ob das aggressive Verhalten im Verlauf der letzten 10, 20 oder 25 Jahre insgesamt zugenommen hat. Die Aussagen hierüber sind widersprüchlich. So konstatieren beispielsweise Kleiber & Meixner (2000), dass die „Befunde zum Ausmaß antisozialen Verhaltens in Schulen (…) eine Zunahme nahe (legen) obwohl dies nicht pauschal auf die gesamte Jugendgeneration zu generalisieren ist" (ebd., S. 192).

Humpert & Dann (2001) zitieren eine Studie von Lösel et al. (1999), die zu dem Schluss kommen, dass „die Prävalenz von Gewalt-Taten und Raufunfällen (…) in den 90er Jahren (…) vor allem in den Hauptschulen zugenommen (hat). In den jüngsten Daten ist wieder ein Rückgang zu verzeichnen" (ebd., S. 21).

Nach Kleiber & Meixner (2000) ergibt sich im Langzeitvergleich von über 20 Jahren vor allem an Hauptschulen ein Anstieg von Delinquenzraten von Jugendlichen. Diese ließen sich vor allem zunehmend für Mehrfachtäter mit häufigem delinquenten Verhalten ausmachen; für Jugendliche mit einmaligem und seltenem delinquenten Verhalten hingegen nicht (vgl. Lösel & Bender, 1998, S. 193). Insgesamt fehlen allerdings offensichtlich valide Vergleichsdaten zum Problem innerschulischer Aggression und Gewalt, zumal auch hier die Erkenntnisse je nach Datenquelle (Befragung von Lehrern, betroffenen Schülern und/oder Klassenkameraden) sehr differieren. „Übereinstimmend zeigen bundesdeutsche Schülerbefragungen, dass vorwiegend leichtere, verbalere Aggressionsformen vorkommen und glücklicherweise nur wenige Schüler in schwere physische Aggressionen involviert sind" (Kleiber & Meixner, 2000, S. 193). Humpert & Dann (2001) referieren verschiedene repräsentative Untersuchungen, aus denen letztlich hervorgeht, dass die „schwerwiegenden Auseinandersetzungen nicht (…) zugenommen haben sollten" (ebd., S. 24); allerdings stellen sie auch fest, dass „ohne Zweifel (…) Aggression und Gewalt ein gravierendes praktisches Problem an unseren Schulen" sind und zu einer erheblichen Belastung der Lehrer führen – auch deswegen, weil aggressives Verhalten im Kontext mit einer Vielzahl anderer Verhaltensauffälligkeiten steht.

Ebenso führen Ostendorf et al. eine Studie an bayrischen Schulen an, der zufolge zwischen 1994 und 1999 die Häufigkeit von Gewalttaten mit Ausnahme der verbalen Gewalt nicht zugenommen hat. „Die Anwendung physischer Gewalt geht hierbei auf eine kleine Minderheit zurück" (Ostendorf et al., 2002, S. 15).

Eine etwas klarere Auskunft könnten offizielle Statistiken zu delinquentem Verhalten geben – wobei auch hier eine große Differenz zwischen sog. ,Hell-Feld'- und ,Dunkel-Feld-Zahlen' stehen. Die klassische ,Hell-Feld-Statistik' ist die polizeiliche Kriminalstatistik, die Informationen zur polizeilichen Registrierung tatverdächtiger Personen, aufgeschlüsselt nach Altersgruppen und strafrechtlich relevanten Delikten, enthält. Die Kriminalstatistik besagt, dass in den 1990er Jahren sich für alle jüngeren Altersgruppen eine Erhöhung der Tatverdächtigenbelastung findet: „Wurden im Jahre 1990 noch 5,5 % der 14- bis

18-Jährigen als Tatverdächtige polizeilich registriert, so waren es im Jahr 1998 8,2 %. In den Folgejahren bis 2001 stagnierte die registrierte Jugenddelinquenz auf diesem relativ hohen Niveau" (Brettfeld & Wetzels, 2003, S. 85). Die Gewaltkriminalität machte dabei 1990 noch 8,2 % aller jugendlichen Tatverdächtigen aus, diese Quote ist auf das Doppelte gestiegen (ebd.). Für Deutschland beschreiben auch Ostendorf et al. (2002) einen Anstieg um 46,2 % der Tatverdächtigen wegen Gewaltkriminalität von 1988 im Vergleich zu 1999. Allerdings ist grundsätzlich festzustellen, dass „die Gewaltdelikte nach der polizeilichen Kriminalstatistik in den letzten Jahren deutlich zugenommen (haben), nach der Verurteiltenstatistik ergibt sich demgegenüber jedoch nur ein geringfügiger Anstieg" (Ostendorf et al., 2002, S. 22).

Vergleichbare Anstiege sind auch in England und in den USA zu verzeichnen: „Dem ‚National Report' der USA von 1999 zufolge gab es einen 35 %-igen Anstieg der Festnamen von Jugendlichen (z.B. Raub, schwere Körperverletzung, Waffenbesitz, Drogengebrauch) von 1988 bis 1997" (Essau & Conradt, 2004, S. 65).

Es gilt gleichermaßen für alle Untersuchungen, dass sowohl bei den Heranwachsenden, als auch bei den Jugendlichen in deutlich stärkerem Maße Jungen gewalttätig sind (i.d.R. über 80 %). Dabei ist auch der Anstieg der registrierten Jugendgewaltkriminalität weit überwiegend auf die Zunahme männlicher Tatverdächtiger zurückzuführen, obwohl zugleich der relative Anstieg bei den weiblichen Jugendlichen (Zunahme um den Faktor 2,99) stärker ausgeprägt ist als bei den männlichen Jugendlichen (Faktor 2,24) (Brettfeld & Wetzels, 2003, S. 86 f). Es scheint so zu sein, dass etwa seit 2000 die Zahlen auf einem relativ hohen Niveau stagnieren.

Gegenüber diesen Daten findet sich bei sog. ‚Dunkel-Feld-Untersuchungen' – also breiten Repräsentativ-Befragungen – ein Rückgang der Delinquenz. Beim Vergleich mehrerer Städte ergab sich „auch bei Berücksichtigung der Mehrfachtäterschaft ... an allen Orten unserer Untersuchung, (dass) die Täterraten der Jugendlichen im Bereich der Gewaltdelinquenz rückläufig sind" (Brettfeld & Wetzels, 2003, S. 103); das Verhältnis von Jungen zu Mädchen beträgt etwa 3:1. – Die in einigen Untersuchungen gefundenen Steigerungen der Kriminalitätsraten haben offensichtlich eine spezifische Ursache: Lösel et al. (1999) stellten fest: „Unsere Dunkelfeld-Daten legen nahe, dass die Steigerung der Täter-Prävalenz nicht nur auf mehr Täter, sondern wesentlich auf eine Gruppe besonders aktiver Täter zurückzuführen ist" (ebd., S. 80). Dies entspricht internationalen Daten, wonach „auf eine kleine Gruppe von ca. 5–7 % der Täter über 50 % der Gesamtkriminalität entfällt" (ebd.).

Brettfeld und Wetzels (2003) stellen zusammenfassend – mit Erkenntnissen von Sturzbecher und MitarbeiterInnen (2001) – fest: „Während von 1990 bis 2002 im ‚Hell-Feld' der polizeilich registrierten Jugendgewaltkriminalität durchgehend Anstiege verzeichnet werden, lassen sich demgegenüber in unseren ‚Dunkel-Feld-Erhebungen' für die Zeit seit 1998 rückläufige Tendenzen nachweisen. (...) Unsere Ergebnisse zeigen ferner, dass die Rückgänge der Gewaltdelinquenz vor allem auf vermehrt gewaltablehnende Einstellungen relevanter Bezugspersonen junger Menschen, einen Wandel des Erziehungsverhaltens von

Eltern in Richtung auf eine verminderte Anwendung von Gewalt als Erziehungs-
mittel sowie eine Veränderung der Einstellungen der Jugendlichen selbst zu Gewalt zurückzuführen sind, während ein Wandel sozialer Lebenslagen hier nicht
als Erklärung herangezogen werden kann" (ebd., S. 111).

2.3.3 Geschlecht

Die bisher dargestellten Zahlen machen deutlich, dass offen-aggressives Verhalten in weitaus höherem Maß von Jungen gezeigt wird als von Mädchen; die Angaben hierüber schwanken zwischen 2:1 bis hin zu 4:1. Übereinstimmend lässt
sich feststellen: Während die Geschlechtsdifferenzen hinsichtlich der Formen
und der Intensität der Aggressionen bei Kleinkindern noch relativ gering sind
(Krahé, 2001 unter Berufung auf Loeber & Stouthamer-Loeber, 1998), so zeigt
sich: „Bereits ab dem Vorschulalter haben Jungen die Tendenz, signifikant mehr
antisoziales Verhalten zu zeigen als Mädchen. (...) Darüber hinaus erreichen die
Symptome der Störung des Sozialverhaltens einen signifikant höheren Schwere-
grad bei Jungen, insbesondere wenn es um die körperliche Verletzung anderer
geht (Lahey et al., 2000)" (Essau & Conradt, 2004, S. 56; ebenso Krahé, 2001).
Diese Unterschiede relativieren sich etwas zu Beginn der Pubertät: „Vor allem
nimmt während der Adoleszenz das aggressive Verhalten bei Mädchen – im
Gegensatz zu männlichen Jugendlichen – sprunghaft zu. (...) In dem weiteren
Verlauf entsprechen diese spät auftretenden Mädchenaggressionen dem Ent-
wicklungsweg ‚früh auftretende, stabile Aggression' der Jungen" (Petermann et
al., 2001, S. 11 f, unter Bezugnahme auf eine Studie von Silverthorn & Frick,
1999). „A greater proportion of girls start becoming aggressive in adolescence
without a prior history of aggression and girls involvement in serious violence
peaks earlier than that of boys" (Krahé, 2001, S. 60).
  Nach einer Studie von Crick & Grotpeter (1995) ist es allerdings so, dass
Mädchen signifikant deutlicher relational aggressives Verhalten zeigen als Jungen (s. a. Krahé, 2001, S. 59 ff).
  Dabei ist das Ausmaß und die Art des gezeigten aggressiven Verhaltens zusätzlich abhängig vom Alter und dem Einfluss der Gleichaltrigengruppe: „Für
Mädchen scheint die Gleichaltrigengruppe ... eine besondere Rolle im Zusammenhang mit delinquentem Verhalten zu spielen: Mädchen begehen Straftaten
eher aus gemischgeschlechtlichen Gruppen heraus, im Gegensatz zu Jungen, die
diese eher aus Gruppen heraus begehen, die aus gleichaltrigen Jungen bestehen"
(Scheithauer, 2003, S. 163). In einer Alters-Vergleichsstudie bei Jungen und
Mädchen der zweiten, sechsten, neunten und elften Jahrgangsstufe konnten
Russel & Owens (1999) ermitteln, dass „Mädchen zwar in stärkerem Maße
körperliche Aggressionen gegen Jungen, aber mehr verbale und indirekte
Aggression gegen Mädchen richteten. Jungen hingegen richteten in stärkerem
Ausmaß ihre Aggression gegen andere Jungen... Jungen scheinen sich gegenüber
Mädchen weniger aggressiv zu verhalten als gegenüber Jungen ..."(Scheithauer,
2003, S. 164).

2.3.4 Komorbidität

„Eines der konsistentesten Ergebnisse im Hinblick auf psychische Störungen bei Kindern und Jugendlichen ist die hohe Rate gleichzeitigen Auftretens verschiedener Störungen (s. a. Essau, 2003)" (Essau & Conradt, 2004, S. 71). Allerdings ergibt sich auch hier wieder die Problematik, dass sich aufgrund unterschiedlicher methodischer Herangehensweisen sehr verschiedene Komorbiditätsraten ergeben.

Hohe Komorbiditätsraten werden festgestellt:

- Zwischen aggressivem und dissozialem/delinquentem Verhalten: in klinischen Studien bis zu 45 %, in repräsentativen Studien bis zu 28 % (Scheithauer & Petermann, 2004).
- Zwischen Störungen des Sozialverhaltens und Aufmerksamkeits-/Hyperaktivitätsstörungen (ADHS): Hier schwanken die Zahlen des gemeinsamen Auftretens zwischen 20 % und 50 %; in klinischen Studien teilweise bis zu 90 %. „Geht man vom aggressiven Verhalten aus, so weisen ca. ein Drittel der betroffenen Kinder auch hyperkinetische Auffälligkeiten auf; ausgehend von hyperkinetischen Auffälligkeiten lässt sich bei bis zu 50 % der Betroffenen komorbid aggressives Verhalten ermitteln" (Scheithauer & Petermann, 2004, S. 376). Essau & Conradt (2004) berichten von geringeren Komorbiditätsraten von ca. 28 %. Scheithauer & Petermann (2004) betonen, dass Funktionsdefizite wie mangelnde Impulskontrolle, Defizite in der kognitiven Informationsverarbeitung, Sozialprobleme und geringer Selbstwert sowohl für übermäßig aggressives Verhalten als auch für ADHS eine fundamentale Bedeutung haben.
- Zwischen Störungen des Sozialverhaltens und Depression: Hier gibt es zunächst einmal Probleme, Depression im Kindesalter als solche valide zu diagnostizieren (vgl. z. B. die Zusammenstellung von Fröhlich-Gildhoff, 2004b). Unter Berücksichtigung dieser Einschränkung ist gleichfalls von hohen Komorbiditätsraten von 22 % bis zu 45 % auszugehen (Scheithauer & Petermann, 2004; Essau & Conradt, 2004); strittig ist dabei, ob zunächst eine Depression und dann die Störung des Sozialverhaltens auftritt oder umgekehrt (vgl. ebd.).
- Zwischen Störungen des Sozialverhaltens und Störungen des Substanzkonsums: In der Bremer Jugendstudie (Petermann et al., 1999) konnte übereinstimmend mit ähnlichen Studien festgestellt werden, dass bei etwa 40 % der Jugendlichen im Alter zwischen 12 und 17 Jahren die Störung des Sozialverhaltens und die Störung des Substanzkonsums verbunden auftreten (Scheithauer & Petermann, 2004). „Das Vorliegen einer Störung des Sozialverhaltens (stellt) einen signifikanten Risikofaktor für Substanzkonsum dar (...). Hinzu kommt, dass Substanzkonsum das Risiko delinquenten Verhaltens möglicherweise erhöht" (Essau & Conradt, 2004, S. 80). Eine hohe Bedeutung spielt hier zum einen die Peergroup, aber auch negatives Erziehungsverhalten, vor allem fehlende Beaufsichtigung durch die Eltern (vgl. ebd., ebenso Scheithauer & Petermann, 2004).

- Borg-Laufs (1997) führt ältere Studien von Petermann & Petermann (1994) bzw. Essau & Petermann (1995) an, denen zufolge eine Komorbidität von Angststörungen mit aggressiven Verhaltensstörungen von 36 bis 62 % besteht. Er spricht dabei vom Typus der „angstmotivierten Aggression": „Die Aggression dient bei solchen Kindern und Erwachsenen häufig dazu, ihre Angst und Unsicherheit zu reduzieren. Durch die Bedrohung und Schwächung der Opfer wird die eigene Sicherheit erhöht" (ebd., S. 78).

Zusammenfassend lassen sich nach Scheithauer & Petermann (2004) typische Altersspannen beim Auftreten der komorbiden Störungen feststellen (s. Abb.1).

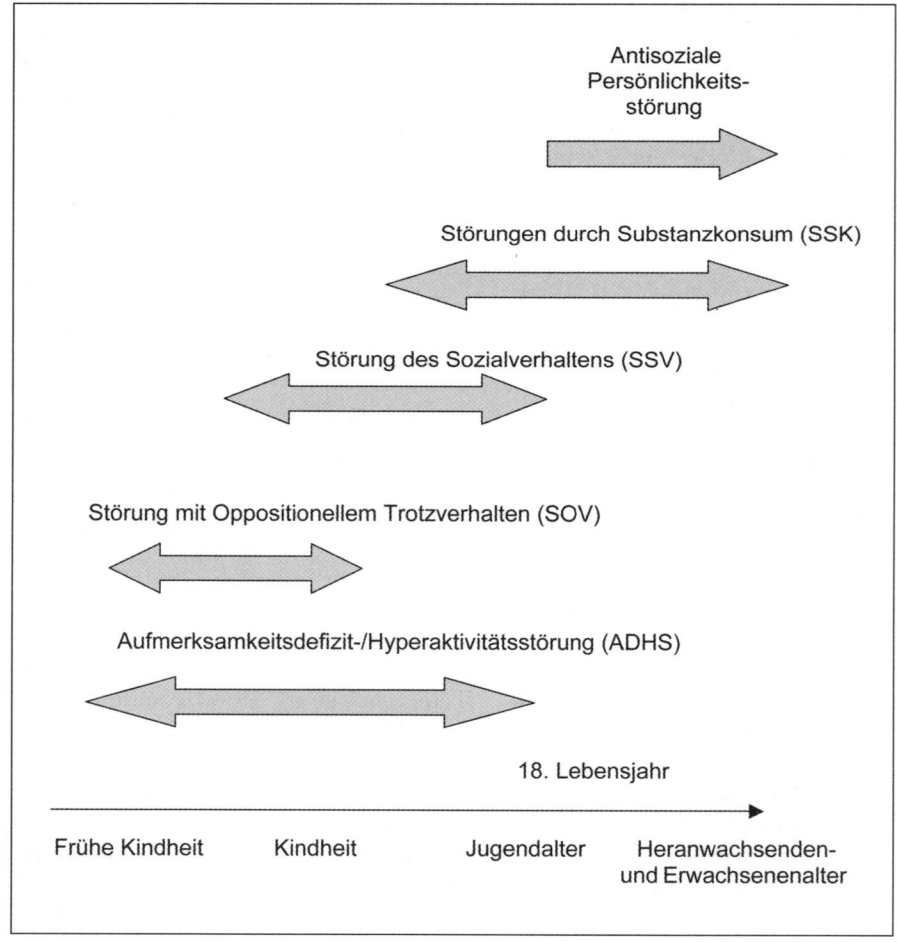

Abb. 1: Typisches Alter beim Auftreten der ADHS, SSV, SOT, SSK und der Antisozialen Persönlichkeitsstörung (modifiziert nach Scheithauer & Petermann, 2004, S. 379)

26

2.4 Zeitlicher Verlauf des auffällig-aggressiven Verhaltens bzw. der Störung des Sozialverhaltens

In diesem Abschnitt wird auf die Langzeitentwicklung des *übermäßig* aggressiven Verhaltens bzw. der Störung des Sozialverhaltens eingegangen. Die Entwicklung der Aggressivität in ihrem regelhaften Entwicklungsverlauf ist in Kap. 3 ausführlicher dargestellt.

Während aggressives Verhalten in einem bestimmten Ausmaß in verschiedenen Lebensphasen als altersbedingt normal angesehen werden kann (s. u.), so zeigen übereinstimmend alle vorliegenden Studien, dass eine übermäßig starke Manifestation von Aggression über den Lebenszeitverlauf stabil ist. In einer Langzeitstudie konnte beispielsweise Olweus (1979) zeigen, dass die Korrelationen des Ausmaßes an Aggressionen nach einem Jahr .76, nach fünf Jahren .69 und nach zehn Jahren noch .60 beträgt. Dieses Ergebnis wurde von Zumkley (1994) in einer Metaanalyse bestätigt. Dabei zeigt sich, dass diejenigen Kinder, die ein besonders hohes Ausmaß an aggressivem Verhalten in früherer Kindheit zeigten, dies auch im späteren Lebensalter beibehielten: „Loeber & Hay (1997) note that stability is likely to be highest for those individuals who represent the extremes of the aggression continuum, i. e. are the least or the most aggressive at time 1" (Krahé, 2001, S. 50).

Dornes (1997) berichtet von einer Langzeituntersuchung von Eron et al. (1991), die zeigt, dass „Aggression über den Zeitraum von 22 Jahren recht stabil ist. Kinder, die mit 8 Jahren am aggressivsten eingeschätzt wurden, wurden dies oft auch noch als Erwachsene mit 30 Jahren" (Dornes, 1997, S. 269).

In ihrer Zusammenstellung verschiedener Studien zum Langzeitverlauf aggressiven Verhaltens kommen Essau & Conradt (2004) zu dem Schluss: „Störungen des Sozialverhaltens weisen eine hohe Stabilität auf. Bei zwischen 32 und 81 % der Kinder, bei denen eine solche Störung festgestellt wurde, konnte die Störung auch zu einem späteren Zeitpunkt diagnostiziert werden (Burke et al., 2003). Kinder mit einem durchgängig negativen Störungsverlauf haben, wenn sie älter werden, ein hohes Risiko für Fehlentwicklungen und Probleme in zahlreichen Lebensbereichen" (ebd., S. 84; Borg-Laufs, 1997, S. 34 ff kommt in seiner Zusammenstellung von entsprechenden Studienergebnissen zu dem gleichen Ergebnis).

Dabei hängt die Stabilität aggressiv-dissozialen Verhaltens von vier relevanten Faktoren ab; dieses Verhalten ist stabil, wenn es

- früh in der Kindheit beginnt,
- sehr häufig auftritt,
- viele Verhaltensbereiche betrifft,
- auf viele Lebensbereiche bezogen ist (Familie, Schule, Peergroup) (vgl. Petermann et al., 2001; Scheithauer & Petermann, 2004).

In Anlehnung an das Modell Loeber & Stouthamer-Loeber (1998) lassen sich nach Scheithauer & Petermann (2004) drei Entwicklungstypen aggressiven bzw. gewalttätigen Verhaltens beschreiben:

a) ,Der über den Lebenslauf stabile Entwicklungstyp': Charakterisiert durch ein „stabiles aggressives Verhalten von der Kindheit bis ins Erwachsenenalter. Schwere und Ernsthaftigkeit der Verhaltensweisen nehmen mit der Zeit zu" (ebd., S. 384);

b) ,Der zeitlich begrenzte Entwicklungstyp': Er wird dadurch charakterisiert, dass „die aggressiven Verhaltensweisen entweder während der Grundschulzeit aufgegeben werden oder ausschließlich während eines kurzen Zeitraums in der Adoelszenz aufgetreten sind" (ebd., S. 385);

c) ,Der späte Entwicklungstyp': Dieser ist gekennzeichnet durch „ein erstmaliges Auftreten aggressiven oder gewalttätigen Verhaltens im Erwachsenenalter" (ebd.).

Nach Loeber und Hay (1997) gibt es altersabhängig unterschiedliche Eskalationen des aggressiven Verhaltens. Schwächere Formen aggressiven Verhaltens steigen kontinuierlich bis zum Jugendalter an; diese treten am häufigsten auf. Körperliche Aggressionen haben einen deutlichen Anstieg etwa ab 15 Jahren, und massives gewalttätiges Handeln auch unter dem Gebrauch von Waffen steigt ab etwa 17 Jahren an, allerdings mit der geringsten Häufigkeit (vgl. Krahé, 2001, S. 51 f).

Die Entwicklung aggressiv-dissozialen Verhaltens hat Loeber (1990) in einem Modell zusammengefasst, das von Scheithauer & Petermann leicht modifiziert wurde (s. Abb. 2).

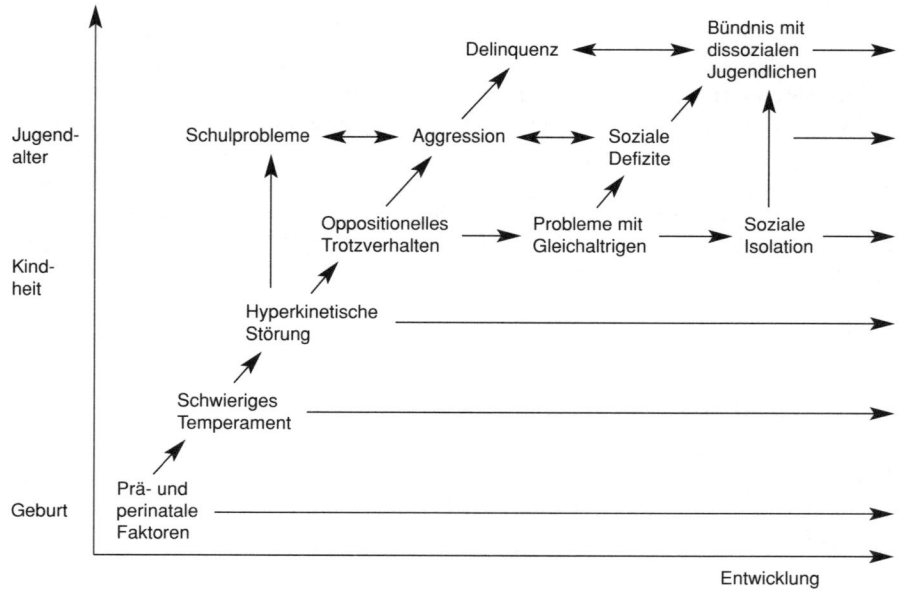

Abb. 2: Entwicklung aggressiv-dissozialen Verhaltens nach Loeber (1990) (modifiziert nach Scheithauer & Petermann, 2004, S. 384)

Auch wenn die dargelegten Befunde für eine hohe Stabilität und Persistenz auffällig aggressiven Verhaltens sprechen, so ist immer zu berücksichtigen, dass hier
nicht gewissermaßen ‚automatische‘ Entwicklungslinien vorliegen. So liegen
„Befunde vor, die zeigen, dass es Teilgruppen gibt, die nach unauffälliger Kindheit und Jugend erst im Erwachsenenalter delinquente Verhaltensweisen entwickeln oder Personen, die von Kindheit an auffällig sind, deren antisoziales Verhalten sich aber (erst) im mittleren Erwachsenenalter legt und nicht bis zum
Lebensende persistiert (vgl. Dahle, 1998). Aus frühem anitisozialem Verhalten
kann deshalb nicht zwangsläufig auf eine Persistenz geschlossen werden" (Kleiber & Meixner, 2000, S. 196).

Es ist daher zum einen nötig, aus einer entwicklungspsychologischen Perspektive den ‚normalen‘ Verlauf von aggressivem Verhalten zu betrachten. Zum anderen müssen dezidiert Ursachen der Entstehung überdauernden aggressiven
und antisozialen Verhaltens – also der beschriebenen Ausprägungen der Störungen des Sozialverhaltens – betrachtet und entsprechende Entwicklungspfade
aufgezeigt werden. Dies geschieht im nächsten Abschnitt zunächst auf einer allgemeinen Ebene; diese allgemeine Betrachtung entbindet allerdings nicht von
der Notwendigkeit jeweils im Einzelfall präzise den individuellen Entwicklungsverlauf der entsprechenden störungsauslösenden und aufrechterhaltenden Bedingungen nachzuvollziehen.

3 Entwicklungspsychologie aggressiven Verhaltens

3.1 Ausgangspunkt

Neue empirische Befunde, insbesondere in der Säuglingsforschung, können die Annahme eines Aggressionstriebs, also eines sich immer wieder selbstaufladenden Potentials aggressiver Handlungen, das nach Entladung strebt, *nicht* bestätigen (vgl. übereinstimmend Dornes, 1997; Borg-Laufs, 1997; Lachmann, 2004; Essau & Conradt, 2004); die entsprechenden psychoanalytischen oder verhaltensbiologischen Konzeptionen können auf der bestehenden Datenbasis nicht mehr als Erklärungsgrundlagen herangezogen werden.

Die aktuellen entwicklungspsychologischen Modelle gehen von mehreren grundlegenden Motivationssystemen aus; im Zusammenhang mit dem Thema Aggression sind besonders zwei bedeutsam: zum einen ein grundlegendes, gewissermaßen aus sich selbst heraus gespeistes, aktives Motivationssystem: das der Exploration und Neugier bzw. der Selbstbehauptung (Assertion). Dornes (1997) konstatiert in seiner Zusammenstellung der entsprechenden Ergebnisse der modernen Säuglingsforschung: „Explorationen und Neugier sind (...) biopsychologisch fundierte Aktivitäten, die *nicht* vom Aggressionstrieb abstammen, sondern aus einer qualitativ davon verschiedenen Quelle" (ebd., S. 250, vgl. auch Lachmann, 2004). Neben diesem Explorations- oder assertiven Motivationssystem gibt es das der reaktiven Aggression bzw. Aversion. „Das reaktive aggressive/aversive System ist im Unterschied (zu dem explorativen System) nicht selbstaktivierend, sondern wird nur durch Bedrohung aktiviert; es wird inaktiv, sobald die Quelle der Bedrohung beseitigt ist. Außerdem ist seine Aktivierung von negativen Affekten begleitet. Assertion entsteht also spontan und ist mit positiven Affekten verknüpft, Aggression/Aversion entsteht reaktiv und ist mit negativen Affekten verknüpft" (ebd., S. 252). Bestimmte Handlungen, wie z. B. Beißen oder Kratzen eines kleinen Kindes, können durchaus explorativen Charakter haben und aggressiv-feindselig erscheinen.

Lachmann (2004) betont, dass „Selbstbehauptung und Exploration mit Affekten des Interesses, der Freude, Erregung und Heiterkeit (einhergehen)" (ebd., S. 73). Die aversiven Reaktionen werden durch konkrete Anlässe ausgelöst: „So kann beispielweise ein Kleinkind durch eine Feder, die auf seinem Gesicht landet, zu einer aversiven Reaktion veranlasst werden: Es wischt die Feder fort. Das heißt, Aversivität ist eine Reaktion auf eine wahrgenommene Bedrohung der eigenen Integrität. Sie umfasst selbstschützende Reaktionen wie zum Beispiel den Angriff, durch den die wahrgenommene Gefahrenquelle zerstört oder entfernt werden soll. Sie hängt mit Angst-, Distress- und Ärgeraffekten zusammen und wird insbesondere durch solche Vorkommnisse ausgelöst, die man als bedrohlich empfindet" (ebd., S. 73 f).

Das reaktiv-aversive System hat unterschiedliche Reaktionsformen bei Bedrohung zur Verfügung:

1. Rückzug, im Extremfall Ohnmacht,
2. unmittelbare oder mittelbare Reaktion auf die Störung; der Säugling bzw. das Kind kann Unbehagen signalisieren und versuchen, z. B. das störende Objekt beiseite zu schieben, oder im Weiteren aggressiv handeln oder fühlen.

Es ist also von gestuften Reaktionsmöglichkeiten auszugehen. Säuglinge empfinden bei exzessiver Unlust Wut und/oder Unbehagen, Schmerz und/oder Verzweiflung. Wenn die Quelle der Unlust beseitigt wird, dann verschwindet auch die Wut oder der Ausdruck von Ärger. Dornes (1997) betont allerdings, dass „sehr junge Säuglinge auf (exzessive) Unlust nicht mit dem Gefühl von Feindseligkeit reagieren und auch nicht unbedingt mit Ärger, sondern z. B. mit Ohnmacht, stummer Verzweiflung oder ‚Dekompensation'" (ebd., S. 262).

Die Manifestationen des aggressiven Systems zeigen sich in unterschiedlichen Lebensphasen in unterschiedlicher Weise; man kann dabei von einem gewissen Ausmaß „normaler Aggression", von einem ‚Ausprobieren' aggressiver Verhaltensweisen und ihrer Wirkungen durch die sich entwickelnden Kinder ausgehen (zum Vergleich zwischen „normaler" und „anormaler Aggression" vgl. z. B. Essau & Conradt, 2004, S. 24).

3.2 Erstes Lebensjahr

Nach den Erkenntnissen der empirischen Säuglingsforschung existieren zu Beginn des Lebens mindestens zwei unlustvolle Affektzustände: Ekel und Unbehagen/Schmerz (Dornes, 1997, S. 257).

Ab Ende des zweiten Monats ist Ärger im Experiment zu beobachten (Lewis, 1993); ab etwa drei Monaten auch in natürlichen Zusammenhängen (vgl. auch die Zusammenstellung bei Essau & Conradt, 2004; S. 22, Krahé, 2001).

Dornes (1997) stellt ergänzend fest: „Schon ab drei Monaten – verstärkt ab sechs bis acht – kann man aggressiv erscheinende Handlungen beobachten, z. B. Ziehen an den Haaren der Mutter, Kratzen im Gesicht, Beißen in die Brust etc., die aber ohne den Ausdruck von Ärger erfolgen. Vermutlich handelt es sich dabei eher um assertive Aktivitäten, die im Gefolge von Neugier und Interesse auftauchen und nicht mit der Absicht ausgeführt werden, das Objekt zu schädigen" (ebd., S. 263).

3.3   Zweites und drittes Lebensjahr

Mit der wachsenden Autonomie des Kindes, der Ausdehnung des Bewegungs- und des Explorationsraumes sind mit Beginn des zweiten Lebensjahres verstärkt instrumentell-aggressive Handlungen von Kindern zu beobachten. Instrumentell-aggressive Handlungen sind solche, die nicht das Ziel haben, jemand anderen zu verletzen, sondern z.B. sich in den Besitz von Gegenständen, z.B. eines Spielzeugs, zu bringen. Diese Handlungen sind eher auf den Gegenstand gerichtet und nicht gegen andere Menschen. So reagieren Kinder „erstaunt, verblüfft oder betreten, wenn der andere anfängt zu schreien oder zu weinen. (...) Daraus folgt, dass Verletzungs*absichten* und Feindseligkeiten kein integraler Bestandteil ärgerlicher oder instrumentell-aggressiver (für den Bebachter aggressiv erscheinender) Handlungen sind. Das primäre (subjektive) Ziel solcher Handlungen ist Selbstbehauptung/Neugier/Assertion. Dabei kommt es *sekundär und unbeabsichtigt* zur Zufügung von psychischem oder physischem Schmerz" (Dornes, 1997, S. 264; vgl. auch Essau & Conradt, 2004).

Im Verlauf des zweiten und dritten Lebensjahres kommt es dann zu einer kontinuierlichen Zunahme aggressiver Verhaltensmuster auch in Konflikten mit Gleichaltrigen (vgl. Dornes, 1997; Krahé, 2001; Essau & Conradt, 2004). Nach einer Studie von Tremblay kommt es bei 83 % der Kinder im Alter von 18 bis 30 Monaten zu deutlich aggressiven Handlungen (Tremblay, 2000b, Tremblay et al., 1999). Etwa ab 16 bis 18 Monaten beginnen Kinder, andere absichtsvoll zu verletzen, Aggression wird nicht mehr nur als Mittel zur Erreichung eines übergeordneten Zieles eingesetzt. Dabei ist das absichtsvolle Verletzen auch mit Anzeichen von Freude verknüpft. Es ist davon auszugehen, dass Kinder auf diese Weise auch ihre eigene Wirkmächtigkeit im Kontakt mit anderen ausprobieren.

Dornes (1997) weist in diesem Zusammenhang darauf hin, dass etwa ab dem Alter von eineinhalb Jahren – mit dem Beginn der Symbolisierungsfähigkeit (Sprache) – sich die absichtsvolle oder auch „lustvoll getönte Feindseligkeit aus dem situativen Kontext zu emanzipieren (beginnt) und allmählich zu einer stabilen ‚internalisierten‘ psychischen Struktur/Disposition (wird)" (ebd., S. 266). Dornes führt dies auf die beginnende Fähigkeit zurück, Affekte mit Vorstellungen verknüpfen zu können. „Der Ärger, der durch Versagungen ausgelöst wird, verschwindet nicht mehr mit den Anlässen, sondern dauert an; unter anderem deshalb, weil die Auslöser jetzt im Geiste immer wieder aufs Neue evoziert werden können und so den Ärger über die konkrete Situation hinaus am Leben erhalten" (ebd.); er sieht hier die „Anfänge des Hasses, der im Unterschied zum frühen Ärger oder zur episodischen lust- oder unlustvollen Feindseligkeit eine intrapsychisch stabile Konfiguration ist. Er ist ein Affekt, der durch Phantasien ausgelöst und ohne bestimmte äußere Anlässe mobilisiert und aufrecht erhalten werden kann. Hass als exemplarische Form chronischer Feindseligkeit entsteht nach übereinstimmender Auffassung (...) verschiedener Autoren (...) mit etwa eineinhalb Jahren" (ebd.).

3.4   Viertes bis sechstes Lebensjahr

Der zuvor beobachtete „Höhepunkt" (normal) aggressiver Handlungen nimmt ab. Dies hat zum einen mit klaren Regeln und Grenzsetzungen durch bedeutsame Bezugspersonen zu tun, aber auch mit der verstärkten Fähigkeit der Emotions- und Impulskontrolle (vgl. Petermann et al., 2001; Dornes, 1997). Bedeutsam ist auch die beginnende Fähigkeit zur Perspektivenübernahme, die aggressives Verhalten hemmt: Empathie hemmt aggressives Verhalten (Krahé, 2001; Miller & Eisenberg 1988, Richardson, Green & Lago, 1998). Nach einer Studie von Buckley & Walsh (1998) sind Kinder in diesem Alter noch nicht in der Lage, Ursache- und Wirkungszusammenhänge bezüglich aggressiven Verhaltens klar zu erkennen – es ist daher umso bedeutsamer, ihnen klare Verhaltensvorgaben zu machen.

Im Alter ab etwa vier Jahren kommt es neben der Abnahme instrumentell-aggressiver Handlungen zu einer Zunahme verbaler (feindseliger) Aggressionen (vgl. Dornes, 1997; Krahé, 2001). Ab diesem Alter sind auch eindeutig die schon beschriebenen Geschlechtunterschiede festzustellen (Dornes, 1997; Essau & Conradt, 2004; Scheithauer & Petermann, 2004; Petermann et al., 2001).

3.5   Frühes Schulalter

Es sind ab diesem Alter deutliche Unterschiede zwischen stabil-aggressivem Verhalten und spontan reaktiv auftretenden Aggressionen bei erlebten Einschränkungen festzustellen. Die Geschlechtsdifferenzen verstärken sich (vgl. auch die Studie von Loeber & Stouthamer-Loeber, 1998); bei Mädchen sind eher indirekte Formen von Aggressionen und relationale Aggressionen festzustellen (Scheithauer & Petermann, 2004; Krahé, 2001). Kinder können ab diesem Alter auch besser zwischen absichtsvoll zugeführtem und unabsichtlich angerichtetem Schaden unterscheiden; sie können aggressive Absichten erkennen und dann entsprechend differenzierter darauf reagieren (Essau & Conradt, 2004; Bukley & Walsh, 1998).

3.6   Jugendalter

Insgesamt nehmen „im Laufe der Entwicklung zum Jugendlichen und dem jungen Erwachsenenalter (…) offene Formen von Aggression, z.B. Wutausbrüche, körperliche Auseinandersetzungen ab (…) (Loeber & Stouthamer-Loeber, 1998); zur gleichen Zeit nehmen Formen versteckter Aggressionen (z.B. Betrügen, Stehlen), antisoziales und delinquentes Verhalten zu" (Essau & Conradt, 2004, S. 24). Aggressives Verhalten kann – vor allem abhängig vom sozialen Kontext und hier hat die Peergroup eine besondere Bedeutung – allerdings auch als ein probates Mittel der Identitätsfindung im Jugendalter eingesetzt werden (s.u.).

4 Ursachen für die Entstehung aggressiv-dissozialen Verhaltens bzw. der Störung des Sozialverhaltens

4.1 Unterscheidung zwischen Ursachen und Auslöser

Ursachen für die Entstehung überdauernden aggressiv-dissozialen Verhaltens im Sinne eines generellen Handlungsmusters sind stabile Selbst-Strukturanteile, die sich im Verlauf der lebensgeschichtlichen Entwicklungen herausgebildet haben und im Sinne innerpsychischer handlungsleitender Schemata (vgl. z.B. Grawe, 2004; Petermann et al., 2004) eine stabile Verhaltensdisposition darstellen. Diese Disposition bildet eine allgemeine Grundlage für Interaktionen und für die Bewältigung von Alltags- und Krisensituationen sowie von Entwicklungsaufgaben.

Demgegenüber sind Auslöser für aggressives oder gewalttätiges Handeln eher aktuell und situationsabhängig. Diese Auslöser können z.T. wiederkehrende Muster von Situationen oder Interaktionsbedingungen sein, die sich mit o.g. individuellen Anteilen der Selbststruktur ,treffen' und dann aggressives oder gewalttätiges Handeln aktuell auslösen. Das Spektrum reicht hier von ,eingespielten' dyadischen Täter-Opfer-Konstellationen bis hin zu besonderen gewaltinduzierenden Hinweisreizen.

4.2 Ursachen

4.2.1 Allgemeines bio-psychosoziales Modell

Der im Folgenden dargestellte Erklärungsansatz für die Entstehung dauerhafter aggressiver Verhaltensbereitschaften basiert auf einem integrativen bio-psychosozialen Modell, das sich insbesondere an den Erkenntnissen der klinischen Entwicklungspychologie (vgl. Oerter et al., 1999) bzw. der Entwicklungspsychopathologie (Petermann et al., 1998, 2004) orientiert. Das hier dargestellte Modell greift ebenfalls die entwicklungsorientierte Störungskonzeption von Fröhlich-Gildhoff & Hufnagel (1997; Hufnagel & Fröhlich-Gildhoff, 2002) auf und entwickelt sie weiter.

Dieses Modell geht zunächst allgemein davon aus, dass im Zusammenspiel zwischen (1) biologischen Ausgangsbedingungen und (2) (früh-)kindlichen (Beziehungs-)Erfahrungen sich die (3) individuelle Selbst-Struktur – im Sinnes eines Netzwerks handlungsleitender innerpsychischer Schemata – herausbildet. Dieser Entwicklungsprozess ist wiederum abhängig von (4) Risiko- und Schutzfaktoren, bei denen die sozialen Bedingungen und hier insbesondere die primären Bezugspersonen eine besondere Bedeutung haben. Im Laufe der individuellen Entwicklung muss das Kind bzw. der Jugendliche altersabhängig spezifische (5) Entwicklungsaufgaben bewältigen. Neben der Bewältigung dieser alterstypischen Entwicklungsaufgaben müssen immer wieder besondere Stress- oder Belastungssituationen individuell bearbeitet werden. Dieser (6) Bewältigungsprozess ist abhängig von der bisher entwickelten Selbststruktur und wiederum von aktuell vorhandenen Risiko- und Schutzfaktoren.

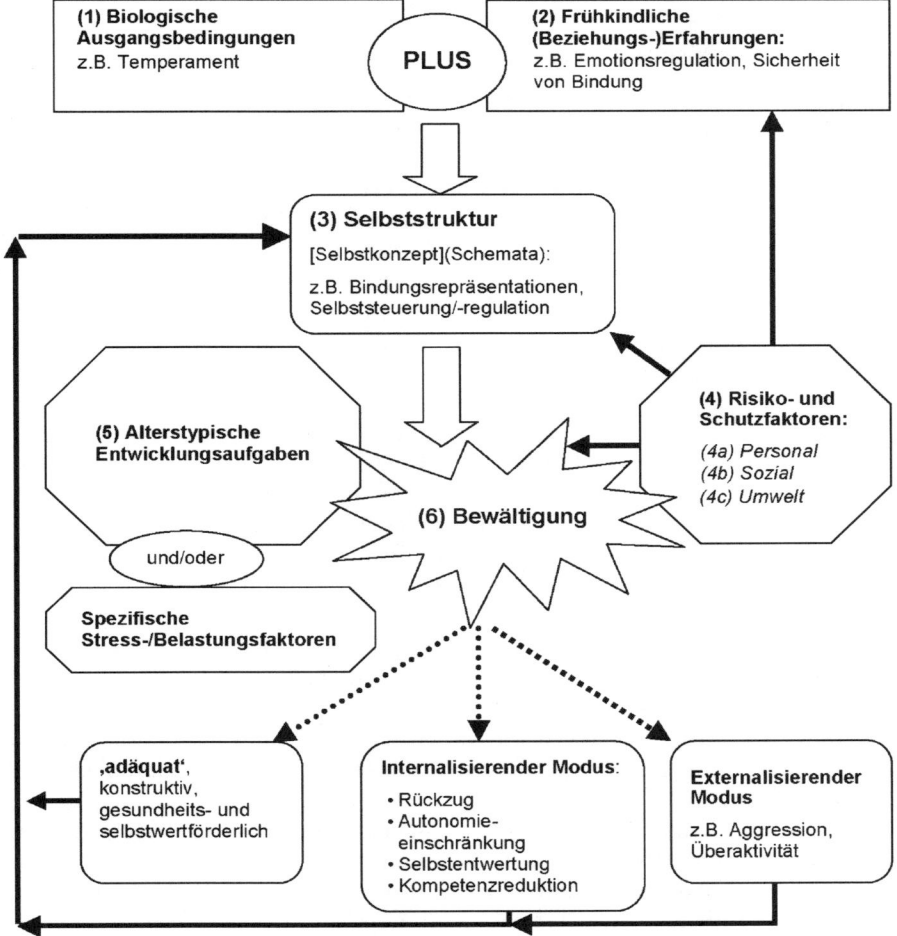

Abb. 3: Allgemeines bio-psychosoziales Modell der Entstehung von Verhaltensauffälligkeiten

Bei der Art der Bewältigung von Belastungsfaktoren oder Entwicklungsaufgaben lassen sich grundsätzlich drei Modalitäten unterscheiden: zum einen eine angemessene entwicklungs- und selbstwertförderliche Bewältigung, zum anderen ein internalisierender Modus, der durch Rückzug und Selbsteinschränkung gekennzeichnet ist und zum dritten ein externalisierender Modus, der z. B. durch ein besonderes Maß an Aggressivität gekennzeichnet ist. Der jeweilige Bewältigungsmodus hat wiederum Rückwirkungen auf die intrapsychische Struktur; es kann zur Verfestigung oder zu Veränderungen kommen.

Die einzelnen Elemente dieses Modells werden im Folgenden detaillierter betrachtet.

4.2.2 Detailbetrachtung

4.2.2.1 Biologische Faktoren

Menschen werden mit unterschiedlichen Entwicklungsvoraussetzungen geboren. Diese Voraussetzungen bilden eine Grundlage für die Ausprägung aggressiven Verhaltens.

Die zur Zeit vorliegenden empirischen Erkenntnisse liefern uns keine Belege für einen eindeutigen genetischen Zusammenhang. Zusammenfassend stellen Scheithauer & Petermann (2004) fest: „Aufgrund der Komplexität der mit einem Verhalten wie z. B. Aggression möglicherweise verbundenen Genabschnitte lassen sich wohl kaum direkte Verbindungen auffinden (z. B. ein klar definierter genetischer Marker, der mit aggressiven Verhalten verknüpft ist)" (ebd., S. 388). Auch für die häufig diskutierte Wirkung des männlichen Geschlechtshormons Testosteron gibt es keine eindeutigen Belege: „Archer (1999) fasst zusammen, dass der Großteil bisheriger Studien lediglich Korrelationen zwischen Testosteron und Aggression ermittelt hat und bisher keine klare Angabe zur Richtung der Beziehung gemacht werden können" (Scheithauer & Petermann, 2004, S. 392); es gibt darüber hinaus in unterschiedlichen Studien widersprüchliche Ergebnisse (vgl. ebd.). Auch Krahé (2001) zitiert Untersuchungen u. a. von Halpern et al. (1993), die keine Koovariation von Testostoron und Aggression feststellen konnten.

Eine weitaus größere Bedeutung haben offensichtlich neurologische Verletzungen, die z. B. durch prä-, peri- oder postnatale Bedingungen verursacht sind und sekundär negative Auswirkungen auf Wahrnehmungen, Informationsverarbeitung und Möglichkeiten der Emotionsregulation haben (vgl. auch hierzu die Zusammenstellung bei Scheithauer & Petermann, 2004, S. 93 ff, aber auch Papousek, 2004).

Die größte Bedeutung wird Temperamentsfaktoren und unterschiedlichen Dispositionen zur Affektregulation auf neurophysiologischer Ebene zugemessen. „Als Temperamentsfaktoren sind dabei konstitutionelle Unterschiede in Aktivität, Reaktivität und Selbstregulation des Menschen zu verstehen" (Resch, 2004, S. 34), die stark anlagebedingt, aber durch Umweltfaktoren maßgeblich beeinflussbar sind (s. u.).

„Rothbart, Derryberry & Posener (1994) führen Temperamentsdimensionen allgemein überwiegend auf Unterschiede in der Balance zwischen aktivierenden und hemmenden Systemen zurück: Auf Missverhältnisse zwischen Erregbarkeit der behavioralen und physiologischen Systeme auf der einen und Regulationsprozessen im Dienst der Erregungsmodulation auf der anderen Seite (Prudhomme-White et al., 2000), und damit auf Störungen in der basalen adaptiven Verhaltensregulation (Papousek & Papousek, 1979). Extreme Ausprägungen auf eine oder mehrere Temperamentsdimensionen können somit Ausdruck einer mangelnden Balance zwischen aktivierenden und hemmenden Prozessen sein. Sie können sowohl mit einer erhöhten oder eingeschränkten Reagibilität im Bereich der vier >A< (Arousal, Affekt, Aufmerksamkeit, Aktivität) einhergehen, als auch mit einer eingeschränkten oder überschiessenden inhibitorischen Gegenregulation. In zahlreichen Studien zum kindlichen Temperament befinden sich Zusammenhänge zwischen Extremausprägungen einzelner Temperamentsmerkmale und Problemen der Verhaltensregulation (Carey & McDevitt, 1995...)" (Papousek, 2004, S. 86).

Empirisch haben Thomas & Chess (1980) drei Typen von Temperamentsmustern unterschieden:

„1. Das einfache Kind (40 %) zeichnete sich durch Regelmäßigkeit der biologischen Funktionen, keine Scheu vor unbekannten Personen und gute Anpassungsfähigkeit an neue Situationen aus.

2. Das schwierige Kind (10 %) war demgegenüber gekennzeichnet durch eine Unregelmäßigkeit in biologischen Funktionen, Rückzugsverhalten gegenüber neuen Reizen und eine mangelnde Fähigkeit zu Anpassungen an neue Situationen.

3. Von diesen Konstellationen wurde das langsam auftauende Kind (15 %) abgegrenzt, das sich durch leichte negative Reaktionen auf neue Reize, langsame Anpassungsfähigkeit an neue Situationen nach wiederholtem Kontakt, regelmäßige biologische Funktionen in einer geringen Intensität der Reaktionen auszeichnet" (Schmeck, 2003, S. 159 f).

Diese drei Temperamentstypen werden nach Zentner (2000) auch als „impulsiv-unbeherrscht, gehemmt/überkontrolliert und Ich-stark" bezeichnet.

Das sog. schwierige Temperament steht in Zusammenhang mit der physiologischen Reaktivität: „Das Ausmaß der physiologischen Reaktivität bezieht sich auf genetisch bedingte, individuelle Unterschiede in der Schwelle der Erregbarkeit und der Intensität emotionaler Erfahrung (Walden & Smith, 1997; Friedlmeier, 1999). Kinder, die eine hohe physiologische Reaktivität aufweisen, haben eine niedrige Schwelle für emotionale Erregung und erleben Emotionen sehr intensiv (...)" (Petermann & Wiedebusch, 2003, S. 57). Der Faktor des schwierigen Temperaments bzw. der erhöhten physiologischen Reaktivität ist ein hoher Risikofaktor; diese Kinder sind in besonderem Maße vulnerabel. Temperamentsunterschiede wirken sich nach Rothbart & Bates (1998) unter anderem auf die Selbstregulation, die Aufmerksamkeitslenkung, die emotionale Reaktivität und motorische Aktivität des Kindes aus. Es kann zu einer „erhöhten Empfänglichkeit für psychosoziale Stressoren" kommen und bei einer „mangelnden

Passung zwischen Temperamentsmerkmalen und Umweltanforderungen" dann zu Verhaltensauffälligkeiten (Schmeck, 2003, S. 162). Schmeck (2003) fasst die bestehenden Untersuchungen zum Zusammenhang von spezifischen Temperamentsmerkmalen und aggressivem Verhalten zusammen:

- „Im Kleinkindalter zu erfassendes schwieriges Temperament stellt einen Risikofaktor für die Entwicklung von externalisierenden Verhaltensstörungen dar;
- Dieses schwierige Temperament steht in einem engeren Zusammenhang zu aggressivem als zu dissozialem Verhalten;
- Der Zusammenhang ist deutlich zu erkennen zum früh beginnenden aggressiven Verhalten, nicht aber zum aggressivem Verhalten, wenn es erst nach dem 10. Lebensjahr einsetzt;
- Von hoher Bedeutung zeigt sich die Interaktion zwischen Temperament und elterlicher Wahrnehmung. Je eher die Temperamentsmerkmale eines Kindes von seinen Eltern als schwierig angesehen werden, desto eher sind im Verlauf der Entwicklung externalisierende Verhaltensstörungen der Kinder zu erwarten" (ebd., S. 170; vgl. auch Resch, 2004; Wurmser & Papousek, 2004; Papousek, 2004; Essau & Conradt, 2004).

4.2.2.2 Frühkindliche (Beziehungs-)Erfahrungen

Der von Geburt an „kompetente Säugling" (Dornes, 1995) tritt von der ersten Lebensminute in Interaktion mit seiner Umwelt, vor allem seinen Bezugspersonen. Die dabei gemachten realen und emotional bewerteten Interaktionserfahrungen sind die Grundlage für die Bildung handlungsleitender innerpsychischer Repräsentationen (Schemata), der Selbst-Struktur (vgl. Stern, 1992, 1995, Dornes, 1995, 1997). Dabei kommt es auf eine möglichst gute „Passung zwischen Kind und Bezugspersonen" (Resch, 2004, S. 37; vgl. auch Papousek, 2004) an, die dann zur konsistenten Befriedigung kindlicher Bindungs- und Kontrollbedürfnisse führt (vgl. Grawe, 2004) und positiv gesehen die „intuitive Elternschaft" (Papousek, 2004) stärkt. Wichtige Variablen in diesen frühen Interaktionsprozessen sind u. a. Empathie und „Feinfühligkeit" (Ainsworth et al., 1978), das Ermöglichen von Regelmäßigkeit, das adäquate Spiegeln der Lebensäußerungen des Kindes und entsprechende „soziale Rückversicherung" (Resch, 2004; Behr, 2002; Petermann & Wiedebusch, 2003; zusammenfassend auch: Fröhlich-Gildhoff, 2003, S. 62 ff).

Drei Faktoren kommt besondere Bedeutung zu,

a) der Unterstützung kindlicher Emotionsregulation und Affektabstimmung,
b) dem Erfahren einer sicheren Bindung und
c) dem Erleben von Kontrolle und Selbstwirksamkeit

Diese drei Faktoren werden im Folgenden genauer betrachtet:

a) Unterstützung kindlicher Emotionsregulation und Affektabstimmung
Die Bezugspersonen unterstützen das Kind bei der (zunehmenden Selbst-)Regulation seiner Emotionen; nach Papousek (2004) geht es dabei um „die Regula-

tion von arousal (Erregung [allgemein, z. B. Schlaf/Wachrhytmus, d.Verf.]), activity (motorische Aktivität), affect (affektive/emotionale Erregung) und attention (Aufmerksamkeit)" (ebd., S. 82).

Nach Petermann & Wiedebusch (2003) findet in der Eltern-Kind-Interaktion „eine gemeinsame Regulation von Gefühlen" statt. „Dabei sind die Neugeborenen noch ganz auf die eine Regulation ihrer Emotionen durch die Bezugspersonen angewiesen, während ältere Säuglinge und Kleinkinder in zunehmendem Maße geringe emotionale Belastungen selbst regulieren können, jedoch beim Erleben negativer Gefühle auf Bewältigungshilfen seitens der Eltern angewiesen sind" (ebd., S. 62; vgl. auch Papousek, 2004) – Lachmann (2004) betont besonders das *interaktive* Element der Ko-Regulation: Gemeinsame Regulation bedeutet, „dass das Verhalten eines jeden Partners das des anderen beeinflusst. Das bedeutet zugleich, dass das Verhalten von A prädiktiv ist für das Verhalten von B und umgekehrt ... Der Säugling lernt, bestimmte Muster der Selbst- und interaktiven Regulation zu erwarten (Beebe & Lachmann 1988, Stern, 1992, 1998). Die Erwartung reziproker Responsivität und die Erwartung eines optimalen Grades an Nähe und Distanz in den Interaktionen, das Rechnen mit Übergriffen oder die Angst vor ihnen – all das wird interaktiv reguliert" (ebd., S. 54f). Der Entwicklungsverlauf lässt sich zusammenfassend folgendermaßen darstellen:

Tab. 6: Entwicklung von der inter- zur intrapsychischen Emotionsregulation (nach Petermann & Wiedebusch, 2003, S. 65)

Phasen der Emotionsregulation nach Friedlmeier (1999)	
1.–2. Lebensmonat	Die Bezugspersonen regulieren das Erregungsniveau des Säuglings, indem sie ihn vor Übererregung schützen und bei negativen emotionalen Reaktionen beruhigen.
3.–6. Lebensmonat	Die Säuglinge tolerieren bereits höhere Erregungszustände und entwickeln Distress-Erholungs-Zyklen. Außerdem können sie ihre visuelle Aufmerksamkeit steuern und von einer Erregungsquelle abwenden.
6.–12. Lebensmonat	Die Regulationsstrategien des Säuglings erweitern sich: Zum einen kann er sich durch Blickkontakt am Verhalten der Eltern orientieren und zum anderen ist er aufgrund seiner fortschreitenden motorischen Entwicklung in der Lage, sich aus emotional erregenden Situationen zurückzuziehen.
2.–5. Lebensjahr	In dieser Altersspanne vollzieht sich der Wechsel zur intrapsychischen Emotionsregulation. Die Kinder setzen zunehmend eigenständige Regulationsstrategien ein, suchen aber bei stärkerer emotionaler Erregung weiterhin nach sozialer Unterstützung durch die Bezugspersonen.
ab dem 5. Lebensjahr	Die Kinder regulieren ihre Emotionen in der Regel selbständig und ohne soziale Rückversicherung.

Neben der Regulation geht es um die Affektabstimmung („Affect attunement" nach Stern, 1992), dabei steht die Richtung der Affekte, z. B. Neugier vs. Furcht angesichts eines unbekannten Objekts mit Unterstützung der Bezugspersonen im Vordergrund. „Das affektive Erleben ist eine wesentliche Grundlage dafür, dass ein Mensch von einem anderen in seinem Erleben verstanden werden kann (...) andere Menschen können sich in das Baby einfühlen, können sein Erleben erkennen, verstehen und das Kind in diesem mehr oder weniger akzeptieren" (Biermann-Ratjen, 2002, S. 18).

In diesen, schon Ende des ersten Lebensjahres hochbedeutsamen Prozessen liegen zugleich die Wurzeln für die Herausbildung von Empathie und emotionaler Perspektivenübernahme, die ihrerseits eine wichtige Mediatorvariable für die „Eindämmung" aggressiven und die Ausbildung prosozialen Verhaltens darstellt (Eisenberg, 2000; Richardson, Green & Lago, 1998; Petermann & Wiedebusch, 2003; Essau & Conradt, 2004).

Weiterhin liegen in diesen frühen Prozessen der Affektabstimmung mit großer Wahrscheinlichkeit Wurzeln für geschlechtsspezifische Unterschiede in der Emotionsregulation: Auf sehr feine Weise werden Mädchen eher ‚unterstützt', aufbrausende Emotionen herunter zu regulieren und mimisch und gestisch für prosoziales Verhalten bestärkt – Jungen hingegen werden eher in expansiverem Emotionsausdruck ‚geduldet' bzw. unterstützt. Spätestens im Vorschulalter zeigt sich dann, „dass Mädchen über eine bessere Emotionsregulation" verfügen (Zahn-Waxler et al., 1996, nach Petermann et al., 2001, S. 17; vgl. auch Petermann & Wiedebusch, 2003).

In den Prozessen der Emotionsregulation und Affektabstimmung liegen starke Quellen für Entwicklungsstörungen: Die Bezugspersonen können z. B. die (emotionalen) Spannungen von Kindern nicht adäquat „herunterregulieren"

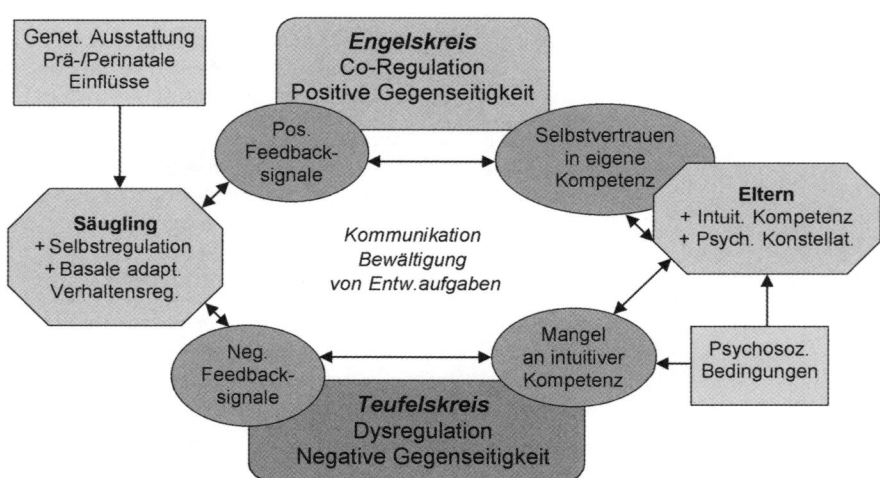

Abb. 4: Modell zur Genese früher Regulationsstörungen nach Papousek et al., 2004, S. 101

oder sie „überregulieren" – dies kann dann zu einer dauerhaften dysfunktionalen Emotionsregulation führen, mithin zu einem interaktionellen „Teufelskreis": Wenn das Kind die Erfahrung macht, dass seine Erregung bzw. innere Spannung nicht durch die/mit der Bezugsperson reduziert werden kann, bleibt es in einem permanenten Spannungszustand, der durch Aktivitäten wie Schreien usw. aufrechterhalten wird. Dadurch steigen die Spannungen bei der (überforderten) Bezugsperson, es kommt zu negativen Emotionen, die die Unruhe beim Kind wiederum verstärken. Der Prozess dieser dysfunktionalen Regulation und der Herausbildung von „Teufelskreisen" ist ausführlich bei Papousek (2004) beschrieben und kann folgendermaßen (s. Abb. 4)dargestellt werden.

Das Kind macht so „fast permanent Inkongruenzerfahrungen im Hinblick auf sein Bindungsbedürfnis, sein Kontrollbedürfnis ... " (Grawe, 2004; vgl. auch Grosse-Holtforth & Grawe, 2004).

Der bedeutende Einfluss der Eltern auf die Entwicklung der Emotionsregulation – und damit verbunden allgemeiner der Selbstregulation, der Selbststeuerung und der emotionalen Kompetenz – ist durch eine Vielfalt von Studien belegt. „Die bisherigen Befunde deuten darauf hin, dass Eltern die Entwicklung emotionaler Fertigkeiten fördern können, indem sie durch

- ein positives emotionales Klima in der Familie,
- den offenen Ausdruck eigener Emotionen,
- häufige Gespräche über Gefühle
- einen angemessenen Umgang mit den Gefühlen des Kindes und
- Hilfen bei der Emotionsregulation

das Emotionsverständnis, den sprachlichen Emotionsausdruck und die Emotionsregulationsstrategien ihrer Kinder verbessern" (Petermann & Wiedebusch, 2003, S. 73).

Im Umkehrschluss ist empirisch bestätigt, dass dysfunktionale Regulation, eine angespannte emotionale familiäre Atmosphäre, ausdrucksarmes oder negativ getöntes elterliches Ausdrucksverhalten zu fehlenden bzw. unzureichenden emotionalen und selbstregulatorischen Kompetenzen und Empathiefähigkeit bei den Kindern führen – und diese Faktoren stehen wiederum in einem engen Ursachenzusammenhang mit überdauerndem aggressiven Verhalten (vgl. u. a. Petermann & Wiedebusch, 2003; Essau & Conradt, 2004; Scheithauer & Petermann, 2004; Krahé, 2001):

Die nicht gelingende Regulation führt prinzipiell zu (Dauer-)Stress, zu einer permanenten Anspannung und Aktivierung, zu einer erlebten Diskrepanz zwischen Anforderungen und Fähigkeiten und zu einem fehlenden Selbstwirksamkeits- und Kontrollerleben (s. o.). Dieser Stress kann prinzipiell auf drei unterschiedliche Weisen bewältigt werden: zum einen durch Ohnmacht und/oder sozialen Rückzug, zum zweiten auf aggressive Weise, indem versucht wird, durch das Herstellen von Übermacht Kontrolle auszuüben. Zum dritten kann es zu einem ständigen Hin- und Herschwanken zwischen beiden Extremen kommen. Diese Bewältigungsmechanismen verfestigen sich als dauerhafte ‚Antwortbereitschaft' (und werden zum bestimmenden Persönlichkeits-/Strukturmerkmal).

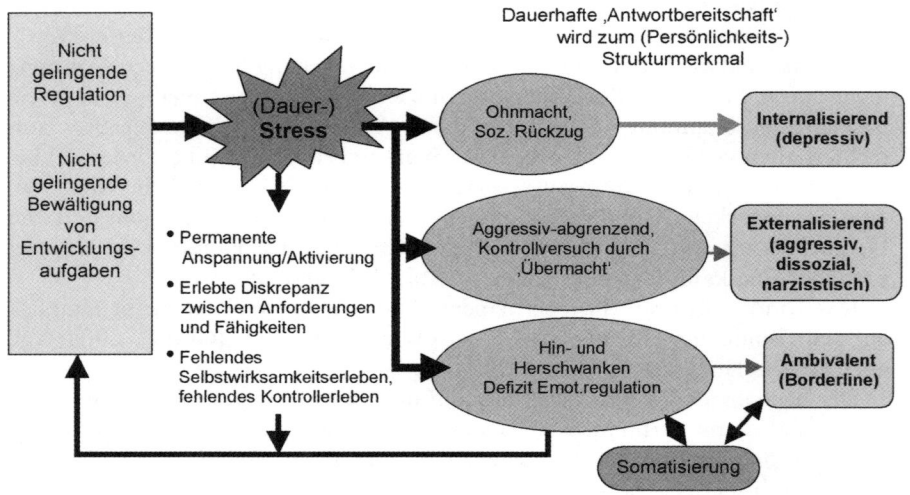

Abb. 5: Prozess der Entwicklung von Regulationsstörungen zu Persönlichkeits-Struktur-merkmalen

Auch bei der Affektabstimmung kann durch ein zu starkes „tuning" (Stern, 1992, Dornes, 1995) durch die Bezugspersonen verhindert werden, dass Kinder ein ausreichendes Spektrum an Affekten aufbauen, mit dem sie dann z.B. neuen Situationen begegnen. Eine übersensible oder stark angespannte Bezugsperson wird die explorativen Aktivitäten des Kindes und die damit verbundenen Gefühle eher stark einschränken, wodurch dem Kind die Möglichkeit einer angemessen Eigen-Regulation genommen wird. Eine ähnliche Folge ergibt sich bei überwiegend ungenauer „Affektspiegelung" durch die Bezugspersonen, wenn „der kindliche Gefühlszustand verkannt und eine andere Emotion gespiegelt wird. Durch diese Fehlwahrnehmung bei der Bezugsperson erfährt das Kind eine unangemessene Rückmeldung über sich und es entsteht eine Inkongruenz zwischen dem inneren Erleben und der reflexiven Interpretation" (Resch, 2004, S. 41; Biermann-Ratjen, 2002, S. 19 f beschreibt ebenfalls, wie „störanfällig" der Prozess der Affektregulierung und -abstimmung zwischen Kind und Bezugsperson ist und dass inkongruente und nicht-wertschätzende Erfahrungen zu Störungen im Prozess der Selbstkonzept-Bildung führen).

b) Bindungserfahrungen
Das Erfahren einer sicheren Bindung stellt nicht nur die Grundlage für späteres eigenständiges sicheres Bindungsverhalten dar, sondern hat größte Bedeutung für die Entwicklung einer stabilen, kohärenten Selbst-Struktur und deren Basis, des „Kern-Selbst" (Stern, 1995). Nur wenn der Säugling regelmäßige, klare und konsistente Bindungserfahrungen machen kann, kann er entsprechende intrapsychische Repräsentanzen aufbauen, die dann wiederum eine sichere Basis für

Neugierverhalten und eine „offene" Weltbegegnungshaltung bilden – oder, bei entsprechenden Beeinträchtigungen, nicht.[1]

Es gibt eine Vielzahl von Belegen für den Zusammenhang zwischen unsicheren Bindungserfahrungen und entsprechenden innerpsychischen Repräsentationen („inneres Arbeitsmodell", Grossmann, 2001) und (späterem) aggressiven Verhalten: „Eine unsichere Bindung im frühen Kindesalter kann verknüpft sein mit einem stabil-aggressiven Verhalten vom Vorschul- bis in das Schulalter hinein (Shaw & Winslow, 1997) sowie negativeren Beziehungen zu Gleichaltrigen und einer schlechteren Regulation eigener Emotionen während der Vorschulzeit (Greenberg et al., 1993), und zwar dann, wenn weitere aversive Bedingungen (z. B. negativer Erziehungsstil oder psychische Auffälligkeiten der Eltern; vgl. van Ijzendoorn et al., 1992) hinzukommen" (Scheithauer & Petermann, 2004, S. 393). Nach Cichetti et al. (1995) wird das Risiko für das erhöhte Auftreten aggressiven Verhaltens durch unsichere Bindungserfahrungen auf drei Wegen erhöht:

- „Eine unsichere Bindung kann aggressives Verhalten steigern, indem Handlungsmuster (...) geformt werden, in denen Beziehungen durch Zorn, Misstrauen und Chaos gekennzeichnet sind" (aus: Petermann et al., 2001, S. 22; Denham et al., 2002, konnten zeigen, dass sich unsicher gebundene Kinder im Alter von drei Jahren in Interaktionen mit Gleichaltrigen weniger emotional und sozial kompetent verhielten).
- „Aggressives Verhalten wird benutzt, um die Aufmerksamkeit der Bezugsperson zu erhalten."
- Aus einer unsicheren Bindung entwickelt sich eine „nicht-prosoziale Orientierung im Hinblick auf Beziehungen" (Petermann et al., 2001, S. 22).

Petermann & Wiedebusch (2003) stellen zusammenfassend fest: „Bei unsicher gebundenen Kindern wurde (...) mit zunehmendem Alter ein Anstieg negativer und ein Rückgang positiver Emotionen festgestellt. Im zweiten und dritten Lebensjahr freuten sich diese Kinder seltener und waren häufiger ängstlich oder ärgerlich" (ebd., S. 31).

Anhand der Ergebnisse verschiedener Langzeituntersuchungen kommt Dornes (1997) zusammenfassend zu dem Ergebnis: „Unsicher gebundene Kinder haben (...) eine schlechtere Impulskontrolle und sind bei ihren Kameraden weniger beliebt (...). Insgesamt ist der Zusammenhang zwischen desorganisierter Bindung und feindseliger Aggression deutlicher ausgeprägt als zwischen vermeidender Bindung und Aggression (s. Lyons-Ruth, 1996, S. 67 ff). Desorganisierte Kinder sind im Vorschulalter erheblich aggressiver als vermeidende oder sichere, insbesondere dann, wenn noch andere Risikofaktoren wie niederer sozioökonomischer Status und/oder Psychopathologie der Mutter hinzukommen" (ebd., S. 273, 275).

---

1 Das Konzept der Bindungstheorie ist – ebenso wie die Folgen von Bindungsstörungen – mittlerweile ausreichend differenziert beschrieben, so dass hier auf eine ausführlichere Darstellung verzichtet wird (vgl. z. B. Grossmann, 2001; Brisch, 1999).

Weitere Auswirkungen dauerhaft unsicherer Bindungserfahrungen können in einer ‚einseitigen' Informationsverarbeitung und „in einer Beeinträchtigung der sozio-moralischen Entwicklung, der Ausbildung sozialer Kompetenzen und des Selbstwertgefühls bestehen (Greenberg et al., 1993; Thompson, 1998; Turiel, 1998)" (Kleiber & Meixner, 2000, S. 197; vgl. auch Scheithauer & Petermann, 2004; Brisch, 1999).

c) Das Erleben von Kontrolle und Selbstwirksamkeit
Entsprechend seiner Lebenserfahrungen, die ein Individuum insbesondere in den ersten Lebensjahren macht, „entwickelt es eine Grundüberzeugung darüber, inwieweit das Leben einen Sinn macht, ob Voraussehbarkeit und Kontrollmöglichkeit besteht, ob es sich lohnt, sich einzusetzen und zu engagieren (…). Diese lebensgeschichtlichen Erfahrungen führen zu bestimmten Erwartungen, in welchem Ausmaß dieses Grundbedürfnis befriedigt wird" (Grawe, 1998, S. 350; vgl. auch Rotter 1966).

Das Erleben von Kontrolle steht in engem Zusammenhang mit dem Erleben von Selbstwirksamkeit („self-efficacy", Bandura 1977, 1995, 1997). Selbstwirksam zu sein heißt, aufgrund bisheriger Erfahrungen auf seine Fähigkeiten und verfügbaren Mittel vertrauen zu können und davon auszugehen, ein bestimmtes Ziel auch durch Überwindung von Hindernissen am Ende tatsächlich erreichen zu können. „Perceived self-efficacy refers to beliefs in one's capabilities to organize and execute the courses of action required to manage perspective situations. Efficacy beliefs influence how people think, feel, motivate themselves, and act" (Bandura, 1995, S. 2).

Eine große Bedeutung haben dabei die Erwartungen, ob das eigene Handeln zu Effekten führt oder nicht. Diese Erwartungen steuern schon im Vorhinein das Herangehen an Situationen und Aufgaben, damit auch die Art und Weise der Bewältigung und führen so oftmals zu einer Bestätigung des eigenen Selbstwirksamkeitserlebens.

Selbstwirksamkeitserwartungen werden nach Bandura (1977) aus vier wesentlichen Quellen gespeist: „direkte Handlungserfahrungen, stellvertretende Erfahrungen, sprachliche Überzeugungen und die wahrgenommene physische Erregung. Die einflussreichste und überzeugendste Informationsquelle stellen eigene Handlungen dar, wobei Erfolge die Erwartung von Selbstwirksamkeit stärken und Misserfolge sich entsprechend ungünstig auswirken" (Jerusalem, 1990; S. 33).

Die Ergebnisse der empirischen Säuglingsforschung haben gezeigt, dass auch die Wurzeln für die Entstehung des Selbstwirksamkeitserlebens schon in einem sehr frühen Entwicklungsabschnitt, nämlich dem der sog. Kern-Selbstbildung (ca. 6.–9. Lebensmonat) liegen. Dabei ist es sehr entscheidend, in welchem Ausmaß und mit welcher Eindeutigkeit Kinder sog. „Urheberschaftserfahrungen" machen können. (vgl. Stern, 1992; Dornes, 1995, 1997).

Fehlendes Kontroll- oder Selbstwirksamkeitserleben führt zu Stress (vgl. z. B. Jerusalem, 1990), zu verringertem Selbstwert-Erleben bis hin zu Gefühlen genereller Handlungsunfähigkeit (zur Bedeutung der Selbstwirksamkeitserfahrungen für die kindliche Entwicklung vgl. auch Jaede, 2002). Mit aggressivem und/oder besonders expansivem bzw. impulsivem Verhalten können zumindest kurzfristig Selbstwirksamkeitserfahrungen gemacht werden; Kinder erleben, dass ihr Handeln Effekte zeigt, andere Menschen reagieren – und wenn sie sich auch nur strafend zeigen, oder – wie z. B. bei Gleichaltrigen – sich schreiend zurückziehen. In Ermangelung anderer positiver Selbstwirksamkeitserfahrungen kann aggressives Verhalten zu einer (kurzfristigen) Stabilisierung des Selbstwerts beitragen – dieses Muster wird sich stabilisieren, wenn es nicht durch konsistentes Erziehungsverhalten unterbunden wird.

4.2.2.3 Selbststruktur

Aus dem Wechselspiel von biologischen Ausgangsbedingungen und frühkindlichen (Beziehungs-)Erfahrungen ergeben sich zusammengefasst folgende Konsequenzen für die Selbststruktur (bzw. „Affektlogische Schemata", Resch, 2004, S. 38; s. a. Grosse Holtforth & Grawe, 2004, S. 10 f), die das Risiko für dauerhaftes aggressives Handeln – im Sinne einer Verhaltensdisposition – erhöht:

a) Bindungsrepräsentationen

Aufgrund unsicherer bzw. desorganisierter Bindungserfahrungen entsteht eine grundlegende Unsicherheit im Aufbau (neuer) Beziehungen. Die Erwartung, dass die Beziehungen nicht verlässlich sind, dient als Grundlage, auf andere Menschen – Erwachsene wie Gleichaltrige – zuzugehen. Es kommt zu Vorsicht und/oder Misstrauen sowie der Stimmung eines „dysfunktionalen Ärgers (…); die Ursprünge dieses Ärgers liegen in frühen und/oder dauerhaften Beziehungserfahrungen des Zurückgewiesenwerdens, die beim Kind eine negative Erwartungshaltung schaffen, die seine Weltsicht einfärbt" (Dornes, 1997, S. 272). Es kommt so zu einem Kreislauf: Aufgrund der erfahrenen Zurückweisungen, Ambivalenzen oder real erfahrenen Aggressionen reagieren die Kinder auch in zweideutigen Situationen „häufiger aggressiv und werden deshalb auch aggressiver behandelt, was wiederum ihre Sicht von der Welt als Ort latenter Bedrohung bestätigt" (ebd., vgl. auch Papousek, 2004).

b) Informationsverarbeitung

Eine Reihe von Studien zeigt, dass (besonders) aggressive Kinder ein spezifisches Muster der Informationsverarbeitung zeigen. Entsprechend der Theorie der sozialen Informationsverarbeitung nach Crick & Dodge (1994) interpretieren Kinder und Jugendliche mit aggressivem Verhalten Situationen eher aggressiv gefärbt und zeigen dann entsprechende Handlungsmuster.

In einer Studie von Burks et al. (1999) konnte über den Verlauf von acht Jahren nachgewiesen werden, dass frühes aggressives Verhalten gepaart ist mit feindlich gesinnten Wahrnehmungs- und Interpretationsmustern und dass es gewissermaßen selbstverstärkend zu stärker aggressivem Verhalten bei den dann älteren Kindern führt. Krahé (2001) beschreibt einen „hostile attributional style", eine Tendenz, unklare Situationen als feindselig oder aggressiv zu interpretieren. Diese entspricht einer kognitiven Disposition und hängt offensichtlich weniger vom Grad der emotionalen Grunderregung ab. Dornes (1997) zeigt an-

Tab. 7: Gedankliche und verhaltensbezogene Schritte aggressiver Kinder in sozialen Situationen (nach Crick & Dodge, 1994; aus: Essau & Conradt, 2004, S. 109)

Schritt 1: **Dekodierung**	Sozial aggressive Kinder benutzen weniger Hinweise, bevor sie eine Entscheidung treffen. Wenn sie zwischenmenschliche Problemsituationen definieren und lösen, suchen sie weniger Informationen über das Ereignis, bevor sie handeln.
Schritt 2: **Interpretation**	Sozial aggressive Kinder schreiben mehrdeutigen Ereignissen feindselige Ursachen zu.
Schritt 3: **Reaktionssuche**	Sozial aggressive Kinder generieren weniger Reaktionsmöglichkeiten, davon sind mehr aggressiver Art als bei nichtaggressiven Altersgenossen. Sie wissen weniger über die Möglichkeit sozialer Problemlösung.
Schritt 4: **Entscheidung für eine Reaktion**	Aggressive Kinder tendieren zur Wahl aggressiver Lösungen.
Schritt 5: **Umsetzung**	Aggressive Kinder kommunizieren weniger verbal, sondern setzen eher körperliche Gewalt ein.

hand von Untersuchungen von Dodge (1991), dass „aggressive Kinder eine ‚attribution bias' haben, welche die Aufrechterhaltung dysfunktional gewordener Aggressionen befördert. Sie haben die Neigung, in zweideutige Situationen Aggressionen ‚hineinzulesen'. Zeigt man ihnen und einer Vergleichsgruppe weniger aggressiver Kinder Bilder oder Videos von Situationen, in denen a) ein Kind ein anderes offensichtlich absichtlich verletzt und b) offensichtlich unabsichtlich verletzt und c) die Situation nicht eindeutig ist, so interpretieren aggressive Kinder die zweideutige Situation signifikant häufiger als von absichtlicher Aggression erfüllt (...). Psychoanalytisch gesprochen projizieren sie Aggression in die Situation" (ebd., S. 274). Diese „verzerrte sozial-kognitive Informationsverarbeitung" (Petermann et al., 2001) bildet die Grundlage für einen sich selbstverstärkenden Kreislauf, wodurch das zugrunde liegende Schema immer wieder verstärkt wird.

c) Selbstwirksamkeit und Kontrollerwartungen
Aufgrund unzureichender Selbstwirksamkeitserfahrungen in früher Kindheit bestehen generell bei stärker aggressiven Kindern eingeschränkte Selbstwirksamkeits- bzw. Kontrollerwartungen. Krahé (2001) referiert Untersuchungsergebnisse, die zeigen, dass Menschen mit erhöhtem aggressivem Verhalten generell die Tendenz zeigen, Gefühle von Unwohlsein, Hilflosigkeit und Verletzlichkeit zu empfinden („emotional suspectibility"); in einer Untersuchung konnten Caprara et al. (1994) einen positiven Zusammenhang zwischen dieser Tendenz und der Bereitschaft zu aggressivem Verhalten nachweisen (vgl. Krahé, 2001, S. 55 f). Aggressives Verhalten ist eine Möglichkeit, um zumindest kurzfristig Situationskontrolle auszuüben und damit das eigene Selbstwirksamkeitserleben zu

erhöhen. Petermann et al. (2001) stellen fest, dass aggressive Kinder „glauben, dass Aggression zu Anerkennung, einem höheren Selbstwertgefühl sowie positiven Gefühlen führt (…); weiterhin schätzen diese Kinder ihr aggressives Handeln als effektiv ein" (ebd., S. 21). Dornes geht sogar davon aus, dass „auch feindselige Aggressionen, wenn sie zum Erfolg führen (…) lustbetont sein" können. Diese „narzisstische Lust" kann zum Ziel selbst werden „und zum Ersatz für anderweitig unerreichbare Befriedigung, (…) sowie zur Aufrechterhaltung oder Herstellung einer (labilen) narzisstischen Homöostase". In Anlehnung an Cohler (1995) stellt Dornes fest, „dass selbst noch die sinnloseste Destruktivität (…) ein verzweifelter Versuch ist, angesichts traumatischer, psychischer und sozialer Erfahrungen von Wertlosigkeit, Überflüssigkeiten und Deprivationen einen Rest von Gefühlen psychischer Lebendigkeit und Vitalität aufrecht zu erhalten" (1997, S. 278 f). Auch Krahé (2001) zitiert eine Untersuchung von Baumeister & Boden (1998), die zeigt, dass durch Aggression in bestimmten Situationen oder Gruppen eine Selbstwerterhöhung erzielt werden kann, die dann langfristig durch Aggressionen immer wieder ‚abgesichert' werden muss. Krahé (2001) stellt fest, dass aggressives Verhalten nicht, wie früher oft angenommen, mit einem eindeutig niedrigen, aber mit einem unrealistischen Selbstwert zu tun hat, der die Individuen vulnerabel durch die Aggression macht. „Individuals holding inflatet and/or unstable views of themselves are more easily threatened in their self-esteem and are more likely to show aggression to restore positive self-appraisel" (ebd., S. 65; vgl. auch Essau & Conradt, 2004, S. 110).

d) Selbststeuerung/-regulation
Auf die möglichen Probleme bei dem sensiblen Zusammenspiel zwischen kindlichem Temperament und elterlichem Verhalten bei der Emotionsregulation wurde hingewiesen. Kinder mit aggressivem Verhalten haben weniger Fähigkeiten zu einer „Selbstberuhigung" (vgl. z.B. Papousek, 2004) und zur Regulation eigener Emotionen entwickelt. Petermann & Wiedebusch (2003) beschreiben „Defizite in der emotionalen Kompetenz bei aggressiven Verhalten:

- eingeschränkter mimischer Emotionsausdruck
- hohe Auftretenshäufigkeit negativer Emotion
- eingeschränkte Fähigkeit, eigene Gefühle wahrzunehmen
- hohes Ausmaß emotionaler Ansteckung
- eingeschränkte Fähigkeit, den mimischen Emotionsausdruck anderer Personen zu interpretieren
- mangelndes Emotionsverständnis" (ebd., S. 111).

Aggressiven Kindern stehen unzureichende „Emotionsregulationsstrategien" (ebd.) zur Verfügung; sie verfügen über weniger Selbstberuhigungsstrategien (s.o.), können sich schlechter aus emotionsauslösenden Situationen zurückziehen und haben weniger kognitive Strategien (z.B. internale Aufmerksamkeitsumlenkung) oder externale Regulationsstrategien (z.B. alternatives körperliches Ausagieren). Krahé (2001) beschreibt eine erhöhte Irritabilität, also eine generelle Tendenz, impulsiv oder konflikthaft/kontrovers zu reagieren, schon bei geringsten Provokationen oder Nicht-Übereinstimmungen (ebd., S. 54). Eine Vielzahl weiterer Untersuchungen bestätigt die ‚gestörte Impulskontrolle', die dazu führt, dass aggressives Verhalten unzureichend gehemmt wird (vgl. z. B. Loeber & Hay, 1997; Zusammenstellungen bei: Scheithauer & Petermann, 2004; Petermann et al., 2001).

e) Handlungspotential
Kinder mit deutlich aggressiverem Verhalten verfügen generell über weniger Kompetenzen in Konfliktsituationen nicht aggressiv zu handeln, und über ein geringeres ‚Repertoire' an Handlungspotentialen in sozialen Situationen (vgl. z. B. Scheithauer & Petermann, 2004; Essau & Conradt, 2004). Damit verbunden hat sich oftmals eine Werthaltung herausgebildet, die Aggression als legitime Form des Sozialverhaltens ansieht. „Believes about the legitimacy of aggression can be seen as part of an individual's aggressive script, developed on the basis of direct and vicarious learning experiences" (Krahé, 2001, S. 53). Diese Verengung oder Vereinseitigung von Verhaltensmöglichkeiten steht in einem engen Zusammenhang mit den o.g. Formen der Informationsverarbeitung und der Selbstwerterhöhung.

Zusammenfassend lassen sich auf der Ebene der Selbststruktur bzw. handlungsleitenden innerpsychischen Schemata vier Variablen identifizieren, die in einer Wechselwirkung die Disposition zu überdauerndem aggressiven Verhalten hervorbringen und in einem sich selbst verstärkenden Prozess stabilisieren:

• Defizite bzw. Einschränkungen in der Selbst- und Fremdwahrnehmung
• Einschränkungen in der Steuerung und Regulation von Emotionen und daraus resultierenden Verhaltensimpulsen (Selbststeuerung)
• unsicherer Selbstwert bzw. fehlende Selbstwirksamkeitserwartungen, die durch aggressives Verhalten – kurzfristig – kompensiert bzw. stabilisiert werden
• Defizite im Bereich der sozialen Kompetenzen, besonders in unsicheren sozialen Situationen und Konfliktsituationen.

4.2.2.4 Risiko- und Schutzfaktoren

Dass sich aggressives bzw. gewalttätiges Verhalten als stabile Struktur bzw. generelle ‚Antwortbereitschaft' etabliert, hängt maßgeblich von einem Zusammenspiel von Risiko- und Schutzfaktoren ab. Die Entwicklungswissenschaften (vgl. z. B. Petermann et al., 2004) gehen davon aus, dass in der kindlichen Entwicklung „risikoerhöhende" und „risikomildernde" Bedingungen bestehen. Aus der Bilanz von Belastungen gegenüber Ressourcen ergibt sich eine Gesamtbelastbarkeit des Kindes und seiner Familie; auf dieser Grundlage sind Entwicklungsprognosen hinsichtlich Anpassung oder Fehlanpassung des Kindes möglich (vgl. ebd., S. 322 ff). Aus diesem Zusammenspiel ergeben sich Vulnerabilitäten, die sich in „besonderer Empfindlichkeit gegenüber Umweltbedingungen" (ebd., S. 326) äußern. Im Zusammenspiel mit weiteren personalen, aber besonders Risikobedingungen in der Umwelt und hier spezifisch im sozialen Umfeld steigt die

Wahrscheinlichkeit für das Auftreten von psychischen Auffälligkeiten. Auf der anderen Seite lassen sich eine Reihe protektiver Faktoren identifizieren, die entweder risikomildernd und/oder entwicklungsfördernd wirken (vgl. ebd., S. 349 ff, aber auch Resch, 2004). Ein Modell kumulierender Risiken in der Entwicklung antisozialen Verhaltens haben Lösel & Bender (Lösel, 1999) entwickelt, auch Scheithauer und Petermann (2004) beschreiben dezidiert Bedingungen, „deren Auftreten mit einer erhöhten Wahrscheinlichkeit eines aggressiv-dissozialen Verhaltens im Kindes- und Jugendalters einhergeht" (ebd., S. 386). Allerdings lassen sich solche Zusammenhänge nur auf einer allgemeinen Ebene beschreiben. Viele der aufgeführten bio-psychosozialen Risikobedingungen wie schwieriges Temperament, frühe Eltern-Kind-Konflikte, Konflikte oder Scheidung der Eltern etc. sind auch Risikobedingungen für das Auftreten anderer Verhaltensauffälligkeiten, z. B. depressiver Störungen (vgl. Essau, 2002).

Bei einer Vielzahl der im Folgenden referierten Faktoren ist es so, dass ein Risikofaktor – z. B. eingeschränkte sozial-kognitive Informationsverarbeitung – im Umkehrschluss als protektiver Faktor beschrieben werden kann.

a) Personale Risiko- und Schutzfaktoren
Die bereits dargestellten biologischen Risiken haben überdauernde sekundäre Auswirkungen. So kann ein neurophysiologisch bedingtes niedriges Erregungsniveau dazu führen, dass sich Kinder und Jugendliche mit einer entsprechenden Disposition immer wieder auf die „aktive Suche nach stimulierenden Situationen (sensation-seeking)" begeben (Kleiber & Meixner, 2000, S. 197). Weitere risikoerhöhende Bedingungen sind nach der Zusammenfassung von Scheithauer und Petermann „niedriger IQ und geringe kognitive Fähigkeiten, schlechte Schulleistungen, Defizite in der sozial-kognitiven Informationsverarbeitung" (2004, S. 387). Ein geringes Spektrum sozialer Kompetenzen, insbesondere bei der Lösung von zwischenmenschlichen Konflikten wirkt ebenfalls risikoerhöhend. Demgegenüber sind auf individueller Ebene ein starker Selbstwert und vor allem internale Kontrollüberzeugungen den personalen Schutzfaktoren hinzuzurechnen (ebd., S. 389; ebenso Petermann et al., 2001, S. 90 ff; Essau & Conradt, 2004, S. 120 ff).

b) Soziale Faktoren
Auf einer allgemeinen Ebene wirken psychische Erkrankungen der Eltern ebenso wie Drogen- und Alkoholkonsum der Eltern schon pränatal aber natürlich auch im späteren Entwicklungsverlauf bei Kindern risikoerhöhend. Aus der Mannheimer Risikokinderstudie zeigten sich eine Reihe von frühen Prädiktoren für das Auftreten von Störungen des Sozialverhaltens mit 11 Jahren: „Anamnestische Belastungen der Eltern (insbesondere die Herkunft der Mutter aus zerrütteten Familienverhältnissen) ... chronische Schwierigkeiten der Eltern (wie Arbeitslosigkeit, Streit, Beziehungen und chronische Krankheiten) sowie psychische Störungen der Eltern (insbesondere depressive Erkrankungen der Mutter, sowie Alkoholmissbrauch und antisoziale Persönlichkeit des Vaters)" (Laucht, 2003, S. 51 f). Zu analogen Ergebnissen kommt auch die Rostocker Längsschnittstudie (vgl. Teichmann et al., 1991).

Dabei sind die gefundenen Zusammenhänge oftmals sehr komplex: Gschwendt et al. konnten beispielsweise zeigen, „dass die Befindlichkeit der Mutter die Wahrnehmung der Verhaltensauffälligkeiten ihrer Töchter, aber nicht ihrer Söhne" beeinflusste: „Im Vergleich zu Müttern mit niedrigen Depressions- und/oder Stresswerten berichteten Mütter mit höheren Depression- und/oder Stresswerten signifikant mehr Aggressionen und negative Emotionalität bei ihren Töchtern, jedoch nicht signifikant mehr Aggressionen und negative Emotionalität bei ihren Söhnen. Dieser Geschlechtsunterschied konnte bei einer objektiven Beobachtung nicht festgestellt werden" (2003, S. 142).

Ein zentraler Risiko- und im Umkehrschluss Schutzfaktor stellt die Beziehung zwischen Kind und Eltern dar. Eine starke emotionale Bindung kann auch bei ungünstigen Lebensumständen risikomildernd wirken, andererseits wirkt mangelhafte emotionale Zuwendung oder gar Ablehnung des Kindes als deutlicher Risikofaktor für die Ausbildung aggressiver Verhaltensauffälligkeiten (vgl. Kleiber & Meixner, 2000; Scheithauer & Petermann, 2004; Petermann et al., 1998, 2001; Dornes, 1997, 2000).

Von besonderer Bedeutung ist das frühe Bindungsgeschehen zwischen Eltern und Kind (s.o.); hier haben die transgenerationale Weitergabe von Bindungsmustern (vgl. z.B. Ziegenhain et al., 2004) und daraus resultierende Erwartungen der Eltern an das Kind einen wesentlichen Einfluss. Eine besondere Bedeutung auf die dann folgenden Interaktionsprozesse und die nötige Passung zur Affektabstimmung und Regulation wurde hingewiesen (s.o.). Im Rahmen der Mannheimer Risiko-Kinderstudie wurden nochmals dezidiert „dysfunktionale Muster der frühen Eltern-Kind-Interaktion" betrachtet. Es zeigte sich, dass insbesondere bei Kindern, die Störungen des Sozialverhaltens im Alter von 11 Jahren aufwiesen, bereits im frühen Säuglingsalter „Mutter und Kind in einen Teufelskreis negativen Verhaltens verstrickt" waren. „Kinder, die als Säuglinge in der von uns beobachteten Pflege- und Spielinteraktion mit ihrer Mutter häufig dysphorisch waren (schrien, weinten oder quengelten) und dabei die Erfahrungen machten, dass ihre Mutter wenig einfühlsam auf ihre schlechte Stimmung einging, zeigten im weiteren Verlauf bis zum Alter von 11 Jahren eine signifikante ungünstigere Entwicklung, die mit einer überproportionalen Zunahme expansiver Verhaltensauffälligkeiten verbunden war" (Laucht, 2003, S. 52 f).

Ein weiterer bedeutsamer Faktor ist das *Erziehungsverhalten bzw. der Erziehungsstil* der Eltern. Petermann et al. (2001) fassen verschiedene Studien zusammen, die einen Zusammenhang zwischen elterlichem Erziehungsverhalten und aggressivem Verhalten der Kinder beschreiben. Entscheidende Variablen sind:

- mangelhafte Aufsicht durch die Eltern (Loeber & Stouthamer-Loeber, 1986)
- negative Rückmeldung in der Erziehung
- Mangel an sozialen Regeln (zu viele oder zu wenige Regeln, keine konsequente Einhaltung der Regeln, Petermann & Petermann, 2001)
- Unzureichende emotionale Unterstützung und Akzeptanz gegenüber dem Kind (Campbell, 1991)
- „fehlende positive Anteilnahme" (Petermann et al., 2001, S. 24)

- „ein strenger, strafender Erziehungsstil (z.B. körperliche Misshandlung, Schläge oder Einsperren des Kindes) stellt ein Risikofaktor für aggressives Verhalten der Kinder dar" (Scheithauer & Petermann, 2004, S. 396).

Demgegenüber führt ein „autoritativer Erziehungsstil, der beispielsweise gekennzeichnet ist durch emotionale Wärme, eine altersgemessene Beaufsichtigung des Kindes und Interesse an seinen Aktivitäten zur Entwicklung problemorientierter Bewältigungsstrategien zu einem angepassten psychosozialen Funktionsniveau, besseren Schulleistungen, zu einem stärkeren Selbstwertgefühl. (...) Das in der Familie erlernte Interaktionsverhalten wird vom Kind auf andere Situationen (z.B. Schule) und Personen (...) übertragen (Kazdin, 1995)" (Scheithauer & Petermann, 2004, S. 396).

c) Weiteres Umfeld

Eine besondere Bedeutung bei der Aufrechterhaltung aggressiven bzw. gewalttätigen Verhaltens haben Gleichaltrigengruppen: Verhaltensauffällige Kinder machen die Erfahrung von Ausgrenzung. Sie werden von sozial kompetenteren Kindern bzw. Jugendlichen abgelehnt und „schließen sich deshalb devianten Peergruppen an. Dies begünstigt grundsätzlich einen abweichenden Lebensstil (...) Es kommt verstärkt zu gewalttätigem Verhalten, Vandalismus und offiziellen Straftaten. Gesellschaftliche Stigmatisierungsprozesse und Sanktionen krimineller Jugendlicher tragen schließlich dazu bei, dass sie eine Identifikation mit dem abweichenden Verhalten aufbauen und sich das antisoziale Verhalten weiter verfestigt" (Kleiber & Meixner, 2000, S. 197). Untersuchungen von McCord (1998) zeigen, dass Kinder früher und nachhaltiger durch aggressiv auffällige Gleichaltrige geprägt werden und der Einfluss der Familie deutlich abnimmt. Dieser Zusammenhang ist allerdings besonders deutlich, wenn sich das auffällige Verhalten schon früh entwickelt hat und schon ein Prozess der Ausgrenzung eingetreten war (vgl. Petermann et al., 2001, S. 25 f; s.a. Essau und Conradt, 2004, S. 132 f; Scheithauer, 2003).

Die entsprechenden (Sub-)Gruppenbildungsprozesse bilden auch einen wesentlichen Erklärungshintergrund für das gemeinsame Auftreten von Rechtsextremismus bzw. Hooliganismus und Gewalt (vgl. z.B. Ihle et al., 2003); deutlich sind ebenfalls die Zusammenhänge zwischen devianten, identitätsfördernden Peergruppen und übermäßigem Alkohol- und Drogenkonsum (vgl. Kleiber & Meixner, 2000; Essau & Conradt, 2004; Petermann et al., 2001).

d) Schulen

„Der Störungsverlauf von Kindern mit aggressiv-dissozialem Verhalten (...) verschlechtert sich nach der Einschulung; diese Kinder weisen insbesondere Probleme beim Lesenlernen und Buchstabieren auf (Moffit, 1990)" (Scheithauer & Petermann, 2004, S. 396). Diese Zunahme der Probleme hängt sicherlich zum einen mit geringer intellektueller Differenzierung und den beschriebenen Defiziten in der sozial-kognitiven Informationsverarbeitung zusammen. Andererseits spielen soziale Prozesse, hauptsächlich das Wechselspiel von Ausgrenzung und Selbstausgrenzung eine bedeutende Rolle; Kinder mit aggressivem Verhalten werden eine zunehmend geringere Motivation entwickeln, schulische Zusammenhänge und schulisches Lernen als für sich wichtig zu empfinden; ihre Motivation sinkt entsprechend. Es mehren sich Misserfolgserfahrungen und es ergibt sich ein weiterer Teufelskreis.

Die Bedingungen der Schule (große Klassen, standardisiertes, an allgemeinen Leistungsnormen orientiertes Lehrangebot, oft nicht ausreichende pädagogische Qualifizierung der Lehrkräfte) reichen nicht aus, um den auffälligen Kindern und Jugendlichen angemessene Unterstützung auf individueller Ebene zu geben (vgl. z. B. Borg-Laufs, 1997).

e) Sozio-ökonomische Faktoren

„Widrige familiäre Lebensumstände (...) sind für das Kind mit einem erhöhten Risiko für eine fehlangepasste Entwicklung verknüpft" (Petermann et al., 2004, S. 237). Allerdings führen diese Faktoren nicht direkt zur Entstehung von Verhaltensauffälligkeiten, sondern sind Mediator- oder verstärkende Variablen: Armut, beengte Wohnverhältnisse oder ein problembelastetes Wohnumfeld stellen für die Familien Stressfaktoren dar. Diese haben zum einen zur Folge, dass die Gefahr besteht, dass aufgrund der Belastung der Familie den Kinder möglicherweise weniger Kapazitäten zur Verfügung stehen, auf diese einzugehen und sie angemessen zu fördern. Zum anderen verfügen die Familien über weniger Ressourcen, um die Kinder zu unterstützen. „Chronische Armut ist kein einheitliches Merkmal, sondern eine Kombination belastender Bedingungen, die die Wahlmöglichkeiten stark beschränken: Eine stimulierende Wohnungswelt ist unwahrscheinlich in armen Familien, dadurch ergeben sich indirekt weniger positive Mutter-Kind-Interaktionen und ein weniger sicheres Bindungsverhalten. Kinder, die in Armut aufwachsen, haben mit größerer Wahrscheinlichkeit Eltern mit psychischen Störungen und leiden unter unangemessener Ernährung und schlechterer pränataler Versorgung (Halpern, 1993)" (Petermann et al., 2004, S. 338; s. a. Borg-Laufs, 1997, S. 64). Eine Reihe von Studien zeigt ebenfalls, dass soziale und finanzielle Benachteiligung sowie ein niedriger Bildungsstand der Eltern mit einer geringeren kognitiven Förderung von Kindern in der Familie verknüpft sind. Zudem treten zusätzlich kritische Lebensereignisse gehäuft auf. Auf diese Weise kommt es zu einer Kumulation sozio-ökonomischer Risikofaktoren, die einhergehen mit erhöhten Verhaltensauffälligkeiten der Kinder. „Eine Bedeutung haben selbst erlebte oder beobachtete Gewalt innerhalb der Familie sowie kriminogene Einstellungen und Delinquenz im engeren Familienkreis" (Kleiber & Meixner, 2000, S. 197 unter Bezugnahme auf Pfeiffer et al., 1998). „In einer Studie von Loeber et al. (1995) wurde ein geringer sozio-ökonomischer Status bei 60 % der Familien gefunden, deren Kinder (aggressive und anti-soziale) Verhaltensprobleme aufwiesen. Von den Familien, deren Kinder keine Störungen des Sozialverhaltens zeigten, waren es 22,8 %" (Essau & Conradt, 2004, S. 129). Insgesamt ist unstrittig, dass der sozio-ökonomische Status der Familie einen bedeutenden Risikofaktor ausmacht, der sich mittelbar auf verschiedene der schon angeführten Variablen (Erziehungsverhalten, Vorbildfunktion, Peergroup-Orientierung etc.) auswirkt.

Es kann daher von einem komplexen, sich wechselseitig beeinflussenden Bedingungsgefüge von Risiko- und Schutzfaktoren ausgegangen werden. Die allgemein empirisch relativ gut gesicherten Zusammenhänge müssen jedoch im Einzelfall immer sehr genau betrachtet werden: Die Resilienzforschung (Zusammenfassung z. B. bei Wustmann, 2003) hat eindrücklich gezeigt, dass auch unter schlechten sozio-ökonomischen Bedingungen immer ein Großteil der Kinder und Jugendlichen langfristig unauffälliges Verhalten zeigt, weil z. b. stabile Beziehungen zu einer erwachsenen Person oder ein emotional ‚tragendes' Klima eine positive ausgleichende und seelisch stabilisierende Wirkung haben.

4.2.2.5 Entwicklungsaufgaben

Eine weitere bedeutsame Variable für die Entstehung (überdauernden) aggressiven Verhaltens ist die Art der Bewältigung der Entwicklungsaufgaben.

Das Konzept der Entwicklungsaufgaben wurde zum ersten Mal von Havighurst 1948 in den wissenschaftlichen Diskurs eingebracht und insbesondere in den letzten Jahren von der klinischen Entwicklungspsychologie (z. B. Oerter et al., 1999) und Entwicklungswissenschaft (Petermann et al., 2004) wieder aufgegriffen. Entwicklungsaufgaben sind solche Anforderungen, die sich den Individuen im Laufe der Lebensjahre stellen und die in spezifischer Weise bewältigt bzw. beantwortet werden müssen. Die Entwicklungsaufgaben resultieren aus:

- biologischen Faktoren (z. B. Reifungsprozessen)
- gesellschaftlichen Vorgaben, Zielen und Erwartungen (z. B. der Schulpflicht mit ca. sechs Jahren) und
- individuellen Zielsetzungen.

Zusammenstellungen der Entwicklungsaufgaben in unterschiedlichen Lebensaltern finden sich zum Beispiel bei Schmidtchen (2001), Petermann et al. (2004, S. 287 f), für die ersten Lebensmonate bei Papousek (2004, S. 84) und für das Jugendalter bei Fend (2001). Von besonderer Bedeutung sind jeweils größere Entwicklungsübergänge; so beim Eintritt in den Kindergarten, beim Übergang in die Schule, später die weiterführenden Schulen, in die Pubertät, später ins Berufsleben etc. (vgl. Petermann et al., 2004, S. 284 ff).

Die Art der Bewältigung der Entwicklungsaufgaben bzw. Entwicklungsübergänge hat eine große Bedeutung für die Weiterentwicklung der Selbststruktur: Eine gelingende Bewältigung ist selbstwertstärkend und führt dazu, neue Herausforderungen mutiger und letztlich in der Regel kompetenter anzugehen. „Die erfolgreiche Bewältigung von Entwicklungsaufgaben und der daraus resultierenden alltäglichen Aufgaben und Probleme (...) weist dabei einen Zusammenhang mit dem psychischen Wohlbefinden und einem angepassten Entwicklungsverlauf auf" (Petermann et al., 2004, S. 286; zum Zusammenhang zwischen dem Bewältigen von Entwicklungsaufgaben und der Entstehung seelischer Störungen vgl. auch Hufnagel & Fröhlich-Gildhoff, 2002).

In der folgenden Tabelle werden noch einmal die Entwicklungsaufgaben zusammengestellt, die für das Thema der Entstehung aggressiven Verhaltens eine besondere Bedeutung haben.

Tab. 8: Wichtige Entwicklungsaufgaben im Zusammenhang mit der Entstehung
überdauernden aggressiven Verhaltens

Alter	Entwicklungsaufgaben/Themen
1./2. Lebensjahr	• Regulation von Emotionen und Affekten • Erster Aufbau von Selbstwirksamkeitserwartungen und Kontrollüberzeugungen • Aufbau (sicherer) Bindungsrepräsentationen
3.–5. Lebensjahr	• Akzeptanz von Grenzen, die besonders beim Ausprobieren aggressiven Verhaltens gezeigt werden • Aufbau von Empathiefähigkeit und prosozialem Verhalten • Erster Aufbau von Konfliktbewältigungskompetenzen • Erster Aufbau moralischer Werte • Erster Aufbau einer realitätsgerechten Selbst- und Fremdwahrnehmung (Akzeptieren von Unterschieden)
6./7. Lebensjahr	• Bewältigung des Übergangs in die Schule mit den entsprechenden Normen- und Rollenvorgaben • Angemessene Auseinandersetzung mit schulischen Leistungen und Anforderungen • Erster Aufbau von Peerbeziehungen
8.–12. Lebensjahr	• Beginn der Fähigkeit zur Zusammenarbeit in Gruppen/Teams • Verfestigung angemessener Konfliktlösungskompetenzen; Abbau verbal-aggressiver Auseinandersetzungsformen • Lernen des Umgangs mit partiellen Misserfolgserlebnissen
13.– ca. 20. Lebensjahr	• Umgehen mit den körperlichen Wandlungsprozessen und dadurch bedingten Veränderungen • Entwicklung eines angemessenen Körper-/Selbstbildes • Ablösung von den Eltern • Identitätsfindung in der Geschlechterrolle • Aufbau stabiler Peerbeziehungen • Erwerb stabiler ethischer Werte • Berufsorientierung

Diese Entwicklungsaufgaben unterliegen einem ständigen kulturellen und gesellschaftlichen Wandel und stellen sich zumindest teilweise auch für die Geschlechter unterschiedlich dar. Besonders im Jugendalter stellt sich eine Vielzahl von Anforderungen, die in der „multioptionalen" und „Risikogesellschaft" in spezifischer Weise als Belastungen oder dauerhafte Stressoren wirken (vgl. z.B. Fend, 2001: Keupp, 1997, 1999, 2005; Münchmeier, 2003). Aufgrund dieser vielfältigen Anforderungen besteht gerade im Jugendalter eine besondere „Gefährdung", die Entwicklungsaufgaben durch gewalttätiges Handeln zu „bewältigen" – der sog. spät auftretende Typus aggressiv-dissozialen Verhaltens (s.o.) hat hier eine wesentliche Wurzel: Über die Anbindung an Gruppen mit klaren Strukturen, zu denen auch aggressive Abgrenzung gegenüber anderen gehören kann, wird die Identitätsbildung zumindest vorübergehend erleichtert, Gruppenidentität gibt Sicherheit. Gewalttätiges Verhalten kann darüber hinaus, wie dargestellt, zumindest kurzfristig die Selbstwirksamkeit erhöhen und damit auch zu einer Erhöhung des Sicherheiterlebens in einer als unsicher oder undurchschaubar empfundenen Welt dienen („später Entwicklungstyp" nach Loeber & Stouthamer-Loeber, 1998). Scheithauer & Petermann erklären den „auf das Jugendalter beschränkten Entwicklungspfad" (2004, S. 383) damit, „dass in den Industrieländern eine große Diskrepanz zwischen der immer früher einsetzenden biologischen Reifung und der sozialen Verantwortung der Jugendlichen besteht". Die damit verbundene „Reifungslücke" kann in der Entwicklung zeitlich befristetes dissoziales Verhalten begünstigen; Delinquenz kann in diesem Zusammenhang „als ein Zugang zu den Privilegien des Erwachsenenalters angesehen werden" (ebd.).

4.2.2.6 Bewältigung

Die Bewältigung der alterstypischen Entwicklungsaufgaben und/oder spezifischer Stress/Belastungsfaktoren (wie z.B. Wohnungswechsel, Trennung/Scheidung der Eltern, etc.) ist abhängig von der bis dahin entwickelten Selbststruktur und den vorhandenen Risiko- und Schutzfaktoren.

Bei Vorliegen einer aggressions-verhaltens-begünstigenden Selbst-Struktur und fehlenden Schutz- bzw. erhöhten Risikofaktoren entsteht bei der Bewältigung der Entwicklungsaufgaben unter spezifischen Belastungen eine erneute Diskrepanz: Die erlebten Anforderungen können mit den vorhandenen Möglichkeiten nicht oder nur unzureichend/unvollständig bewältigt werden – dabei spielt es zunächst keine Rolle, ob aufgrund eingeschränkter (Selbstwirksamkeits-)Erwartungen oder eingeschränkter Selbstwahrnehmung oder Fehleinschätzungen der Situation vorhandene Handlungspotentiale bzw. Ressourcen nicht realisiert werden oder auch wirkliche Kompetenzdefizite bestehen.

Die Bewältigung durch einen externalisierenden Modus, also aggressives oder gewalttätiges Verhalten greift auf bisher entwickelte Muster zurück und erhöht kurzfristig das Selbstwirksamkeitserleben und führt kurzfristig zu einer Spannungsreduktion – im Sinne eines Kreislaufprozesses kommt es zur Bestätigung und Verfestigung des Selbstkonzeptes bzw. der Selbststruktur. Die „Entwicklungslinien" zur Entstehung überdauernden aggressiven Verhaltens sind in Abb. 6 (Seite 56) noch einmal zusammengefasst.

4.3   Auslösebedingungen

Bisher wurde ausführlich der Entwicklungsverlauf dargelegt, der ursächlich für die Entstehung einer stabilen, durch Aggression bestimmten Verhaltensdisposition gekennzeichnet ist. Allerdings tragen oftmals situative Auslöser dazu bei, dass dann aggressives Verhalten auch wirklich gezeigt wird. Unter Bezugnahme auf einen Überblicksartikel von Lore & Schulz (1993) stellt Dornes fest, „dass die Manifestation von destruktiver Aggression ganz erheblich von sozialen situativen Umständen abhängt (...), und deshalb in erheblichem Maß durch die aktuellen sozialen Rahmenbedingungen beeinflusst werden kann" (1997, S. 281).

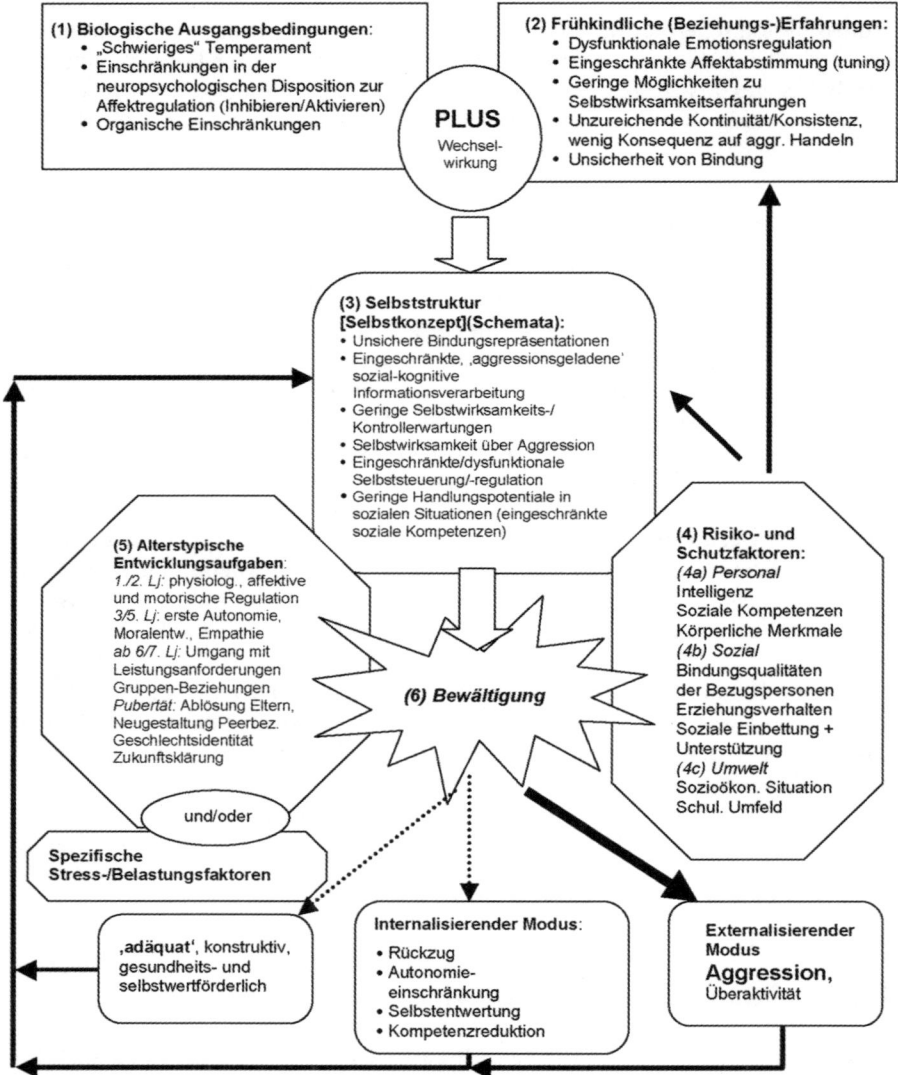

Abb. 6: Bio-psychosoziales Modell der Entstehung dauerhaft aggressiven/gewalttätigen Verhaltens

a) Unklare soziale Situationen

Sie können aggressionsauslösend wirken, weil – wie beschrieben – Kinder und Jugendliche mit einer entsprechenden verselbständigten Verhaltensdisposition aufgrund einseitiger sozial-kognitiver Informationsverarbeitung in diese Situationen aggressive Anteile „hineinlesen": „Zweideutige soziale Schlüsselreize (werden) als bedrohlich und provokativ" interpretiert (Scheithauer & Petermann, 2004, S. 397; vgl. auch Borg-Laufs, 1997, S. 80 ff). Das aggressive Verhalten dient dann dazu – subjektiv unter der Prämisse der Selbstverteidigung – Sicherheit in der Situation herzustellen: Das eigene aggressive Verhalten führt zu einer Gegenreaktion, und die entsprechende Welt-Sicht wird bestätigt. Solche unklaren Situationen liegen vor, wenn ein Kind oder Jugendlicher in eine neue oder fremde Situation kommt (z.B. eine neue Klasse), wenn Autoritätspersonen sich diffus verhalten oder widersprüchliche Signale geben und wenn Regeln unklar sind bzw. ihre Durchsetzung nur inkonsequent realisiert wird.

b) Überforderung bzw. Konfrontation ohne Ausweich- oder
   Rückzugsmöglichkeiten

Wenn zu hohe oder zu viele Anforderungen zugleich gestellt werden – oder wenn die betroffenen Kinder oder Jugendlichen in starkem Maße Misserfolgserlebnisse erleben – führt dies zu einer Beeinträchtigung (des ohnehin schwankenden) Selbstwertes und zu einem Ansteigen des Erregungsniveaus. Wie dargestellt, bestehen bei den Betroffenen nur eingeschränkte Möglichkeiten der Regulation der entstehenden Affekte, die Selbstwahrnehmung ist auf Ärger und Aggression eingeschränkt, und entsprechendes Verhalten wird ausgelöst. Eine überstarke Konfrontation ohne die Möglichkeit zu Rückzug oder einer ‚Flucht' führt gleichfalls schnell zu entsprechenden „Verteidigungs"-Reaktionen.

c) Soziales Klima, das Gewalt befördert

Es gibt eine Reihe von sozialen Zusammenhängen, in denen gewalttätiges Handeln gewissermaßen ‚Standard' im Umgang miteinander geworden ist. Dies betrifft die verbale Kommunikation, aber auch den allgemeinen Umgang einer Gruppe untereinander, besonders das „Bewältigen" von Konfliktsituationen. Olweus (1995) hat ausführlich beschrieben, wie ein solches Klima in schulischen Zusammenhängen entsteht – und welche koordinierten Maßnahmen ergriffen werden müssen, um dieses Klima zu verändern (vgl. auch den Beitrag von Steinmetz-Brand in diesem Band). Eine solche aggressions- bzw. gewaltgeladene Atmosphäre entsteht oft ‚schleichend' in pädagogischen Zusammenhängen, z.B. in Schulen, Jugendzentren oder Heimgruppen. Es erfolgt eine wechselseitige Gewöhnung von Betreuten und PädagogInnen an diese Atmosphäre, und der Pegel an verbaler und dann auch körperlicher Aggression steigt langsam aber stetig – Gewalthandeln gilt anscheinend als toleriert und damit legitimiert.

d) Alkohol und Drogen

Es gibt eine Reihe von Studien (vgl. z.B. die Übersicht bei Krahé, 2001; Borg-Laufs, 1997), die einen Zusammenhang zwischen erhöhtem Alkohol- bzw. Drogenkonsum und dem Realisieren gewalttätigen Handelns belegen. Alkohol vermindert die Fähigkeit zur Selbststeuerung, zugleich wird die Wahrnehmung sozialer Situationen undifferenzierter. Beides führt dazu, dass die Hemmschwelle zur Ausübung gewalttätigen Handelns sinkt.

e) Eindeutige Hinweisreize („Weapons-Effect") (Krahé, 2001, S. 67 ff)
Das Vorhandensein von Hinweisreizen auf aggressive Ausdrucksmöglichkeiten, wie z. B. das Vorhandensein von Waffen, erhöht die Wahrscheinlichkeit des Auftretens von aggressivem Verhalten deutlich. Dies bedeutet, dass Hinweise auf Waffen, die auch ‚nur' zur Selbstverteidigung gedacht sind, zur Aufrüstung des Gegenübers führt und die Hemmschwelle zur Ausübung von Waffengewalt senken.

Borg-Laufs (1997) relativiert die Bedeutung der Hinweisreize ein wenig: „Bestimmte Hinweisreize wie etwa Waffen, bestimmte Kleidung oder bestimmte Slogans (können) aggressives Verhalten auslösen oder erleichtern. Diese Hinweisreize können allerdings von Person zu Person – je nach persönlicher Lerngeschichte – sehr stark variieren" (ebd., S. 86).

f) Frustrationen
Frustrationen können bekanntermaßen Aggressionen auslösen. Allerdings weist Borg-Laufs (1997) zu Recht darauf hin, dass die aggressionsauslösende Bedeutung von Enttäuschungen oder einschränkenden Bedingungen überbetont wurde (und z.T. auf Artefakte der empirischen Laborforschung zurückzuführen ist): „Tatsächlich ist wohl unbestreitbar, dass Frustrationen auch Aggressionen erzeugen können, allerdings ist aggressives Verhalten nur eine mögliche Reaktion unter vielen anderen möglichen Reaktionen" (ebd., S. 87). Dies bedeutet, dass Frustrationen vor allem dann Aggressionen hervorrufen, „wenn das aggressive Individuum gelernt hat, in einer solch frustrierenden Situation aggressiv – und nicht anders – zu reagieren" (ebd., S. 88).

g) Rolle der Medien
In verschiedenen Labor-Studien konnte nachgewiesen werden, dass sich das aggressive Verhalten durch das Betrachten gewalttätiger Filme in geringem, teilweise auch statistisch signifikantem Maß erhöht. In Längsschnittstudien konnte gezeigt werden, dass Kinder, die im Alter von acht Jahren in verstärktem Maße mit aggressiven Medien konfrontiert waren, auch 20 Jahre später eine höhere Affinität zu Filmen oder PC-Spielen mit entsprechendem Inhalt zeigten und auch tendenziell sich stärker gewalttätig verhielten (Krahé, 2001). Eine Erklärung hierfür ist, dass „der regelmäßige Konsum dieser Fernsehsendungen (...) Menschen gegenüber Gewalt desensibilisieren (...) (Donnerstein et al., 1994) kann, so dass aggressives Verhalten eher als akzeptabel betrachtet wird. Wenn ein solches Verhalten zu Belohnungen führt, kann es dadurch verstärkt werden. (...) Das regelmäßige Anschauen von Gewalt kann kognitive Skripte und Urteile über Gewalt modellieren und verstärken" (Essau & Conradt, 2004, S. 136 f; vgl. auch Krahé, 2001, S. 116; Borg-Laufs, 1997, S. 66 ff). Allerdings zeigen differenziertere Analysen, dass insbesondere solche Kinder und Jugendliche, die Aggression als handlungsleitenden Selbst-Strukturanteil entwickeln, eher auf

Medien mit gewalttätigen Inhalten zurückgreifen, um so das eigene Selbstkonzept – wiederum im Sinne eines Kreislaufprozesses – zu verstärken. „Daher ist zu erwarten, dass Kinder mit zu gewalttätigem Verhalten prädisponierendem familiären Hintergrund oder persönlichen Merkmalen mit größerer Wahrscheinlichkeit sich für Filme entscheiden, die Gewalt zum Inhalt haben" (Essau & Conradt, 2004, S. 136). Es ist also davon auszugehen, dass Medien mit gewalttätigen Inhalten eher bei solchen Kindern und Jugendlichen verstärkend bzw. verhaltensauslösend wirken, die schon eine entsprechende Prädisposition entwickelt haben; bei anderen scheint der Einfluss gering zu sein.

Die „Wirkung medialer Gewalt (hängt) nach den vorliegenden Befunden sehr stark von der individuellen Disposition der Zuschauenden ab (...); darüber hinaus scheint das Alter der Rezipienten eine entscheidende Variable in diesem Zusammenhang darzustellen. Insgesamt kann nach den zur Zeit vorliegenden Erkenntnissen davon ausgegangen werden, dass die Aggressivität von Kindern und Erwachsenen (nur) verstärkt, nicht aber hervorgerufen wird" (Borg-Laufs, 1997, S. 67).

5 Diagnostik

5.1 Grundsätzliche Überlegungen

Wie bei der Betrachtung anderer Verhaltensauffälligkeiten auch ist es wichtig, bei der Betrachtung und Analyse des gewalttätigen Verhaltens von Kindern bzw. Jugendlichen Informationen sehr breit und aus unterschiedlichen Quellen zu sammeln. „Aufgrund der komplexen Natur von Aggression ist es wichtig, viele Aspekte des kindlichen Verhaltens wie auch seines psychosozialen Umfeldes zu erfassen" (Essau & Conradt, 2004, S. 39). Dabei sind drei Grundprinzipien zu berücksichtigen:

a) ein *multimodales Herangehen:* Dies bedeutet, dass viele unterschiedliche Informationsquellen berücksichtigt werden müssen, um das Verhalten aus verschiedenen Blickwinkeln betrachten zu können. Verschiedene Informationsquellen haben eine unterschiedliche Aussagekraft und: „In der Regel liegen nur mäßige Übereinstimmungen in den Urteilen verschiedener Personen hinsichtlich externalisierenden Verhaltens vor (z.B. Cantwell, Lewinsohn, Rohde & Seeley, 1997 ...) " (Scheithauer & Petermann, 2004, S. 400; s.a. Borg-Laufs, 1997, S. 26). Dies liegt vor allem daran, dass bei der Betrachtung des Verhaltens unterschiedliche Interessenslagen – z.B. zwischen LehrerInnen und Eltern – eine Rolle spielen, zum anderen besteht immer eine gewisse Tendenz zur „sozialen Erwünschtheit" (vgl. ebd., Krahé, 2001, S. 23).
   In einer eigenen Untersuchung (Dörner & Fröhlich-Gildhoff, 2006) mit 1140 SchülerInnen zur Validierung des „Fragebogens zur Selbsteinschätzung aggressiven Verhaltens" (FSA) konnte nur eine geringe Korrelation von $r = .268$ zwischen der Selbsteinschätzung der SchülerInnen und der Fremdeinschätzung durch die LehrerInnen (erfasst über die Aggressionsskala der Child Behavior Checklist, CBCL, s. Arbeitsgruppe Deutsche Child Behavior Checklist, 1993) festgestellt werden. Interessanterweise schätzen sich dabei die SchülerInnen im Durchschnitt aggressiver ein, als sie von den LehrerInnen beurteilt werden: Während die LehrerInnen 65,8 % der SchülerInnen als „nicht aggressiv" einstufen, tun dies im Selbsturteil nur 2,5 % der SchülerInnen. Allerdings werden 2 % der SchülerInnen von den LehrerInnen als „häufig" bzw. „sehr" aggressiv eingestuft – dieses Selbsturteil gab keine(r) der SchülerInnen ab!

b) ein *multimethodales Vorgehen:* Ebenso wichtig ist es, unterschiedliche Methoden der Informationsgewinnung einzusetzen. An erster Stelle steht hier das Gespräch, die Exploration mit dem betroffenen Kind bzw. Jugendlichen, seinen Eltern und weiteren Personen aus dem Umfeld (z. B. ErzieherInnen im Kindergarten, LehrerInnen). Diese Exploration kann unterschiedlich strukturiert durchgeführt werden. Ein ausführlicher Überblick hierzu findet sich bei Petermann et al. (2001). Die Deutsche Gesellschaft für Kinder- und Jugendpsychiatrie und -psychotherapie hat entsprechende Diagnostikleitlinien entwickelt (2001).

Wenn möglich, sollten die betroffenen Kinder/Jugendlichen und ihre Eltern zum einen zusammen exploriert werden, um die Interaktion beobachten zu können (bei diesen gemeinsamen Gesprächen besteht allerdings zugleich die Gefahr des „Informationsverlustes" [vgl. Petermann et al., 2001, S. 44]), zum anderen sollten sie einzeln bzw. getrennt befragt werden, damit die unterschiedlichen Sichtweisen zur Geltung kommen können.

Eine weitere wichtige Methode ist die der Beobachtung in der (klinischen) Untersuchungssituation, aber dann auch im Umfeld (z. B. im Kindergarten oder in der Schule).

Außerdem können psychodiagnostische Testverfahren, die störungsspezifisch oder auf breiterer Ebene zur Verfügung stehen, eingesetzt werden.

c) eine *ganzheitliche Sichtweise:* Wichtig ist es, nicht nur störungsbezogene Informationen zu sammeln, sondern die Menschen ganzheitlich und besonders ihre Ressourcen und konstruktiven Bewältigungsformen wahrzunehmen.

Beim diagnostischen Vorgehen ist es grundsätzlich sinnvoll, zum einen relativ breit Informationen zu sammeln und zum anderen sehr spezifisch das auffällige Verhalten zu betrachten.

In den folgenden Abschnitten werden Methoden des diagnostischen Vorgehens vertiefter vorgestellt. Die Auswahl orientiert sich dabei eher an einem pragmatischen, praxisgerechten Konzept, das sich in alltäglichen psychologischen oder pädagogischen Zusammenhängen realisieren lässt.

Für eine ausführliche Diagnostik in klinisch-psychologischen oder kinder- und jugendpsychiatrischen Zusammenhängen finden sich Darstellungen z. B. in Petermann et al. (2001) oder Petermann & Petermann (2000).

5.2 Erfassung allgemeiner Daten

In diesem Abschnitt werden stichwortartig die wichtigsten Informationen aufgelistet, die eingeholt werden sollten, um einen Überblick über das betroffene Kind/den Jugendlichen und seine Situation zu gewinnen. Es gibt eine Reihe von umfassenderen Checklisten (vgl. z. B. Petermann et al., 2001) – im Alltag ist allerdings oftmals ein pragmatisches Vorgehen angezeigt; hieran orientiert sich die folgende Auflistung:

a) Lebenssituation der Familie
- Stellung des Kindes/Jugendlichen in der Familie
- Verhältnis zu den Geschwistern
- Psychosoziale Belastungen der Familie
  (z. B. sozioökonomische Situation, Wohnbedingungen)
- Qualität der Eltern-Kind-Beziehung
- allgemeines Erziehungsverhalten der Eltern
- Krisen in der Vergangenheit (Trennung/Scheidung)
- Fähigkeiten zur Krisenbewältigung
- besondere Belastungen durch psychische Erkrankungen, Alkoholismus oder ähnliches in der Eltern- oder Großelterngeneration

b) anamnestische Daten
b1) vorgeburtliche Situation/Schwangerschaft, Belastungen etc.
- Belastungen vor, während oder direkt nach der Geburt
b2) Lebensituation und Auffälligkeiten im ersten Lebensjahr
- Temperament des Kindes
- Lebenssituation und besondere Belastung der Familie
- Beziehungs-/Bindungsverhalten des Kindes besonders im ersten und zweiten Lebensjahr
b3) Vorschulalter und Kindergarten/Gestaltung der Übergänge in den Kindergarten und später in die Schule
- Kontakt zu anderen Kindern, Integration in Gruppen
b4) Schulsituation
- Leistungen und Interessen
- Verhalten gegenüber LehrerInnen
- Integration in die Gruppe
b5) Interessen und Stärken des Kindes
- besondere Interessen
- besondere Fähigkeiten
- ‚Ausstrahlung': Humor, Charme
- Leistungsfähigkeit etc.

Diese Informationen sind in der Exploration zu gewinnen, darüber hinaus bieten sich verschiedene Fragebogen bzw. Testverfahren oder Ratingskalen an. Der Vorteil dieser Verfahren ist, dass sie zum einen eine zusätzliche Informationsquelle darstellen und dass zum anderen in der Regel Vergleiche zu Bezugsgruppen, z. B. zu Gruppen gleichen Alters, möglich sind. Allgemeine Verfahren für Eltern oder LehrerInnen sind:

- Elternfragebogen über das Verhalten von Kindern und Jugendlichen (CBCL; Arbeitsgruppe Deutsche Child Behavior Checklist, 1998a)
- Lehrerfragebogen über das Verhalten von Kindern und Jugendlichen (TRF, Arbeitsgruppe Deutsche Child Behavior Checklist, 1993)
- Strength and Difficulties Questionnaire (SDQ – Deu; siehe: Woerner et al., 2002).

Ein allgemeines Verfahren zur Selbsteinschätzung von Jugendlichen ist der Fragebogen für Jugendliche (YSR; Arbeitsgruppe Deutsche Child Behavior Checklist, 1998b).

5.3 Störungsspezifische Diagnostik

Neben dem allgemeinen Überblick über die Lebenssituation des betroffenen Kindes bzw. Jugendlichen und seiner Familie ist es wichtig, sehr spezifisch das Auftreten der Verhaltensauffälligkeit in seinen jeweiligen Bezügen zu analysieren. Von besonderer Bedeutung sind dabei folgende Fragestellungen:

1. Wann bzw. in welchen Zusammenhängen tritt das aggressive bzw. gewalttätige Verhalten auf? Gibt es eine situative Variabilität, wie groß ist der Generalisierungsgrad?

Diese Fragen sind sehr konkret zu beantworten.

2. Wie oft tritt das Verhalten auf und in welcher Intensität tritt es auf?
3. Seit wann wird das Verhalten beobachtet, steht es in Zusammenhang mit konkreten Ereignissen, Lebensveränderungen oder Übergängen oder hat es sich beispielsweise „schleichend" schon in der Kindheit entwickelt?
4. Welche Folgen hat das Verhalten? Welche Konsequenzen gibt es und wie wird mit diesen umgegangen?
5. Grad der Beeinträchtigung: Wie groß ist die Belastung für das betroffene Kind bzw. den betroffenen Jugendlichen und für das jeweilige soziale Umfeld?
6. Das Vorgehen bei der störungsspezifischen Analyse sollte insgesamt theoriegeleitet sein. Dies bedeutet, dass die dem aggressiven Verhalten zugrunde liegenden Bereiche
   • eingeschränkte Selbst- und Fremdwahrnehmung
   • eingeschränkte Selbststeuerung
   • instabiler Selbstwert
   • fehlende soziale Kompetenzen, besonders zur Konfliktlösung

gezielt in der Diagnostik beobachtet bzw. ‚abgefragt' werden sollten. Auch Petermann et al. (2001) plädieren dafür „spezifische, häufig korrelierende psychische Merkmale" (ebd., S. 50, wie Tendenzen zur Fehlwahrnehmung, mangelnde Fähigkeiten zur Empathie, Einschränkungen der moralischen Entwicklungen etc.) spezifisch zu erfassen.

Zur klinischen Beurteilung der aggressiv-dissozialen Symtomatik – auch um Kriterien für eine Diagnose nach ICD-10 zu überprüfen – eignet sich die „Diagnose-Checkliste zur Störung des Sozialverhaltens, DCL-SSV" (Döpfner & Lehmkuhl, 2000). Bei der Exploration von Kindern und Jugendlichen empfiehlt es sich, konkrete Situationen vorzugeben: Z.B. anhand der Situation „du bist im Jugendzentrum, stehst in einer Ecke und guckst beim Billardspielen zu und da rempelt dich jemand an" können die Interpretation der Situation, mögliche Reaktionen, dabei die Fähigkeit zur Impulskontrolle und die Kompetenzen zum Umgehen mit dieser Situation abgefragt werden.

Eine weitere wichtige Informationsquelle ist die direkte *Beobachtung* des Verhaltens in Alltagszusammenhängen. Dabei sollten dann auch die unterschiedlichen Formen aggressiven Verhaltens (z.B. aktiv vs. reaktiv, verbal vs. körperlich ...; vgl. Abschnitt 2.1 in diesem Buch) systematisch erfasst werden.

Zur *Selbsteinschätzung* des aggressiven Verhaltens gibt es zwei standardisierte Verfahren: Der „Erfassungsbogen für aggressives Verhalten in konkreten Situationen" (Petermann & Petermann, 2000) besteht aus 22 Bildgeschichten, die jeweils einen Konflikt darstellen; dieser wird dem Kind in bildlicher Form und als Text gleichzeitig vermittelt. Das Kind muss sich in jeder Geschichte zwischen einer eher sozial erwünschten, einer leicht aggressiven und einer schwerer aggressiven Reaktion entscheiden. Es gibt geschlechtsspezifische Normen für die Altersgruppen von 9 bis 12 Jahren.

Der „Fragebogen zur Selbsteinschätzung aggressiven Verhaltens" (FSA, Dörner & Fröhlich-Gildhoff, 2006) ist ein Screening-Verfahren, das aus 28 Items besteht und die Selbsteinschätzung von Kindern und Jugendlichen anhand der Bereiche Selbst- und Fremdwahrnehmung, Selbstwert, Selbststeuerung und Soziale Kompetenzen ‚abfragt'. Der Fragebogen wurde an einer Stichprobe an 1140 SchülerInnen aller Schulformen für die Altersgruppe 9 bis 17 Jahre normiert. Der FSA weist eine gute Reliabilität (Cronbach-Alpha = .7409) auf.

Krahé (2001, S. 22) stellt zudem das „Aggression Questionnaire" von Buss und Perry (1992) vor, das ebenfalls auf Selbsteinschätzung beruht, allerdings nicht in deutscher Sprache vorliegt.

5.4   Ergänzende Diagnostik

Ergänzend können weitere diagnostische Untersuchungen nötig sein: So können neurophysiologische Untersuchungen bedeutsam sein, um z.B. hirnorganische Schädigungen als Ursachen des aggressiven Verhaltens zu erfassen.

Unter Umständen ist eine ausführliche und systematische Intelligenz- oder andere Leistungsdiagnostik nötig, um z.B. das aggressive Verhalten als eine Bewältigungsform schulischer Überforderung zu erkennen oder eben auch ausschließen zu können.

Wie im Grundlagenkapitel dargestellt, tritt aggressives oder gewalttätiges Verhalten oft in Zusammenhang mit anderen Störungsbildern auf; auch hier kann und sollte es unter Umständen nötig sein die Komorbidität vor allen Dingen mit Aufmerksamkeitsdefizit/Hyperaktivitätsstörungen (ADHS) aber auch depressiven Störungen zu erfassen.

5.5 Einstellung zur Therapie bzw. Änderungsbereitschaft

Nicht zuletzt ist es wichtig, die Bereitschaft des betroffenen Kindes/Jugendlichen und seiner Bezugsperson zur Veränderung systematisch zu erfassen. Hierzu zählen insbesondere folgende Aspekte:

- bisherige Versuche zur Veränderung und deren Ergebnisse
- bisherige andere ‚Vorbehandlungen‘, z. B. Erziehungsberatung oder Jugendhilfemaßnahmen
- Klärungen der Erwartungen an eine Therapie oder Intervention
- Bereitschaft zur aktiven Mitarbeit – dies betrifft insbesondere auch die Bezugspersonen
- Erklärung von Behandlungs- bzw. Veränderungszielen.

6 Intervention und Prävention

6.1 Einführung

In diesem Kapitel wird ein Überblick über verschiedene Formen der Prävention gewalttätigen Verhaltens und der Intervention bei Kindern und Jugendlichen gegeben, die in besonderer Weise durch aggressives oder gewalttätiges Verhalten auffällig geworden sind.

Vorab ist festzustellen, dass grundsätzlich das Prinzip gilt, je früher eine Maßnahme einsetzt, desto höher sind die Erfolgsaussichten. Kleiber & Meixner stellen hierzu nüchtern fest: „Langfristig persistierendes antisoziales Verhalten, das sich bereits seit der Kindheit verfestigt hat, ist nur schwer durch Behandlungsmaßnahmen zu ändern. Dies gilt vor allem für Interventionen ... bei Jugendlichen, die bereits sehr früh mit vielfachen Belastungen und mehrfachen Straftaten den Weg einer ‚delinquenten Karriere‘ eingeschlagen haben" (2000, S. 199).

Insbesondere die „klassische Antwort" auf Verhaltensauffälligkeiten oder seelische Störungen, die (Einzel-)Psychotherapie ist – zumindest als isolierte Maßnahme – wenig erfolgversprechend. Übereinstimmende Erfahrungen von Vertretern aller Psychotherapieschulen zeigen dies ebenso wie empirische Studien.

„Vermutlich werden kombinierte Designs, die sowohl beim einzelnen (in besonderen Problemfällen) als auch beim sozialen Umfeld ansetzen, die größten Chancen auf Erfolg haben. Ein rein individuumzentrierter psychotherapeutischer Ansatz verspricht – zumindest ab dem Alter von sechs Jahren – anscheinend wenig Erfolg" (Dornes, 1997, S. 285).

Borg-Laufs (1997) betont zwar die größere Wirksamkeit kognitiv-behavioraler Therapien gegenüber anderen Verfahren, er verweist allerdings zugleich auf viele „offene Fragen": „Eine detaillierte Analyse der Wirkung kognitiv-behavioraler Therapien bei aggressiven Kindern ergibt (...) ein durchaus komplexes und nicht ganz einheitliches Bild" (ebd., S. 114). So verweist er auf Befunde, die zeigen, dass sich die Wirksamkeit erhöhen lässt, wenn Elternarbeit systematisch einbezogen wird (ebd., S. 116). Ebenso wird auf die hohe Wirksamkeit von Gruppentherapien verwiesen (Borg-Laufs, 2002; Elsner, 2004).

Hierfür sind im Wesentlichen drei Ursachen maßgebend:

a) Es handelt sich um eine früh entstandene und entsprechend tief verwurzelte Auffälligkeit, die – wie ausgiebig dargestellt – strukturbildend und damit dauerhaft verhaltenssteuernd und -bestärkend ist.

b) Die Motivation zu Veränderungen ist sowohl bei Kindern als auch bei ihrem Umfeld in der Regel gering (vgl. z.B. Kleiber & Meixner, 2000; Essau & Conradt, 2004). Scheithauer & Petermann (2004) stellen zusammenfassend fest: „Kinder und Jugendliche mit aggressiv-dissozialem Verhalten scheinen oftmals keine ‚Krankheitseinsicht‘ aufzuweisen (Kazdin, 1995), was die Teilnahme und Mitarbeit an Interventionen beeinträchtigt. Nach Kazdin (1995) brechen bis zu 25 % der Kinder, die kind- und familienzentrierte Interventionen durchlaufen, vorzeitig die Therapie ab" (ebd., S. 403).

c) Kinder und Jugendliche mit diesen Auffälligkeiten befinden sich oftmals in sozialen Kontexten, die für sie identitätsbildend geworden sind – ihre Veränderungsbereitschaft ist gering, wenn sie sich in einer Peergroup befinden, die aggressives Verhalten verstärkt. Ebenso ist die Einzeltherapie des Kindes wenig erfolgversprechend, wenn es nicht gelingt, die Eltern in die Behandlung mit einzubeziehen, da das Familienumfeld oft aggressives Verhalten entweder zu wenig sanktioniert oder es sogar aufgrund von modellbildenden Faktoren verstärkt wird.

Dies verweist darauf, dass hier ein multimodales Vorgehen angezeigt ist, das einerseits das Kind möglichst kombiniert im Einzel- und im Gruppensetting und zum anderen das soziale Umfeld – auf der Ebene der Familie, der Schule bzw. auch der gleichaltrigen Gruppe – zu erreichen versucht. Die Grundprinzipien solcher Behandlungsansätze sind unten dargestellt. Oft ist eine Kombination mit Jugendhilfemaßnahmen, z.B. sozialer Gruppenarbeit und/oder Sozialpädagogischer Familienhilfe bzw. Einzelbetreuungsmaßnahmen sinnvoll und angezeigt (vgl. z.B. Petermann et al., 2001, S. 97; Fröhlich-Gildhoff, 2002, 2003).

Stationäre Behandlungen in der Kinder- und Jugendpsychiatrie können unter Umständen ebenfalls bei besonders schweren Störungsformen indiziert sein, allerdings ist auch hier die Arbeit mit dem Umfeld dringend nötig (vgl. Petermann et al., 2001, S. 89). Insbesondere beim Vorliegen von Komorbiditäten kann eine ergänzende Pharmakotherapie sinnvoll sein; diese soll jedoch immer nur in Kombination mit psycho- und soziotherapeutischen Maßnahmen erfolgen (vgl. Petermann et al., 2001; Scheithauer & Petermann, 2004).

6.2 Therapeutische bzw. pädagogische Haltung

Bevor auf die einzelnen Präventions- bzw. Interventionsverfahren eingegangen wird, ist es nötig, einige Grundprinzipien der therapeutischen bzw. pädagogischen Haltung im Umgang mit Kindern und Jugendlichen (und deren Bezugspersonen) zu verdeutlichen, die deutlich auffällig aggressives und gewalttätiges Verhalten zeigen.

Dabei sind fünf wichtige Prinzipien handlungsleitend:

1. Die therapeutische Haltung sollte durch Wertschätzung *und* Konfrontation zugleich gekennzeichnet sein. Wertschätzung ist auf die Person bezogen –

bezüglich des aggressiven Verhaltens sollte deutlich gemacht werden, dass der/die PädagogIn oder TherapeutIn dieses nicht billigt.

Untersuchungen bei Straftätern (Marshall et al., 2002) haben gezeigt, dass ein „harscher Konfrontationsstil" *allein* eher „negative Auswirkungen auf das Therapieergebnis hat, eine empathische Haltung hingegen den Erwerb neuer Bewältigungsstrategeien fördert und Bagatellisierungen der Straftaten verhindert" (Elsner, 2004, S. 113).

Mentzos (1993) weist zu Recht darauf hin, dass die Haltung des/der PädagogIn/TherapeutIn von eigenen ethischen Grundhaltungen geprägt ist:

„Ich behaupte, dass es doch einen großen Unterschied ausmacht, ob ich den Menschen als ein von Natur aus ‚böses' Wesen mit einem destruktiven endogenen Potential ansehe, als ein böses Kind, das endlich sein Aggressiv-Sein zugeben und sich kontrollieren oder bessern soll; oder ob ich den Menschen als ein sowohl nach Liebe als auch nach Autonomie, sowohl nach Kontakt als auch nach Selbstbehauptung strebendes Wesen sehe, das aufgrund dieser, seiner bipolaren antagonistischen Struktur, unter ungünstigen Bedingungen in zahlreiche Komplikationen und Konflikte gerät und das Unglück hat (oder dazu gezwungen wird), inadäquate Dauer-Pseudolösungen zu akzeptieren und sie sogar strukturell in sich zu installieren, Lösungen, die zwangsläufig Frustrationen und Aggressivierungen mit sich bringen" (ebd., S. 89 f).

2. Aufgrund der geringen Motivation wird es nötig sein, diese zunächst aufzubauen. Dazu ist es wichtig einen „Anreiz" zu setzen; dies kann (vorübergehend) über klassische Elemente der Verhaltenstherapie (z. B. Verstärkungspläne) erfolgen, unverzichtbar ist jedoch der Aufbau einer stabilen Beziehung, die weitergehenden Einfluss ermöglicht. Auch schon beim Aufbau der Motivation kann (sollte) es sinnvoll sein, zumindest partiell konfrontativ zu arbeiten: Bei den betroffenen Kindern/Jugendlichen muss zumindest eine minimale Unzufriedenheit mit der gegebenen Lebenssituation und vor allem den sozialen Bezügen und dem eigenen Verhalten darin bestehen. Dieser „Funken" an Veränderungsmotivation ist aufzugreifen und es gilt ihn anzufachen. (Viele Ansätze zum Abbau gewalttätigen Verhaltens finden in stationären Zusammenhängen, bei delinquenten Jugendlichen auch im (Jugend-)Strafvollzug, statt. Hier zeigen die Betroffenen oft eine aufgesetzte Motivation, sie versprechen sich durch die Teilnahme am Programm z. B. Hafterleichterung – diese Faktoren können kurzfristig genutzt werden, müssen allerdings immer wieder sehr sorgfältig geprüft werden, vgl. z. B. Kleiber & Meixner, 2000.)

3. Arbeiten an der Selbst-Verantwortung der Betroffenen: Dieser Aspekt hängt eng mit der Motivationsarbeit zusammen: Die schon langfristig und stark aggressiven Kinder und Jugendlichen lehnen oftmals die Verantwortung für das eigene Handeln ab, und aufgrund ihrer besonderen Art der Fremd- und Selbstwahrnehmung machen sie andere für die Auslösung ihres Verhaltens verantwortlich. Auch hier ist es nötig, konfrontativ entsprechende Strategien zu hinterfragen. Es sind „Konfrontationen nötig, um eine Auseinandersetzung des Täters mit seinen Realitätsverzerrungen zu initiieren; sie sind aber nur in einer respektvollen Beziehung wirksam" (Elsner, 2004, S. 113).

4. Ansetzen an der zugrunde liegenden Strukturstörung: Wie ausführlich dargelegt (vgl. Kap. 4 dieses Buchs), haben die betroffenen Kinder und Jugendlichen eine über lange Zeit verfestigte Selbststruktur entwickelt und entsprechende intrapsychische Schemata aufgebaut. Es gilt, diese verfestigten Schemata anzustoßen; hier ist der von Grawe (1998) beschriebene Wirkfaktor der „prozessualen Aktivierung" besonders bedeutsam. So ist es zunächst einmal nötig, den Jugendlichen Struktur zu bieten; dies geschieht durch ein klares Setting und Grenzsetzungen. Die Jugendlichen müssen die Möglichkeit haben, in der therapeutischen oder pädagogischen Beziehung „korrektive Erfahrungen" (Grawe, 1998; vgl. auch Fröhlich-Gildhoff, 2003) machen zu können, um sich in ihrem Beziehungsverhalten neu orientieren zu können. Wichtige Elemente sind:

- Aufbrechen der feindselig ‚getunten‘ Haltung gegenüber der Umwelt durch eine Veränderung der Fremd- und Selbstwahrnehmung
- Differenzierung der Emotionen, besonders durch genaues ‚Spiegeln‘
- konsequente Veränderung der stark aggressiv gefärbten sozial-kognitiven Informationsverarbeitung; auch hier sind konfrontative Methoden einzusetzen: insbesondere der Aspekt, dass Dominanz und Kontrolle wichtiger als prosoziale Ziele sind, muss konsequent thematisiert werden
- Nicht zuletzt ist wichtig, den betroffenen Kindern und Jugendlichen Möglichkeiten zu einer konstruktiven Bestätigung ihres Selbstwertes zu geben: Es nützt wenig, ihnen ihre spezifische Form der Selbstwerterhaltung, nämlich die Aggression zu nehmen und ihnen keine Verhaltensalternative zur Verfügung zu stellen. Daher ist es wichtig, Selbstwirksamkeitserfahrungen zu initiieren und an den vorhandenen Stärken und Ressourcen der Betroffenen anzusetzen.

5. Die Arbeit mit aggressiven und gewalttätigen Kindern und Jugendlichen ist mühsam und fordert die PädagogInnen und TherapeutInnen in besonderer Weise heraus – vor allem weil das eigene Wertesystem immer wieder in Frage gestellt wird und kurzfristige Erfolge oft nicht möglich sind. Daher ist es wichtig, für sich selbst Sorge zu tragen und dann auch Burn-Out-Prophylaxe zu betreiben. Geeignete Möglichkeiten können unter anderem sein:

- eine Rückversicherung durch Team und Supervision
- das Teilen von Verantwortung durch Einbezug des Umfeldes
- das Knüpfen von Netzwerken, z.B. unter Einbeziehung von Jugendhilfeinstitutionen
- immer wieder sorgsam die eigenen Grenzen zu achten
- auf die eigene „Work-Life-Balance" zu achten
- die eigenen Ressourcen zu stärken.

Elsner (2004) fasst seine Erkenntnisse aus der Arbeit mit delinquenten Jugendlichen und Erwachsenen so zusammen: „Wir halten insgesamt eine therapeutische Haltung für nützlich, mit der wir den Täter sowohl unterstützen, zu Veränderungen ermutigen und in seinem Selbstwertgefühl stärken als auch kritisch hinterfragen, konfrontieren und ihm klare Grenzen setzen. Dabei ist im Therapieverlauf immer wieder die Balance herzustellen zwischen der Unterstützung des Patienten einerseits, ohne dabei in eine Kollusion mit ihm zu geraten, und einer angemessenen Konfrontation mit seiner deliktrelevanten Problematik andererseits, ohne dabei durch eine feindselige Haltung Gefühle von Hilflosigkeit und Beschämung bei ihm hervorzurufen" (ebd., S. 114).

Exkurs: De-Eskalation

Insbesondere in pädagogischen Zusammenhängen, aber auch bei therapeutischen Gruppen-Programmen mit aggressiven Kindern und Jugendlichen ist es nötig, eine konsequente und wirkungsvolle Methode oder Technik zur De-Eskalation des Gewalthandelns zwischen zwei Kontrahenten zur Verfügung zu haben. Ein einfaches De-Eskalations-Konzept soll im Folgenden vorgestellt werden:

Vorbemerkung

De-Eskalationsverfahren dienen der unmittelbaren Lösung und Beruhigung von (gewalttätig) eskalierten Konflikten.

Sie folgen einem klar strukturierten (regelhaften) Schema bzw. Ablauf und basieren auf einer klaren Haltung des-/derjenigen „Konfliktlösers/-Löserin".

Konflikte zwischen zwei (oder mehr) Personen brechen in der Regel nicht eruptiv aus, sondern steigern sich von verbalen Attacken zu gewalttätigen Handlungen.

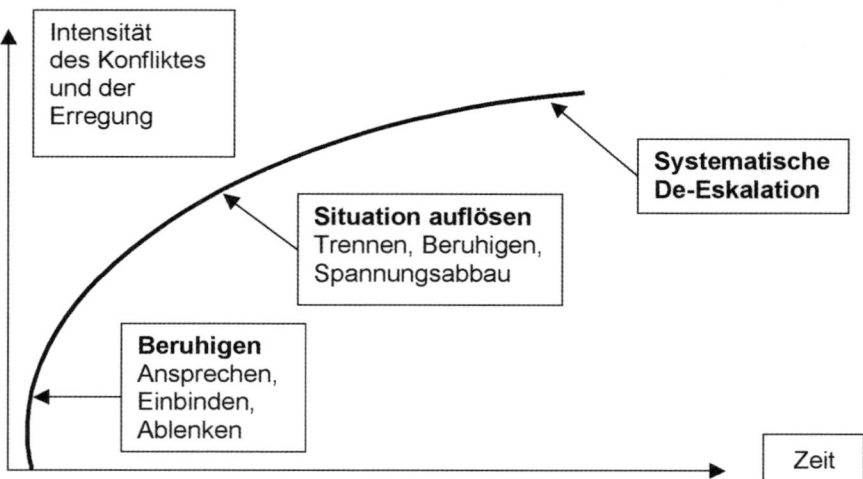

Abb. 7: Einschreiten in unterschiedlichen Konfliktphasen

Dabei haben destruktive Konflikte die Tendenz zur Ausweitung und Eskalation, zur Loslösung von den ursprünglichen Konfliktanlässen und zur Durchsetzung von Macht sowie einer Abkehr von kooperativen Taktiken (vgl. z.B. Deutsch & Coleman, 2000).

Entsprechend den verschiedenen Phasen der Konfliktsteigerung ist es sinnvoll, unterschiedlich zu intervenieren und das Eskalieren des destruktiven Zyklus zu verhindern:

Während es am Anfang eines Konfliktes noch sinnvoll ist, ruhig und klar verbal zu intervenieren, so erfordert die De-Eskalation am Höhepunkt ein systematisches Vorgehen; dieses soll vorgestellt werden.

De-Eskalationshandeln verändert nicht Persönlichkeiten und baut ebenfalls nicht grundsätzliche (erworbene) Dispositionen zu aggressivem Handeln ab – hier sind die entsprechenden Programme wirkungsvoller (s. u.).

Voraussetzungen

(Erfolgreiches) De-Eskalationshandeln benötigt zwei wesentliche Voraussetzungen:

a) Legitimation des Konfliktlösers/der Konfliktlöserin
Der/die KonfliktlöserIn muss legitimiert sein, in einer Konfliktsituation einzuschreiten. Dies heißt, er/sie hat das Hausrecht im Jugendraum, in der Schule, ist GruppenleiterIn etc. und es ist verdeutlicht (z.B. durch offengelegte Regeln, bspw. die Schulordnung), dass bei gewalttätigen Konflikten automatisch ein De-Eskalationsverfahren einsetzt.

b) Klare Haltung
Der/die KonfliktlöserIn muss eine klare, eindeutige – Orientierung bietende – Haltung realisieren. Dies bedeutet, dass er/sie sicher sein muss, den Konflikt lösen zu wollen, dass auf allen Kommunikationskanälen eindeutige und einheitliche Signale gesendet werden (Übereinstimmung von Stimmlage, Inhalt der Botschaft und Mimik sowie Gestik = Kanalkongruenz) und dass er/sie über genügend Kraft und Kondition verfügt, das De-Eskalationsverfahren bis zu einer wirklichen Lösung durchzuhalten. De-Eskalation erfordert gleichermaßen Konfrontationsbereitschaft und -fähigkeit sowie Ruhe und Geduld. – Die Methode sollte vor dem „Ernstfall-Einsatz" in jedem Fall im Rollenspiel trainiert werden!

Konkretes Vorgehen

Die De-Eskalation in der Konfliktsituation erfolgt nach einem klaren Ablaufschema (aus: Fröhlich-Gildhoff, 2006):

I. Trennen

- Bestimmt zwischen die KontrahentInnen treten und die Auseinandersetzung klar und unmissverständlich unterbrechen. Beispielsweise mit den

Worten „STOP, ihr beide hört *sofort* auf" oder „Ich will, dass ihr sofort aufhört".
- Den KontrahentInnen mitteilen, dass die Situation *jetzt* geklärt wird.
- Den KontrahentInnen einen Platz zuweisen. Dabei beachten: Abstand zwischen den KontrahentInnen schaffen, es sollte möglichst eine Gelegenheit zum Sitzen geben (Zuschauer ggfls. ausschließen, den Raum wechseln ...).

Kinder und insbesondere Jugendliche in einem Konflikt und in hohen Erregungszuständen lassen sich nicht ohne Weiteres auf das „Trennen" ein. Daher muss der/die de-eskalierende PädagogIn hier klar und besonnen auftreten, sich zwischen die Streitenden stellen und/oder setzen und durch das Setting versuchen, z.B. den Blickkontakt zwischen den KontrahentInnen zu vermeiden.

Wenn sich eine/r der Beteiligten nicht auf die De-Eskalation einlassen und z.B. das Feld verlassen will, muss klar sein, dass er/sie erst dann wieder zurückkehren (z.B. in das Jugendzentrum) kann, wenn das De-Eskalationsverfahren – ggfs. am nächsten Tag – komplett durchgeführt wurde.

II. Klären (Versuch einer gemeinsamen/einheitlichen Situationsdefinition)

- Erst erklärt die eine Partei, was vorgefallen ist, dann die andere.
  Wichtig: Abwechselnd die KontrahentInnen ausreden lassen („Jetzt redet erst der XY, Du bist gleich dran, dann höre ich dir zu ..."). Aufkommende Eskalationen müssen strikt unterbunden werden.
- Sollten die Aussagen nicht übereinstimmen, werden die Ungereimtheiten aufgeklärt. – Solange, bis *beide* „Streithähne" möglichst *einer* Variante zustimmen können. Dieser Prozess kann sehr lange dauern – er hat als Nebeneffekt die mehr oder weniger langsame Beruhigung der Konfliktparteien zur Folge.
- Es geht primär nicht darum, eine – wie auch immer geartete – „Wahrheit" herauszufinden. Die Situationsdefinitionen der Streitenden sollten sich angleichen, es muss eine zumindest minimale Schnittmenge der Situationsbeschreibungen geben; allerdings können Abweichungen zugelassen werden („Okay, da habt ihr jetzt eine unterschiedliche Sicht, was grad passiert ist. Wir können das nicht mehr genau feststellen, was passiert ist, weil keine Filmkamera lief. Aber du sagst, dass XY dich beleidigt hat, und XY sagt zumindest, dass er was zu dir gesagt hat, auch wenn er meint, das war keine Beleidigung.").
- In der Situation sollen nicht vergangene Konflikte „aufgearbeitet" werden („Der beleidigt mich immer ...", „der hat vorige Woche ...") – die Klärung ist fokussiert auf das aktuelle Geschehen. Ggfs. kann mit den Konfliktparteien ein weiterer Termin zur „Aufarbeitung" der Hintergründe vereinbart werden.

III. Wiedergutmachung/Ent-Schädigung

- Sollte jemand geschädigt (etwas ging kaputt, jemand wurde beleidigt oder geschlagen) worden sein, soll *vom Opfer* eine Wiedergutmachung vorgeschlagen werden, der/die TäterIn muss dem Vorschlag zustimmen; geschieht dies nicht, wird solange verhandelt, bis ein Ausgleich von beiden Seiten akzeptiert wird.
  Meistens bietet sich eine gegenseitige Ent-Schädigung an → es ist wichtig, eine klare, einhaltbare Vereinbarung zu treffen!
- Oft sind SchädigerIn und Geschädigte/r nicht eindeutig zu identifizieren. So hat z.B. ein Jugendlicher einen anderen beleidigt, dieser hat versucht, gleich zuzuschlagen → beide haben gegen die Regeln der Einrichtung verstoßen und müssen sich dem Verfahren der De-Eskalation stellen und eine Wiedergutmachungsvereinbarung treffen. Unabhängig davon können in einem 2. Schritt seitens der Einrichtung Konsequenzen gegen den Regelverstoß ausgesprochen werden.
- Es werden Konsequenzen vereinbart, was passiert, wenn die Wiedergutmachung/Ent-Schädigung nicht erfolgt und/oder die getroffene Konfliktlösung nicht eingehalten wird.
- Es werden von beiden Seiten konstruktive Vorschläge gemacht, wie in der nächsten Zeit die Konflikt-Situation umgangen werden kann. Beide Seiten und der/die KonfliktlöserIn müssen zustimmen.

Ein **Beispiel** hierzu: Zwei Jugendliche (A und B) spielen Billard, ein dritter (C) kommt hinzu, will mitspielen. A und B lassen ihn nicht mitspielen, A beschimpft C, dieser beginnt eine Rangelei mit A. Der hinzugekommene Pädagoge trennt die beiden, die Situation wird insoweit geklärt, als beide die Beschimpfung und den körperlichen Angriff eingestehen. Nach langer Debatte kommt folgende Einigung zustande: A darf diesmal und zukünftig das begonnene Spiel zu Ende bringen, wenn C ‚vernünftig' fragt, ob er an den Tisch kann; A beschimpft C nicht. C lässt A zu Ende spielen, es gibt keine körperlichen Übergriffe. Wenn sich A nicht an diese Abmachung hält, darf er drei Tage nicht mehr an den Billardtisch und muss außerdem C eine Cola ausgeben. Wenn sich C nicht an diese Vereinbarung hält, darf er ebenfalls drei Tage nicht an den Tisch und muss außerdem am gleichen Tag abends das Jugendzentrum fegen. Zusätzlich müssen beide – wegen des Verstoßes gegen die allgemeinen Jugendzentrums-Regeln – dem NutzerInnenrat auf der nächsten Sitzung berichten, was vorgefallen ist. Der streitschlichtende Pädagoge kontrolliert die Einhaltung der Vereinbarung.

IV. Perspektive, Ritual

- Die „Streithähne" geben sich die Hand (oder führen ein anderes Ritual durch), der Konflikt ist (fürs erste) geklärt. Der/die KonfliktlöserIn sollte die Interaktion der beiden in der nächsten Zeit genauer beobachten.

Nachbemerkung

Es muss nochmals darauf hingewiesen werden: Das Verfahren dient der De-Eskalation bzw. situativen Lösung eines akuten Konfliktes. Es kann nicht grundsätzlich gewalttätige Haltungen verändern oder aus Kontrahenten Freunde machen – es kann gleichwohl als Beispiel für sozial kompetentes Umgehen mit Konfliktsituationen dienen.

Die „Langzeitwirkung" ist abhängig vom situativen Kontext, den handelnden Personen und den Bedingungen in der jeweiligen Institution. Gerade auf der institutionellen Ebene kann ein solches De-Eskalationsverfahren ein wichtiges Instrument sein, das in ein Gesamtprogramm zur Veränderung eines Gewaltklimas oder zur Gewaltprävention systematisch eingebettet ist (vgl. Olweus, 1995; Steinmetz-Brand in diesem Buch).

6.3   Interventionen

Wie schon angedeutet, haben kombinierte, sog. multimodale Programme bei der Veränderung aggressiver und gewalttätiger Verhaltensauffälligkeiten die besten Effekte.

„Verhaltensnahe, problemorientierte Vorgehensweisen, wie kognitiv behaviorale multimodale Methoden, erwiesen sich gegenüber ungerichteten Gesprächsgruppen, psychodynamischen, introspektionsorientierten oder non-direktiven Konzepten, aber auch gegenüber abschreckenden justiziellen Maßnahmen mit etwa drei Mal höheren Effektstärken als deutlich überlegen" (Kleiber & Meixner, 2000, S. 200).

„Insbesondere multimodale Verhaltenstrainings, die unterschiedliche Lebensbereiche (Familie, Schule, Freizeitbereich), Personen (Eltern, LehrerInnen, ErzieherInnen, Kind) und Interventionsebenen (Eltern-, Kind- und Schulebene) berücksichtigen, erwiesen sich als besonders wirksam; dies gilt insbesondere bei sehr ausgeprägten Formen des aggressiv-dissozialen Verhaltens" (Petermann et al., 2001, S. 30).

Scheithauer & Petermann weisen darauf hin, dass es wichtig ist, dass die unterschiedlichen Interventionsformen „in Abhängigkeit vom Entwicklungsstand des Kindes jeweils unterschiedliche, altersspezifische, risikoerhöhende Bedingungen von Bedeutung und damit auch unterschiedliche Maßnahmen indiziert sind" (2004, S. 402). Sie betonen ebenfalls, dass entwicklungsorientierte Interventionen

- „differenzierte, altersgruppenspezifisch gestaltete Therapiemanuale benötigen, die kind- und zeitgemäß gestaltete Therapiematerialien (z.B. auf der Basis themenbezogener Comics) enthalten, und dass
- nicht nur versucht wird, etwa sozial-kognitiv Defizite zu modifizieren, sondern vielmehr Ressourcen des Kindes zu stärken und
- unterschiedliche Umgebungen und Situationen (Elternhaus, Schule, Freundeskreis) im therapeutischen Vorgehen zu berücksichtigen (...)" (ebd., S. 403).

Im Folgenden soll kurz auf die unterschiedlichen Interventionsebenen eingegangen werden, die dann im folgenden Kapitel anhand einzelner Beispiele vertieft werden:

a) Elterntrainings

Elterntrainings haben eine besonders gute Wirkung im frühen Kindesalter, sie sind evaluiert und „reduzieren aggressives Verhalten nachhaltig. Die Effekte waren nach 10 und mehr Jahren noch feststellbar (...). Die Therapieeffekte sind unter den folgenden Bedingungen besonders groß:

- bei längeren Trainings,
- spezifischen Trainingskomponenten (z. B. genaues Kennenlernen der Prinzipien des sozialen Lernens, Einsatz von Time-Out) und
- besonders gut ausgebildeten und erfahrenen Therapeuten (vgl. Kazdin, 1995)" (Petermann et al., 2001, S. 39, vgl. auch S. 108; ebenso Scheithauer & Petermann, 2004, S. 406 f).

Ein weit verbreitetes Beispiel für ein solches Programm ist das sog. „Triple P-Training" (Markie-Dadds, Sanders & Turner, 2002).

Exkurs: Das Triple P-Training

Das Elterntraining „Triple P" (Positive Parenting Programme) wurde in Australien von der Arbeitsgruppe um Sanders & Turner entwickelt und in Deutschland zunächst von Hahlweg eingeführt (Markie-Dadds, Sanders & Turner, 2002). Das Programm hat die „positive Erziehung" zum Gegenstand; diese hat das Ziel, „die kindliche Entwicklung zu fördern und auf konstruktive und nicht verletzende Art und Weise mit kindlichem Verhalten umzugehen" (ebd., S. 2). Durch einen konstruktiven und klaren Umgang mit dem Kind sowie positiver Zuwendung sollen Erziehungsprobleme vermieden werden bzw. es soll dann adäquat und in altersgerechter Form mit ihnen umgegangen werden. Grundlagen der positiven Erziehung sind (nach dem Konzept der AutorInnen):

- das Schaffen einer sicheren und interessanten Umgebung für Kinder
- das Schaffen einer positiven und anregenden Lernatmosphäre
- das konsequente Erziehungsverhalten der Eltern, dies bedeutet das konstante und sofortige Reagieren auf unangemessenes Verhalten
- der Aufbau realistischer Erwartungen an das Kind und sich selbst
- die Anerkennung der eigenen Bedürfnisse als Eltern.

Das Programm selbst ist gestuft und beinhaltet fünf Ebenen:

Ebene 1: Ein Elternarbeitsbuch „Die kleinen Helfer" (zu unterschiedlichen Fragen des Erziehungsalltags wie Schlafen, Lernen, Hausaufgaben etc.) sowie ein Video „Überlebenshilfe für Eltern".

Diese Elemente können als Selbsthilfe-Instrumente von Eltern genutzt werden.

Ebene 2: „Erste Hilfe für Eltern": Triple P-Kurzberatung
In einem kurzen Programm (1 bis 4 Sitzungen) werden Informationen und Beratung zu spezifischen Erziehungsproblemen gegeben; es kann eine Kurzberatung zu Alltagsfragen und zum Umgang mit konkreten Verhaltensproblemen (Probleme mit Wutanfällen, Essenszeiten, zu Bett gehen, Toilettentraining, ...) erfolgen.

Ebene 3: „Erste Hilfe für Eltern": Triple P-Kurzberatung mit Übungen
Hier werden ebenfalls Informationen und Beratung zu spezifischen Erziehungsproblemen gegeben; zusätzlich werden Erziehungsfertigkeiten aktiv in Rollenspielen und praktischen Übungen trainiert.

Ebene 4: Das Triple P-Elterntraining
Hier handelt es sich um einen Eltern-Gruppenkurs, bei dem Erziehungsfertigkeiten intensiv trainiert werden. Der Fokus liegt auf der Eltern-Kind-Interaktion, die Erziehungsfertigkeiten sollen auf ein breites Feld von kindlichen Verhaltensweisen ausgeweitet werden und ggfs. können einzelne Interventionen erfolgen.

Ebene 5: Verhaltenstherapeutische Familienintervention
Dies beinhaltet ein intensives therapeutisches Programm auf verhaltenstherapeutischer Basis mit zusätzlichen Modulen wie: Stimmungs-, Stress-Management, Hausbesuche und Partnerunterstützung.

Das *Elternhandbuch* ist sehr praxisnah aufgebaut. Auf verhaltenstherapeutischer Basis werden für 10 Wochen jeweils Ziele festgelegt. Es stehen Materialien zur Umsetzung und Selbstbeobachtung zur Verfügung. Den Eltern werden klare Handlungsempfehlungen gegeben, die umgesetzt werden sollen; die Erfolge dieser Umsetzung können ausgewertet und reflektiert werden.

Zunächst werden Grundelemente der „Förderung der kindlichen Entwicklung" (ebd., S. 32 ff) vorgegeben. Diese sind:

a) eine positive Beziehung zu Kindern aufbauen;
Empfehlungen:
- verbringen Sie wertvolle Zeit mit Ihrem Kind
- reden Sie mit Ihrem Kind
- zeigen Sie Zuneigung

b) angemessenes Verhalten fördern;
Empfehlungen:
- loben Sie Ihr Kind
- schenken Sie ihrem Kind Aufmerksamkeit
- sorgen Sie für spannende Beschäftigungen

c) wie kann man Kindern neue Fertigkeiten und Verhaltensweisen beibringen;
Empfehlungen:

- ein gutes Vorbild sein
- nutzen Sie beiläufiges Lernen, wenden Sie die Methode „Fragen – Sagen – Tun" an (im Alter von 3 bis 12 Jahren)
- benutzen Sie eine Punktkarte (um damit Verhalten zu verändern oder zu stabilisieren (ebd.)

Nach der Darstellung und Vermittlung der Grundlagen werden auf ähnlich strukturierte Weise Empfehlungen für den „Umgang mit Problemverhalten" gegeben. Dabei werden die Ursachen für Verhaltensprobleme vor allem in „zufälligen Belohnungen von unerwünschtem Verhalten", dem „Ignorieren von erwünschtem Verhalten", dem ungünstigen Geben von Anweisungen (zu viele, zu wenige oder zu widersprüchliche Anweisungen) oder im unnützen Gebrauch von Strafe (vor allem inkonsequente Bestrafung) gesehen (ebd., S. 9 ff). Die Empfehlungen/Anweisungen für den „Umgang mit Problemverhalten" (ebd., S. 48 ff) sollen durch konkrete praktische Übungen in den Einheiten trainiert und selbstkontrolliert im Alltag eingesetzt werden. Sie sind altersspezifisch differenziert:

- „Stellen Sie klare Familienregeln auf,
- reagieren Sie mit direktem Ansprechen auf Regelverstöße,
- setzen Sie bei leichtem Problemverhalten absichtliches Ignorieren ein,
- geben Sie klare, ruhige Anweisungen,
- untermauern Sie Ihre Anweisungen mit logischen Konsequenzen"(ebd.).

Um Problemverhalten konsequent anzugehen, werden zwei klare Methoden empfohlen:

Zum einen der „stille Stuhl": Wenn das Kind den Anweisungen der Eltern nicht folgt, soll das Kind auf einen Stuhl gesetzt werden („bringen Sie Ihr Kind, wenn nötig, zum stillen Stuhl oder tragen Sie es, ignorieren Sie jeglichen Protest, halten Sie keinen langen Vortrag und streiten oder schimpfen Sie nicht mit Ihrem Kind") (ebd., S. 55). Nach einer entsprechenden Beruhigung, die bei jüngeren Kindern eine Minute und bei älteren Kindern maximal fünf Minuten dauern soll, wird das Kind nochmals an die – vorher verletzte – Regel erinnert. Das Kind wird gelobt, wenn es wieder angemessenes Verhalten zeigt.

Zum anderen wird eine deutliche und längere Auszeit empfohlen, „um auf schwerwiegendes Problemverhalten zu reagieren" (ebd., S. 57) – das Grundprinzip entspricht dem des Stillen Stuhles. Auf der Basis dieses konsequenten bzw. klar sanktionierenden erzieherischen Handelns können „Erziehungsroutinen" entwickelt werden.

In weiteren Einheiten des Trainings werden Eltern im „Vorausplanen" von Risikosituationen, z.B. Reisen, oder anderen potentiellen Stressmomenten geschult. Hierzu sollen insbesondere für angemessene Aktivitäten „Pläne" aufgestellt werden.

Dieses Programm ist klar strukturiert, bietet eine Vielzahl von Materialien und klare Handlungsmöglichkeiten für Eltern.

Triple P wurde in Australien evaluiert und hat dort eine breite Verwendung gefunden; es wurde u.a. im Rahmen einer Fernsehserie verbreitet. Nach Angaben von Heinrichs et al. (2002) „zeigte sich bei allen Untersuchungen ... eine signifikante Reduktion kindlicher Verhaltensprobleme und eine Steigerung des Kompetenzerlebens der Eltern sowie eine hohe Zufriedenheit der Eltern mit dem Programm" (ebd., S. 180).

In einem Vergleich zwischen dem Programm „Starke Eltern – Starke Kinder", das vom Deutschen Kinderschutzbund maßgeblich mitgetragen wird, kommt Tschöpe-Scheffler (o. J.) zu einer kritischeren Beurteilung: „Aus einer ressourcen- und subjektorientierten Sichtweise wird das Kurskonzept von Triple P kritisch gesehen. Viele der sichtbaren und schnellen Erfolge, die in der Verhaltensregulierung des Kindes liegen und die unbestreitbar sind, können durch Abhängigkeit oder Angst vor Strafe und weniger durch Einsicht zustande gekommen sein. Problematisch erscheint es dann, wenn Eltern die Anweisungen (Rezepte) verabsolutieren, sehr autoritätsgläubig anwenden und nicht lernen, flexibel je nach Situation, kindlicher und persönlicher Lebensphase eigene Wege in der Erziehung zu finden" (ebd., s. a. Tschöpe-Scheffler, 2003).

Essau & Conradt setzen sich mit den PMT-Elterntrainings kritisch auseinander und beschreiben Grenzen dieser „Parental-Management-Trainings". So seien die Anforderungen für die Familie sehr hoch, für Familien, die unter Stress stehen oder in denen Ehekonflikte oder ernsthafte Formen psychischer Störungen bestehen (...) sind die Anforderungen möglicherweise zu hoch. Diese Trainingsformen sind „in der Adoleszenz weniger effektiv als in früheren Entwicklungsphasen" (Essau & Conradt, 2004, S. 150). So ergeben sich hohe Abbruchquoten bis zu 60 %. Um dem entgegenzuwirken und die Effektivität dieser Programme zu erhöhen, wurden folgende Empfehlungen ausgesprochen (Prinz & Jones, 2003):

- „Der das PMT durchführende Kliniker sollte auf aktuelle Probleme in der Familie eingehen und den Eltern keine Schuld zuweisen.
- Die Interventionen sollten auf die individuellen Bedürfnisse der Familie zugeschnitten sein.
- Kliniker sollten versuchen, positive Erwartungen der Eltern zu fördern" (Essau & Conradt, 2004, S. 150; eine Auflistung von Programmen befindet sich ebd., S. 151).

Beispiele für weitere Programme für Eltern im deutschsprachigen Raum sind: „Starke Eltern – Starke Kinder" (Honkanen-Schoberth, 2003), „Kölner Eltern Training" (KET, Lauth o.J.), eine Zusammenstellung findet sich bei Tschöpe-Scheffler (2003).

b) Programme mit Kindern und Jugendlichen

Eine Reihe von Interventionen, die vor allem kognitiv-behavioral ausgerichtet sind, haben primär die betroffenen Kinder und Jugendlichen selbst zur Zielgruppe. Während man früher davon ausging, dass möglicherweise durch das „Ablassen" von Aggression sog. karthatische Effekte zu erzielen sind, haben sich letztlich diese Methoden als unwirksam erwiesen: „Unzählige Untersuchungen machen deutlich, dass nach dem ‚Ausleben' der (...) den Personen ‚innewohnenden' Aggressivität ebensowenig wie nach dem Anschauen stellvertretender Aggressionen das Aggressivitätsniveau sinkt – eher ist das Gegenteil der Fall" (Borg-Laufs, 1997, S. 53; vgl. auch Krahé, 2001).

Die kognitiv-behavioralen Ansätze beruhen zum einen darauf, dass Defizite bezüglich der sozialen Kognitionen und der sozialen Probleme überwunden werden und dass das Sozialverhalten sehr konkret auf der Ebene von Rollenspielen gestärkt wird (dieser Aspekt ist besonders wirkungsvoll, vgl. z.B. Krahé, 2001, S. 218). Die meisten Programme umfassen darüber hinaus Methoden, mittels derer die betroffenen Kinder lernen, impulsive oder wütende Reaktionen zu ‚zügeln'. In Metaanalysen konnte nachgewiesen werden, dass solche Methoden des Ärgermanagements wirkungsvoller sind als die alleinige Bestrafung (vgl. ebd., S. 217).

Zu den primär auf die betroffenen Jugendlichen bezogenen Programme gehören auch die sog. Konfrontationstrainings (vgl. z.B. Weidner, Kilb & Kreft, 1997; Heilemann & Fischwasser-von Proeck , 2001). Diese Programme werden im Kapitel 9.2 dieses Buches differenziert dargestellt.

Ein praxisorientiertes Beispiel über konfrontative bzw. de-eskalierende Methoden in den USA befindet sich in dem Beitrag von Klein, Mordhorst & Dold in Kapitel 9.3 dieses Buches.

Einen etwas anderen, „indirekteren" Zugang zum aggressiven Verhalten stellt Abler dar, der die Möglichkeit des Einsatzes von Laufen (Jogging) bei jugendlichen gewalttätigen Straftätern diskutiert (s. Kap. 11 dieses Buchs).

c) Kombinationsprogramme

Ein dritter Typ von Interventionsprogrammen hat sowohl Eltern als auch Kinder zur Zielgruppe und erfüllt daher den multimodalen Anspruch am ehesten. Das in Deutschland bekannteste Programm ist das von Petermann & Petermann (2001, in der 10. Auflage erschienen; dieses Programm wird ausführlicher im Kap. 10.2 beschrieben). Auch das „Freiburger Anti-Gewalt-Training" (Fröhlich-Gildhoff, 2006; vgl. Kap. 10.3 dieses Buches) hat neben dem Schwerpunkt der Arbeit mit Kinder-/Jugendgruppen eine Eltern- und LehrerInnenberatung zum Gegenstand.

Ein Programm für jüngere Kinder, die in Kombination von aggressivem und hyperaktivem Verhalten Auffälligkeiten zeigen, ist das „Therapieprogramm für Kinder mit hyperkinetischen und oppositionellem Verhalten" (THOP, Döpfner et al., 1998).

Essau & Conradt (2004) plädieren ausdrücklich für eine „multisystemische Behandlung". Sie plädieren dafür, die Interventionen in der natürlichen Umgebung der Familie durchzuführen. Die niedrigschwelligen Angebote führen zu niedrigeren Abbruchquoten als traditionell institutionsbasierte Trainings. Ziel der multisystemischen Trainings ist es, „sowohl die Fertigkeiten und Ressourcen der Eltern zu stärken, die sie benötigen, um mit den Schwierigkeiten umzugehen, die bei der Erziehung Jugendlicher auftreten, als auch die Jugendlichen selbst zu stärken, damit sie familiäre und außerfamiliäre Probleme bewältigen können" (ebd., S. 153). In solchen Programmen werden unterschiedliche Strategien eingesetzt, „da für unterschiedliche Jugendliche und Familien verschiedene Wirkfaktoren relevant sind, sind (die) Interventionen auf die jeweiligen Personen zugeschnitten und hoch flexibel (Borduin et al., 2003)"(ebd.). Auf der Ebene der Familie geht es darum, Möglichkeiten elterlicher Kompetenzen zu verbessern und die „Zuneigung und Kommunikation zwischen den Familienmitgliedern zu fördern". Die Jugendlichen sollen aktiv unterstützt werden, „die Kontakte zu anderen delinquenten (…) Jugendlichen zu reduzieren und die Anbindung an prosoziale Gleichaltrige zu fördern" (ebd., S. 154). Daneben werden Strategien entwickelt, Leistungen in der Schule zu verbessern, eine Integration in Umfelder ohne problematische Verhaltensweisen (z. B. Sportverein) sehr konkret zu fördern und auch auf individueller Ebene Problemlösestrategien und soziale Kompetenzen zu verbessern. Der breitangelegte Ansatz ist oft in therapeutischen Settings nicht zu realisieren, sondern erfordert die Kooperation mit den Institutionen der Jugendhilfe z. B. im Rahmen von sozialpädagogischer Familienhilfe (vgl. Helming, 2002; Fröhlich-Gildhoff et al., 2006). Nach Essau & Conradt (2004) haben Studien der multisystemischen Behandlung „mit extrem antisozialen und gewalttätigen Jugendlichen gezeigt, dass dieser Ansatz üblichen Angeboten individueller Beratung, sozialen Diensten und Psychiatrieaufenthalten überlegen ist" (ebd., S. 156).

Darüber hinaus gibt es Programme, die gesamte Institutionen im Blickfeld haben; hiervon ist das bekannteste das von Olweus (1995), das in Kapitel 8.2 vorgestellt wird. Ein praktisches Beispiel für die Umsetzung eines solchen institutionsbezogenen Konzeptes – hier für eine Schule für Erziehungshilfe mit besonders auffälligen Jugendlichen – stellt Steinmetz-Brand (s. Kap. 8.3) dar.

d) Grenzen bestehender Programme

Eine Reihe von AutorInnen weisen auf die Grenzen von Interventionsprogrammen hin: So zeigt, wie bereits beschrieben, ein „signifikanter Teil der Kinder mit einer Störung des Sozialverhaltens keine signifikante Reaktion auf diese Interventionen. Und bei denjenigen, die auf die Behandlung ansprechen, lassen sich häufig die Verhaltensprobleme nicht auf ein normatives Niveau reduzieren" (Essau & Conradt, 2004, S. 168).

Krahé (2001, S. 217) berichtet ebenfalls von schlechteren Ergebnissen bei „high risk Kindern" und solchen mit einer langen Aggressionsgeschichte. Zudem gilt:

- Jüngere Kinder etwa bis zum achten Lebensalter sind besser zu erreichen; es besteht ein deutlicher Bedarf an guten Interventionsverfahren für ältere Kinder und Jugendliche mit gravierenderen Verhaltensauffälligkeiten.
- Eine Reihe von Ergebnissen spricht dafür, dass es sich bei vielen Interventionen die Effekte auf das Training und kurze Zeit danach beziehen, jedoch eine Generalisierbarkeit und langfristige Wirkungen deutlich geringer sind (vgl. Essau & Conradt, 2004; Scheithauer & Petermann, 2004).

- Besondere Wirksamkeitsprobleme treten auf bei Kindern „aus sehr dysfunktionalen Familienumfeldern" (Essau & Conradt, 2004, S. 168 unter Bezug auf Kazdin, 1995).

Eine wesentliche Ursache hierfür ist, dass überdauerndes aggressives oder gewalttätiges Verhalten – im Sinne einer stabilen Persönlichkeitsvariable – durch eine Vielzahl von Faktoren bedingt ist, die in ihrer Gesamtheit nur schwer zu beeinflussen sind. Weiterhin ist davon auszugehen, dass es nicht die eine oder beste Behandlungsmethode für alle Kinder und Jugendlichen mit auffälligem Gewaltverhalten gibt. „Statt dessen sollten die Interventionen auf die individuellen Besonderheiten eines Kindes (...) zugeschnitten sein" (ebd., S. 168) – gleiches gilt natürlich für die Unterschiedlichkeit der Bezugssysteme; auf die besondere Berücksichtigung der unterschiedlichen Altersstufen wurde gleichfalls hingewiesen.

Insgesamt ist davon auszugehen, dass es *das* Interventionsprogramm für alle Zielgruppen nicht gibt – die professionelle Kunst besteht darin, für jede Zielgruppe und für die jeweiligen institutionellen und situativen Gegebenheiten spezifische Programme zusammenzustellen bzw. bestehende, erfolgreich evaluierte Maßnahmen zu adaptieren.

6.4 Notwendigkeit von Prävention

Die dargestellten Probleme bei der Intervention – und die teilweise wenig ermutigenden Effekte derartiger Maßnahmen – zeigen, dass gerade die Prävention im frühen Lebensalter eine besondere Bedeutung haben muss. „Mit dem Nachweis, dass langfristig persistierendes antisoziales Verhalten vielfach in der frühen Kindheit seinen Ausgang nimmt, ist zugleich das Primat primär-präventiver Maßnahmen gegenüber späteren Interventionsmaßnahmen begründet" (Kleiber & Meixner, 2000, S. 200 f; vgl. ebenso Essau & Conradt, 2004, S. 176). „Aggressiv-dissoziales Verhalten ist dann am besten behandelbar, wenn erst wenige differenzierte Verhaltensweisen vorliegen und die Betroffenen noch relativ jung sind" (Scheithauer & Petermann, 2004, S. 402).

Bei den Präventionsprogrammen kann man solche unterscheiden, die der allgemeinen Entwicklungsförderung dienen, um so Schutzfaktoren zu stärken und (individuelle) Risikofaktoren zu verringern. In Kapitel 7.2 wird das Programm von Lösel et al. (o. J.) zur Resilienzstärkung von Kindern ausführlicher beschrieben.

Daneben gibt es mittlerweile eine Vielzahl spezifischer Programme zur Gewaltprävention, deren bekanntestes und verbreitetstes in Deutschland das Programm „Faustlos" (Cierpka, 2001) ist. Dieses Programm besteht mittlerweile in je einer Variante für den Kindergarten und für die Grundschule. Es wird ausführlicher in Kapitel 7.3 neben zwei weiteren praktisch orientierten Konzepten für den Bereich des Kindergartens (Gröschner, Kap. 7.4), und für die Schule (Isele, Kap. 7.5) vorgestellt.

7 Präventionsprogramme

7.1 Einführung

Es liegt mittlerweile ein Vielzahl von Programmen zur Gewaltprävention vor, die wenigsten davon sind allerdings empirisch abgesichert. In einem Überblicksartikel formulieren Heinrichs et al. (2002) Anforderungen an Präventionsprogramme:

1. Ziele
   Präventive Maßnahmen sollten „die Auftretenshäufigkeit von kindlichen Verhaltensstörungen reduzieren durch Verbesserung der elterlichen Erziehungspraktiken und/oder durch Stärkung der Resilienzfaktoren bei Kindern, durch Verminderung familiärer Risikofaktoren oder durch Stärkung von sozialen Schutzfaktoren" (ebd., S. 173).

2. Theoretische Fundierung
   Programme sollten auf Interventionszielen beruhen, „die nachweislich in einem empirischen Zusammenhang mit der Verhinderung von Verhaltensstörungen bei Kindern und Jugendlichen stehen. Die zugrundeliegenden empirisch bestätigten theoretischen Annahmen sollten expliziert sein" (ebd.).

3. Empirische Fundierung
   Die Wirksamkeit soll wissenschaftlich begründet sein, d.h. die „Inzidenzrate für Störungen bei Kindern und Jugendlichen (soll) vermindert" werden (ebd.). Dies setze prinzipiell eine Manualisierung voraus.

4. Gute Erreichbarkeit
   Dies bedeutet, dass die Programme leicht zugänglich sein sollen.

Trotz immer wieder formulierter hoher Anforderungen an die empirische Absicherung derartiger Programme haben Präventionsstudien mit einer Reihe von Problemen zu kämpfen:

- So ist unklar, ob die erwarteten Effekte direkt nach dem Programm eintreten oder erst längere Zeit später.
- Durch die Freiwilligkeit ergeben sich Probleme der Stichprobengewinnung und eines höheren ‚drop-outs'.
- Die Erfolgsmaße müssen relativ breit erfasst werden durch unterschiedliche Verfahren; dadurch sind die Studien relativ aufwändig.

Nicht zuletzt aufgrund dieser methodischen Probleme existieren nur wenige Metaanalysen für die Programme; im deutschsprachigen Raum gibt es keine (vgl. Heinrichs et al., 2002; Schick & Ott, 2002).

Neben ihrer „Breite" – allgemeine Prävention von Verhaltensauffälligkeiten, Stärkung von kindlicher Resilienz versus Prävention spezifischer Auffälligkeiten von Gewalt – lassen sich unterschiedliche Ansatzpunkte der Präventionsprogramme unterscheiden:

- Die Orte können in natürlicher Umgebung, Schulungszentren oder sozialraumbezogene Institutionen sein.
- Die Adressaten können Eltern oder die Kinder oder kombinierte Programme sein.
- Es können auch spezifische Institutionen (Kindergarten, Schule) einbezogen werden.
- Ein weiteres Unterscheidungsmerkmal ist die Frage der „Dosis".

Auch Schick & Ott kommen aufgrund ihrer breiten Analyse von Gewaltpräventionsprogrammen an Schulen zu dem Ergebnis, dass zwar ein breites Spektrum von Ansätzen vorliegt, dass allerdings erst wenige systematische deutschsprachige evaluierte Programme vorliegen. Die Qualität der Evaluationsstudien ist zudem sehr „heterogen". Die Autoren bemängeln darüber hinaus, „dass bislang erst wenige Studien zu den Langzeiteffekten gewaltpräventiver Maßnahmen durchgeführt wurden" (ebd., S. 787). Ebenso fehlen Untersuchungen, die systematisch auf einem Kontrollgruppendesign aufbauen. Sie schlagen daher vor: „Zukünftige Studien sollten zur Prüfung der Effekte zudem sowohl auf Befragung der Kinder, der Lehrkräfte und der Eltern als auch auf Verhaltensbeobachtungen rekurrieren und die Effekte der Ansätze sowohl auf der Ebene der Kognitionen und Emotionen der Kinder als auch auf der Verhaltensebene erfassen. Eine umfassende Bewertungsbasis würde des Weiteren dadurch geschaffen, dass quantitative und qualitative Herangehensweisen miteinander verbunden werden" (ebd.). Ein weiterer Kritikpunkt besteht darin, dass die Effektivitätsbeurteilung oft nur das Verhalten innerhalb der Klassenräume umfasst. Allerdings treten aggressive Verhaltensweisen vor allem außerhalb des Klassenzimmers auf, wie z. B. die Untersuchung von Astor et al. (1999) zeigte – dadurch reduzieren sich die Aussagen über die Validität der gewaltreduzierenden Effekte derartiger Programme.

7.2 Soziale Kompetenz für Kinder und Familien (Lösel et al.)

Die Arbeitsgruppe der Universität Nürnberg-Erlangen um Lösel hat ein Präventionsprogramm entwickelt, das sich kombiniert an Kinder und Eltern richtet.

Es wurde in Kindertagesstätten eingesetzt und in einem Kontrollgruppendesign evaluiert.

Es wurden „Präventionsmaßnahmen durchgeführt und evaluiert, die zur Verbesserung der Erziehungskompetenz der Eltern und sozialen Kompetenz der Kinder beitragen sollen (Präventionsstudie). Unser Präventionsansatz war universell. Das heißt, es wurden keine speziellen Risikogruppen ausgewählt. Die Programme waren niederschwellige Angebote, die für alle Eltern und Kinder der betreffenden Kindergärten in Frage kamen" (Lösel et al., o. J., S. 4).

Dabei zielte das Kindertraining „auf die Förderung der sozialen Kompetenz (z.B. soziale Wahrnehmung, Ursachenzuschreibung, Einfühlung in andere Kinder, nicht-aggressives Problemlösen) [ab]. An ihm nahmen 178 Kinder teil" (ebd., S. 5). Das Kindertraining hatte folgenden Aufbau:

Tab. 9: Kindertraining „Ich kann Probleme lösen" (nach Lösel et al., o. J., S. 6)

Zielgruppe:	Vor- und Grundschulkinder (4–7 Jahre)
Umfang:	15 Sitzungen à 45–60 Minuten
Art des Trainings:	Gruppentraining mit Manual, 6–10 Teilnehmer, 2 Kursleiter(innen)
Umsetzung:	3 Wochen täglich oder 5 Wochen lang dreimal pro Woche in Räumen des Kindergartens
Inhalte/Themen:	*1. Grundlagen der sozial-kognitiven Problemlösung* Wortkonzepte (z.B. einige-alle, gleich-verschieden), Identifikation von Gefühlen (z.B. fröhlich, wütend), Gründe und Ursachen des Verhaltens (Kausalitätsprinzip) *2. Sozial-kognitive Problemlösefertigkeiten* Alternative Lösungsvorschläge, Antizipation von Handlungskonsequenzen, Bewertung von Handlungskonsequenzen
Methoden:	Modellspiele, Bildbetrachtung mit Frage-Antwort-Runden, Bewegungsspiele, Rollenspiele, Fragespiele, Ausmalen von Bildvorlagen, Singspiele, Moderation durch Handpuppen, Maßnahmen zur Förderung der Identifikation

Parallel wurde ein Elterntraining durchgeführt, das „auf die Förderung der Erziehungskompetenz (z.B. positive Erziehung, Grenzen setzen, Stress und Erziehung) [abzielte]. An ihm nahmen 163 Mütter und 48 Väter aus 170 Familien teil" (ebd., S. 6).

Tab. 10: Elterntraining „Förderung der Erziehungskompetenz" (nach Lösel et al., o.J., S. 6)

Zielgruppe:	Eltern von Vor- und Grundschulkindern (3–10 Jahre)
Umfang:	5 Sitzungen á 90–120 Minuten
Art des Trainings:	Gruppentraining mit Manual, 10–15 Teilnehmer, 1–2 Kursleiter(innen)
Umsetzung:	5 wöchentliche Termine in Räumen des Kindergartens oder der Gemeinde
Inhalte/Themen:	Grundregeln positiver Erziehung, Bitten und Aufforderungen, Grenzen setzen, schwierige Erziehungssituationen, Überforderung in der Erziehung (Stress, Verhaltensprobleme), soziale Beziehungen in der Familie
Methoden:	Vortrag, Arbeitsgruppen, Gruppendiskussionen, Rollenspiel, Hausaufgaben, strukturierte Arbeitsmaterialien

7.2.1 Evaluation

Ausgangslage

„In 13–17 % der Fälle erreichten die von den Eltern berichteten Verhaltensprobleme der Kinder ein Ausmaß, das im Sinne eines Screening als kritisch einzuschätzen ist. Die Jungen hatten deutlich mehr Probleme des Sozialverhaltens (Aggression, Dissozialität) und der Hyperaktivität/Unaufmerksamkeit. Die Mädchen zeigten dagegen mehr emotionale Probleme (z.B. Ängstlichkeit/Niedergeschlagenheit) und auch mehr prosoziales Verhalten (z.B. anderen Kindern helfen, Mitgefühl zeigen, Streit beenden). Die Mütter berichteten insgesamt mehr kindliche Verhaltensprobleme, was wahrscheinlich damit zusammenhängt, dass sie mehr in die alltägliche Erziehung eingebunden sind. Gleichwohl stimmten die Problemangaben beider Elternteile zu etwa drei Vierteln überein. Mit den Einschätzungen der Erzieherinnen im Kindergarten hingen sie zwar auch signifikant, aber schwächer zusammen. Aus der Sicht der Erzieherinnen waren die Geschlechtsunterschiede wesentlich deutlicher als in der elterlichen Wahrnehmung.

Über die Zeit hinweg blieben die Verhaltensprobleme relativ stabil. Zwar nahm das dissoziale Verhalten in der Wahrnehmung der Eltern von der ersten bis zur dritten Erhebungswelle im Mittel ab, doch korrelierten die Gesamtproblemwerte hoch signifikant. Das heißt, Kinder mit ausgeprägten Verhaltensproblemen in der ersten Erhebung gehörten auch in der dritten noch zu den relativ stark Belasteten. Dies war in der Wahrnehmung der Erzieherinnen ähnlich, wobei es hier keinen Rückgang der Probleme gab. Relativ stabil waren vor allem das aggressive und hyperaktive Verhalten, während sich die emotionalen Probleme stärker mit der Zeit veränderten. Etwa 5–8 % der Kinder verblieben

85

auch längsschnittlich im Risikobereich. Das heißt, bei ihnen handelt es sich nicht um kurzzeitige Entwicklungsprobleme, sondern wahrscheinlich längerfristige Schwierigkeiten im Sozialverhalten" (ebd., S. 7 f).

7.2.2 Effekte des Programms

Nach der Durchführung des kombinierten Trainings zeigten sich deutliche Veränderungen in den Verhaltensbeurteilungen durch die Erzieherinnen: „Während in der Kontrollgruppe das Ausmaß der Verhaltensprobleme leicht zunahm, ergab sich bei jenen Kindern, die selbst oder deren Eltern an einem Programm teilgenommen hatten, ein deutlicher Rückgang. Der Gesamteffekt der Präventionsmaßnahmen war statistisch hoch signifikant.

Bei den Vergleichen der verschiedenen Trainingsbedingungen mit ihren jeweiligen Kontrollgruppen zeigte sich ein ähnliches Muster wie beim Gesamtvergleich. Die Kinder der trainierten Gruppen hatten nach Absolvierung der Programme weniger Verhaltensprobleme, die Kinder der Kontrollgruppen dagegen etwas mehr. Beim Kindertraining des sozialen Problemlösens war der Effekt signifikant, beim Elterntraining tendenziell signifikant und beim kombinierten Training hoch signifikant. Das heißt, dass der deutlichste Effekt bei der Kombination von Eltern- und Kinderprogramm vorlag" (ebd., S. 16).

7.3 Das Programm FAUSTLOS

7.3.1 Grundgedanken und Ziele

FAUSTLOS ist ein Curriculum zur Prävention von aggressivem und gewaltbereitem Verhalten bei Kindern. Es soll „das impulsive und aggressive Verhalten von 6- bis 10-jährigen Kindern vermindern und ihre sozialen Kompetenzen erhöhen (...). FAUSTLOS vermittelt alters- und entwicklungsadäquate prosoziale Kenntnisse und Fähigkeiten in den Bereichen Empathie, Impulskontrolle und Umgang mit Ärger und Wut" (Cierpka, 2001, S. 7).

FAUSTLOS ist die deutsche Fassung des Programms „Second Step" (Beland 1988), das in den USA entwickelt wurde und laut Cierpka (2004, S. 253) an über 10.000 Schulen angewendet wurde.

Aggressives und gewalttätiges Verhalten wird auf „Defizite bei bestimmten Fähigkeiten" zurückgeführt (Cierpka, 2001, S. 12). Entsprechend diesen empirisch ermittelten Defiziten sollen mit dem Curriculum Fähigkeiten in drei zentralen Bereichen vermittelt werden:

1. Empathietraining
Das Programm geht davon aus, dass eine verbesserte Empathie, also die „Fähigkeit, die Gefühle anderer wahrzunehmen und zu verstehen und auf diese angemessen zu reagieren" (ebd.) dazu führt, dass gewalttätiges Verhalten weniger gezeigt wird.

2. Die Fähigkeit zur Impulskontrolle

Die Fähigkeit zur Impulskontrolle wird auf zwei wesentliche Aspekte zurückgeführt: zum einen auf eine verbesserte Kompetenz zum Problemlösen. Dabei vermittelt FAUSTLOS ein „Problemlöseverfahren" in fünf Schritten:

„Schritt 1: Was ist das Problem?

Schritt 2: Welche Lösungen gibt es?

Schritt 3: Frag Dich bei jeder Lösung: Ist sie ungefährlich? Wie fühlen sich die Beteiligten? Ist sie fair? Wird sie funktionieren?

Schritt 4: Entscheide Dich für eine Lösung; probiere sie aus.

Schritt 5: Funktioniert die Lösung? Wenn nicht, was kannst Du jetzt tun?"
(Krannich et al., 1997, S. 239).

Der zweite Aspekt ist das „Training sozialer Verhaltensfertigkeiten". Dieses „soll Kindern ermöglichen, sich in sozialen Situationen angemessen und erfolgreich verhalten zu können" (ebd., S. 240).

3. Umgang mit Ärger und Wut

Hierbei sollen die Kinder auch über das Mittel des „lauten Denkens" für den Umgang mit Ärger und Wut ein strukturiertes Verfahren erlernen: „Im ersten Schritt lernen Kinder, körperliche Anzeichen für Ärger und Wut zu identifizieren bzw. Ärgergefühle auf der Basis körperlicher Empfindungen zu erkennen und auszudrücken. Der zweite Schritt dient der Reduktion der Ärgergefühle durch vier aufeinanderfolgende Beruhigungstechniken. Die Ärgerreduktion ist die Voraussetzung für den nächsten Schritt, indem die Kinder das Problemlöseverfahren anwenden und abschließend wird der Prozess reflektiert" (ebd., 241).

In einer späteren Veröffentlichung betont Cierpka (2003), dass FAUSTLOS sozial emotionales Lernen ermöglicht (er bezieht sich dabei auf das Konzept von Crick & Dodge, 1994; vgl. Abs. 4.2.2 in diesem Buch).

7.3.2 Zielgruppe und Dauer

Das Programm FAUSTLOS existiert mittlerweile in zwei Varianten; in einer für die Anwendung in Kindergärten und in einer anderen für die Anwendung in Grundschulen. Die Programme sind von der Struktur her gleich aufgebaut und enthalten die o.g. Elemente. FAUSTLOS ist ein Gruppenprogramm, das für alle SchülerInnen einer Klasse bzw. Gruppe eingesetzt werden kann (und soll).

Dauer: FAUSTLOS für den Kindertagesstättenbereich umfasst 28 Lektionen à ca. 20 Minuten, das Programm für den Grundschulbereich umfasst 51 Lektionen, die über drei Klassenstufen verteilt werden. Empfehlenswert sind zwei Lektionen pro Woche mit einer Dauer von jeweils 30 bis 45 Minuten. Die AutorInnen weisen ausdrücklich daraufhin, dass sich die Durchführenden einem vorhergehenden Training unterzogen haben sollten.

7.3.3 Aufbau

Die Arbeit mit FAUSTLOS ist sehr strukturiert. Es liegt ein systematisiertes Manual mit ritualisierten Vorgaben für die einzelnen Lektionen vor.

„Zu jeder Lektion gibt es eine große Fotokarte, auf deren Rückseite drei Spalten zu finden sind:

1. der Vorbereitungsteil für LehrerInnen bzw. ErzieherInnen enthält lektionenspezifische Informationen über die Zielsetzungen, wichtige sprachliche Konzepte und entwicklungspsychologische Hintergründe
2. Unterrichten der Lektion: Geschichte und Diskussion
3. weitere Inhalte der Lektion, die der Übung und Vertiefung des Gelernten dienen: Rollenspiele, Übungen, Vortragen des Gelernten, Elternbrief.

Alle Lektionen werden grundsätzlich nach dem gleichen Muster unterrichtet: Zu jeder Fotokarte wird eine Geschichte erzählt, werden Fragen gestellt und Meinungen diskutiert. Anschließend werden Rollenspiele oder Übungen durchgeführt" (Krannich et al., 1997, S. 242).

Jede Lektion beinhaltet somit drei Schritte:

1. Das jeweilige Foto wird projiziert und zugleich eine vorgegeben Geschichte mit gleichfalls vorgegebenen Fragen vorgelesen. Danach wird die jeweilige Geschichte diskutiert und reflektiert.
2. Rollenspiele: Nachdem die Geschichte erzählt und diskutiert wurde, wird ein Modellrollenspiel i.d.R. von dem/der LehrerIn und einem/einer SchülerIn vorgeführt. Nach dem Modellrollenspiel wird dieses von den SchülerInnen nachgespielt. Die Durchführung wird reflektiert.
3. Vertiefung des Gelernten: Das Gelernte soll übertragen werden; hierzu gibt es Materialien für zu Hause sowie ergänzende Spiele und Übungen (ausführliche Beschreibung im Handbuch Cierpka, 2001, S. 18 ff).

7.3.4 Beispiel

Lektion 6 (für die erste Klasse): „Sich aus einem Kampf heraushalten"

A) Den Kindern wird ein Foto gezeigt, dazu wird folgende Geschichte vorgelesen: „Tobias hat einen Ball bekommen, um damit in der Pause zu spielen. Marco schlug Tobias den Ball aus den Händen und will damit zum Spielplatz laufen. Tobias zieht an Marcos Arm, um ihn aufzuhalten."
Anschließend werden Fragen gestellt, z.B.:

- Was denkt ihr, wie fühlt sich Tobias? Woran könnt ihr das erkennen?
- Könnt ihr nachvollziehen, dass Tobias wütend ist?
- Was wird passieren, wenn Marco mit Tobias eine Rauferei anfängt?
- Wird ein Kampf das Problem lösen?
- Wie kann Tobias sonst mit seinem Wutgefühl umgehen?
- Welche andere Lösung gibt es für dieses Problem?

- Was denkt ihr, für welche Lösung sollte sich Tobias entscheiden?
- Was passiert, wenn Tobias diese Lösung ausprobiert, aber Marco kämpfen will?

B) Vertiefung des Gelernten: In Rollenspielen wird dann dargestellt, „wie man sich aus einem Kampf heraushalten kann". Dabei wird auf bisher gelernte Elemente, z. B. Selbstberuhigung, zurückgegriffen. Der/die LehrerIn zeigt modellhaft, wie Tobias sich beruhigt. Anschließend führen die SchülerInnen thematisch vorgegebene Rollenspiele durch (Beispiele: „Eine Mitschülerin beschuldigt dich, einen Stift von ihrem Platz genommen zu haben", „ein Mitschüler reißt Dir Deine Lieblings-Baseballmütze weg und wirft sie in hohem Bogen zu seinem Freund" usw.).

C) Zur „Übertragung des Gelernten" werden Bezüge zu Alltagssituationen hergestellt und den LehrerInnen konkrete Hilfen gegeben (z. B. „Ermutigen Sie die Kinder zur Anwendung von Selbstgesprächen, wenn sich Streitereien anbahnen") (Beispiel nach Cierpka, 2001, S. 58 ff).

7.3.5 Evaluation

Nach sorgfältig kontrollierten Vorstudien wurde FAUSTLOS in Baden-Württemberg in einem Langzeitdesign mit Kontrollgruppen in 21 Grundschulen (Durchführungsgruppe: 14 Schulen mit 30 Klassen, Kontrollgruppe 7 Schulen mit 14 Klassen) über einen Zeitraum von drei Jahren eingesetzt und evaluiert. Nach Cierpka (2003) ist die entsprechende Studie „im deutschsprachigen Raum die erste kontrollierte Studie eines naturalistischen Ansatzes über mehrere Jahre zur Gewaltprävention" (ebd., S. 253). Die Ergebnisse der Langzeitstudie mit insgesamt vier Messzeitpunkten zeigten, „dass bei FAUSTLOS Kindern die Ängstlichkeit (insbesondere vor einem Kontrollverlust in konflikthaften Situationen) und die Internalisierungstendenz (weniger Depressivitätsneigung) deutlich reduziert wurden." Sowohl die Befragung der Eltern als auch der Kinder ergab „einen Kompetenzerwerb für das bessere Durchstehen von spannungsreichen Konflikten" (ebd., S. 253). Die Einschätzungen der CBCL (Arbeitsgruppe Deutsche Child Behavior Checklist, 1998a), die durch die Eltern ausgefüllt wurde, zeigen tendenziell einen Transfereffekt. In einer anderen, ausführlicheren Darstellung der Evaluation (Schick & Cierpka, 2003), zeigte sich neben den beschriebenen Effekten allerdings, dass das Ausmaß an Externalisierungsstörungen sowohl bei Durchführungs- als auch bei Kontrollgruppen abgenommen hat und die Effekte nicht eindeutig auf das Programm zurückzuführen sind. Bei Mädchen zeigte sich in der Experimentalgruppe eine „signifikante Reduktion an Externalisierungsstörungen" (ebd., S. 106). Bei Jungen „steigerte sich die Fähigkeit zur Perspektivenübernahme in der Experimental- wie auch in der Kontrollgruppe", bei den Mädchen nur in der Experimentalgruppe. Schick und Cierpka kommen zu dem Schluss: „Jungen scheinen hinsichtlich der Externalisierungsstörungen, der Perspektivenübernahme und des kooperativen Verhaltens sowohl vom Regelunterricht als auch von den Faustlos-Lektionen zu profitieren, während Mädchen in diesen Bereichen durch den Regelunterricht nicht ausreichend gefördert werden" (ebd.).

Zusammenfassend kommen die Autoren zu dem Schluss: „Insgesamt konnten mit FAUSTLOS (...) einige Verhaltens- und Erlebensänderungen bei den Kindern angestoßen werden, wobei die Effekte wie bei den Programmen zur Förderung sozialer Kompetenzen erwartungskonform eher gering waren" (ebd., S. 198).

7.4 „Die mutigen Fühldetektive" – ein Gewaltpräventionsprojekt im Kindergarten

Tonja Gröschner

7.4.1 Einleitung

Alfred Adlers Aussage „Ein Gramm Vorbeugung ist kostbarer als ein Kilo Krankenbehandlung" (Adler, 1976, S. IX) aufgreifend, befasst sich der vorliegende Beitrag mit der Entwicklung eines Gewaltpräventionsprojektes im Kindergarten.

Wie kam es zu der Entstehung des Projektes, was verbirgt sich hinter dem Titel „Die mutigen Fühldetektive" und wie wurde das Projekt durchgeführt? Diese Fragen sollen auf den nächsten Seiten beantwortet werden.

Ein problematisches Sozialverhalten wird häufig bereits im Vorschulalter erworben oder verstärkt, da Kinder dort in vielen Fällen das erste Mal über einen längeren Zeitraum mit Gleichaltrigen zusammenkommen und somit auch mit Streit und Streitschlichtung konfrontiert werden (vgl. Kammerer, 2000, S. 38 f). Aufgrund des Mangels an frühzeitig ansetzenden Programmen, vor allem im deutschsprachigen Raum (vgl. Petermann, 2002, S. 9), wurde dieses Gewaltpräventionsprojekt für das Kindergartenalter entwickelt.

„Wenn bereits beim Eintritt in die Schule ‚das Faustrecht' regiert, kann sich das Verständnis für soziale Regeln, die Freude am konstruktiven Wettbewerb und besonders die Entwicklung von Teamgeist nur sehr bedingt herausbilden" (Petermann, 2002, S. 7). Diesem „Faustrecht" will das Gewaltpräventionsprojekt „Die mutigen Fühldetektive" vorbeugen, indem es seine Schwerpunkte auf die Stärkung des Selbstbewusstseins und der sozialen Kompetenzen der Kinder, auf die Schulung der Selbst- und Fremdwahrnehmung und auf einen angemessenen Umgang mit Konflikten legt. Denn nur aufgrund eines „gesunden" Selbstwertgefühls sind Kinder in der Lage, Konflikte sozial zu lösen. Hurrelmann und Settertobulte weisen auf die enge Verknüpfung aktiver Bewältigungsstrategien mit einem hohen Maß an Selbstsicherheit hin (vgl. Hurrelmann & Settertobulte, 2000, S. 141). Doch neben dem Selbstwertgefühl stellt auch die Empathiefähigkeit, die das Erkennen und Respektieren eigener und fremder Gefühle umfasst, eine wichtige Basis dar. Denn laut Griffel sind die Achtung vor der Würde anderer und die Fähigkeit zur Empathie die wesentlichsten Voraussetzungen dafür, dass man anderen keinen Schaden zufügt (vgl. Griffel, 2000, S. 31). Allerdings nutzen die aufgeführten Eigenschaften nur wenig, wenn die Kinder keine Kenntnis über Verhaltensalternativen zu gewalttätigem Verhalten besitzen oder über keine Selbststeuerungstechniken wie das Luftboxen (siehe 18. Stunde dieses Projektes) verfügen. Diesem Mangel, der laut Herriger (vgl. Herriger 1986, S. 82) bei vielen gewaltbereiten Kindern vorliegt, wird im Themenbereich ‚Umgang mit Konflikten' begegnet.

7.4.2 Aufbau des Projektes

7.4.2.1 Theoretischer Rahmen

Bei dem Projekt handelt es sich um ein Programm im Sinne primärer Prävention. „Primäre Prävention, das heißt, das Verhindern von Verhaltensproblemen, geschieht durch Reduktion von Umweltbelastungen und/oder durch Vermittlung von Fertigkeiten zur effektiven Auseinandersetzung mit konkreten Lebenssituationen" (Sommer 1977, S. 70). Das Projekt basiert auf der Annahme, dass abweichendes Verhalten häufig aus der fehlenden Kompetenz des Einzelnen resultiert, Konflikte ohne Gewaltanwendung zu lösen (vgl. Herriger 1986, S. 82). Aus diesem Grund ist es wichtig,

a) den Kindern Verhaltensalternativen und Methoden zur Selbststeuerung aufzuzeigen und mit ihnen einzuüben,
b) ihr Selbstbewusstsein zu stärken, um auch andere Lösungsmöglichkeiten annehmen zu können, und zuletzt
c) das Thema Gefühle unter Zuhilfenahme eines Empathietrainings zu behandeln, das die Basis einer angemessenen Konfliktlösung darstellt.

Zusätzlich bildet die Theorie des sozialen Lernens nach Bandura (vgl. z.B. Thomas & Feldmann, 2002, S. 301 ff) den theoretischen Rahmen des Projektes. Bandura geht davon aus, dass der Prozessablauf Aufmerksamkeit, Kodierung, Erinnerung, motorische Reproduktion und Motivation soziales Lernen ausmachen. Daran anknüpfend, eignen sich beispielsweise Rollenspiele dazu, um Verhaltensweisen im Sinne motorischer Reproduktion einzuüben, oder Selbststeuerungstechniken, um die Motivation der Kinder zu wecken beziehungsweise aufrechtzuerhalten.

7.4.2.2 Organisatorischer Rahmen

Vor Beginn des Projektes wurden folgende Punkte durchgeführt:

a) Auswahl eines geeigneten Kindergartens oder einer Kindertagesstätte (Kinder aus verschiedenen Milieus, die möglicherweise Kleingruppenarbeit und gruppenübergreifende Angebote bereits kennen)
b) Treffen einer „Vereinbarung" für die Durchführung des Programms
c) Verfassen eines Elternbriefs, in dem das Projekt kurz dargestellt wird

d) Auswahl der GruppenteilnehmerInnen durch den Verhaltensbeurteilungsbogen VBV 3–6 von Döpfner et al. (vgl. Döpfner et al., 1993)[2], der an die Eltern aller fünf- und sechsjährigen Kinder der Kindertagesstätte und an die zuständigen ErzieherInnen ausgegeben wurde.

Zur Durchführung des Projektes entschied ich mich für eine Kleingruppe von sechs Kindern im Alter von fünf und sechs Jahren, da in einer Kleingruppe effektiver und individueller gearbeitet werden kann als in einer Großgruppe. Ein weiterer Vorteil von Gruppenarbeit liegt in der Möglichkeit, soziale Bindungen aufzubauen, was Tillmann et al. als wichtiges Präventionsmittel bezeichnen, weil durch soziale Anerkennung Gewalterscheinungen reduziert werden können (vgl. Tillmann et al., 2000, S. 304).

Kinder im Alter von fünf und sechs Jahren sind von ihrer gesamten Entwicklung her schon so weit „ausgebildet", dass sie an einem Gewaltpräventionsprojekt mit den Themenbereichen Selbstbewusstsein stärken, Empathietraining und Umgang mit Konflikten teilnehmen können (vgl. Schenk-Danzinger, 2002; Zimmer, 1999; Kohnstamm, 1990; Janke, 2002). Des Weiteren sei eine Maßnahme bei bestimmten Entwicklungsübergängen besonders effektiv, wie beispielsweise beim Übergang vom Kindergarten in die Schule, was bei den meisten Kindern des Projektes zutraf (vgl. Scheithauer & Petermann, 2000, S. 209).

Während des Projektverlaufs fanden zwei Elternabende statt. Einer in der Mitte des Projektes, um einen gegenseitigen Austausch zu gewährleisten, und einer kurz vor Abschluss des Programms, um das Projekt auch mit den Eltern beenden, auf mögliche Fragen noch einmal eingehen und ein paar „Tipps" für die Zukunft mitgeben zu können.

Zusätzlich existierte ein regelmäßiger Austausch mit den ErzieherInnen der Kindertagesstätte über mögliche Verhaltensauffälligkeiten der Kinder und über den Verlauf des Projektes. Gelegentlich wurden Methoden oder Themen in der Kinderkonferenz, die jeden Tag in der Kita stattfand, aufgegriffen, um das Erlernte zu vertiefen und an andere Kinder in Teilen weiterzugeben.

Zum Schluss des Programms wurde erneut der VBV 3–6 an die Eltern der teilnehmenden Kinder und an die ErzieherInnen ausgegeben, um das Projekt evaluieren zu können. Da für ein aussagekräftiges Ergebnis eine Vergleichsgruppe notwendig ist, die nicht an dem Projekt teilgenommen hat, wurde der Verhaltensbeurteilungsbogen auch an Eltern ausgegeben, deren Kinder zu den Kindern des Projektes gewisse Ähnlichkeiten im Verhalten aufwiesen und die zwischen fünf und sechs Jahre alt waren.

---

2 Ein Verhaltensbeurteilungsbogen für Eltern und Erzieher mit folgenden Zielgruppenkriterien:
Sozial-emotionale Kompetenzen (KO), Oppositionell-aggressives Verhalten (AG), Aufmerksamkeitsschwächen und Hyperaktivität vs. Spieldauer (HY), Emotionale Auffälligkeiten (EM).

7.4.2.3 Zeitlicher Rahmen

Der zeitliche Rahmen des Projektes wird durch das folgende Schaubild dargestellt. Es gibt sowohl die Interventionsebenen als auch den Zeitverlauf des Projektes wieder (s. Abb. 8).

Bezugnehmend auf das Diagramm, kann man erkennen, dass sich das Projekt insgesamt über eine Dauer von viereinhalb Monaten erstreckte. In den Oster- und Pfingstferien fand es allerdings nicht statt.

Das Programm bestand aus 20 Einheiten, die zweimal in der Woche à 30 bis 40 Minuten, je nach Methodenauswahl, durchgeführt wurden.

Etwa in der Mitte und zum Abschluss des Projektes fanden Elternabende statt.

Kontakte mit den ErzieherInnen existierten während der gesamten Durchführung und orientierten sich vor allem am Austauschbedarf.

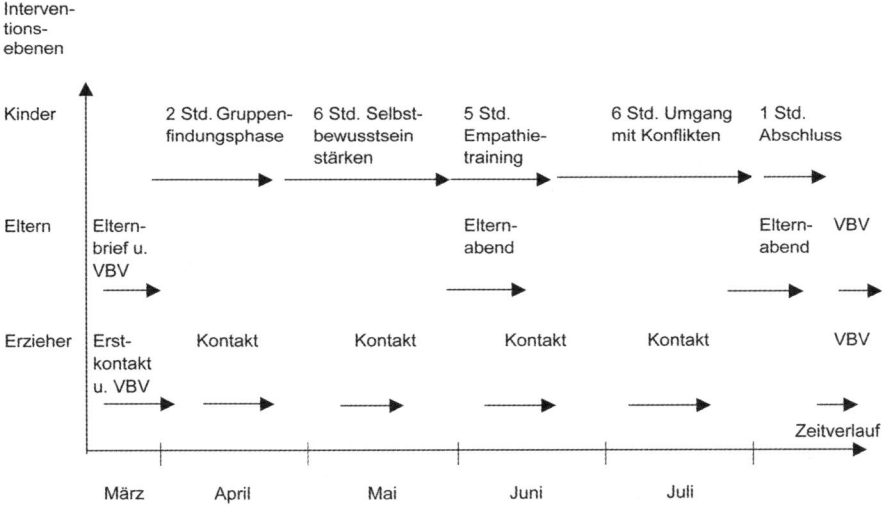

Abb. 8: Projektverlauf „Die mutigen Fühldetektive"

7.4.2.4 Aufbau der Stunden

Der Aufbau der Stunden fand immer nach demselben Schema statt. Dies ermöglichte den Kindern Orientierung und Sicherheit und stellt laut Petermann eine notwendige Voraussetzung dar, um Lerninhalte aufnehmen und verarbeiten zu können (vgl. Petermann, 2002, S. 42 ff).

Der Stundenablauf stellte sich wie folgt dar:

1. Einklingeln der Stunde im Sitzkreis
2. Kurze Erzähl-, Befindlichkeitsrunde

93

3. Bearbeitung des jeweiligen Themas
4. Kurzreflexion der Stunde
5. Ausklingeln der Stunde im Sitzkreis

Das Ein- und Ausklingeln der Stunde fand mit einer Kuhglocke statt. Jeweils ein Kind durfte zu Beginn und zum Abschluss der Einheit mit der um den Hals gehängten Kuhglocke klingeln.

Die Erzähl- und Befindlichkeitsrunde und die Kurzreflexion vollzogen sich unter Zuhilfenahme verschiedener Materialien, wie einem kleinen Ball, der reihum weitergereicht wurde, und nur das Kind, das ihn in der Hand hielt, durfte sprechen, oder mit dem „Gefühlsgesichterblatt" (DIN-A3-Blatt mit verschiedenen Gesichtsausdrücken) arbeiten, das das Verbalisieren der eigenen Befindlichkeit vereinfachen sollte.

Ein strukturgebendes Element war die Handpuppe „Hanna Henne", die in jeder Sitzung „anwesend" war, Übungen einführte, auf Besonderheiten hinwies etc.

Das *didaktische Konzept* orientierte sich am Entwicklungsstand der Kinder: Bei allen drei zentralen Themenbereichen (Stärkung des Selbstbewusstseins, Empathietraining, Umgang mit Konflikten) wurde viel mit Bewegungs- und Rollenspielen gearbeitet, da das aktive Tun für die Entwicklung der Intelligenz und für das Erlernen prosozialen Verhaltens eine große Bedeutung hat (vgl. Thomas, 2002, S. 167 ff). Diese Meinung stützt auch Zimmer, die darauf hinweist, dass vor allem Bewegungsangebote für die Entwicklung des sozialen Miteinanders gut geeignet seien und Kinder hierbei Alternativen für ihr Handeln erproben sollen (vgl. Zimmer, 1999, S. 40 f). In Rollenspielen erproben die Kinder neue Fertigkeiten, überdenken ihr Verhalten aufgrund der neuen Erfahrung und verändern daraufhin in manchen Fällen ihr Verhalten (vgl. Petermann & Petermann, 1997, S. 25).

Das Verständnis von Selbststeuerung für einen angemessenen Umgang mit Gefühlen und Konflikten sollte bei Vorschulkindern bereits entwickelt sein, beschränkt sich jedoch noch sehr auf den Verhaltens- und weniger auf den mentalen Bereich (vgl. Janke, 2002, S. 132 f).

Bei der Auswahl der Selbststeuerungstechniken wie „Brüllkoffer" oder „Luftboxen" findet keine Gewaltanwendung statt. Weder den beteiligten Personen noch den verwendeten Materialien wird ein Schaden zugefügt. Weiterhin werden sie auch zu keiner Handlung genötigt. Die Funktion des Koffers wurde für diesen Gebrauch verändert, ohne jedoch seine alte Funktion (Koffer als Beförderungsmittel von Kleidung) zu zerstören. Eine Umwandlung ist jederzeit wieder möglich.

Auf das anschauliche Denken, das zwischen vier und sieben Jahren in den Vordergrund tritt (vgl. Zimmer, 1999, S. 41 f), wurde durch den Einsatz vieler Materialien zur visuellen Wahrnehmung eingegangen, wie beispielsweise durch das „Gefühlsgesichterblatt", durch die verschiedenen Bilderbücher, durch den Gesichterwürfel oder durch die aufgemalten Gruppenregeln, die immer gut sichtbar im Raum hingen.

7.4.2.5 Gruppenname „Die mutigen Fühldetektive"

Der Sinn des Gruppennamens besteht darin, einen Bezug zu den Inhalten des Programms beziehungsweise zu den drei großen Themenbereichen

1. Stärkung des Selbstbewusstseins und der sozialen Kompetenzen
2. Empathietraining
3. Umgang mit Konflikten
   herzustellen und für die Kinder verständlich und anschaulich zu sein.

Im Folgenden wird der Name in seine verschiedenen Funktionen aufgespalten:

a) Mutig sein ist verbunden mit einem gestärkten Selbstbewusstsein;
b) Fühlen stellt eine Verknüpfung zum Empathietraining her, dessen Ziel es ist, sich in sich selbst und in andere einzufühlen und als Basis dafür verschiedene Emotionen kennen zu lernen;
c) Detektiv ist eine Person, die andere Menschen und deren Verhalten beobachtet. Aufgabe des dritten Themenbereichs ist es, neue Verhaltensalternativen in Konflikten und Selbststeuerungstechniken zu vermitteln, die teilweise auch bei Mitmenschen abgeschaut werden können.

Aus diesen drei Bestandteilen ergibt sich dann der Gruppenname „Die mutigen Fühldetektive".

7.4.3 Durchführung des Projektes

In den folgenden Tabellen werden das Thema, die Ziele und das praktische Vorgehen der einzelnen Stunden des Projektes dargestellt. Die Anfangs- und Abschlussrunde, die in jeder Einheit vorhanden sind (Punkt 2.4), werden dabei nicht mehr extra aufgeführt.

Tab. 11: 1. Stunde

Thema	Ziele	Praktisches Vorgehen
Gruppenfindungsphase	Motivationsaufbau	Teilnehmer- und Projektvorstellung
		Einführung der Handpuppe „Hanna Henne"
		Durchführung verschiedener Gruppenfindungs- und Kennenlernspiele a) Begrüßungsspiel b) Namensspiel c) ‚Luftballonspiel'
		(vgl. Zimmer, 1989)

95

In dieser Stunde wird von der Dauer und dem Ablauf des Projektes gesprochen. Die Reise im Kindergarten, bei der man viel Neues über sich selbst, über Gefühle und über schwierige Situationen kennen lernen, viel Spaß haben und viel spielen kann, wird als Projektrahmen erwähnt. Sie dient als Motivations- und Orientierungsrahmen für die Kinder.

Tab. 12: 2. Stunde

Thema	Ziele	Praktisches Vorgehen
Gruppenfindungsphase	Kennenlernen der Gruppenregeln Gruppengefühl entwickeln Schulung der Wahrnehmung für andere. Wer braucht wann meine Hilfe?	Regelbesprechung Bewegungsspiele zur Entwicklung des Gruppengefühls a) Namensspiel vom letzten Mal b) Stehbock, Freibock

Die auf ein DIN A 3 Blatt aufgemalten Regeln

a) „Jeden mitspielen lassen – keinen ausgrenzen"
b) „Zuhören"
c) „Nicht schlagen"

werden mit den Kindern besprochen. Die Regeln hängen ab dieser Stunde bei der Durchführung der Einheiten immer gut sichtbar im Projektraum.

Tab. 13: 3. Stunde

Thema	Ziele	Praktisches Vorgehen
Selbstbewusstsein und soziale Kompetenzen stärken	Aufmerksamkeit auf die eigenen Interessen und Stärken und die der anderen lenken Erfahren, welchen Eindruck ich auf andere mache	Einführung des Gruppennamens „Die mutigen Fühldetektive" Spiele zur Stärkung des Selbstbewusstseins a) ‚Das mache ich gerne' b) ‚Weißt Du noch mehr über mich?' (vgl. Baum, 1998; Verlinden & Hauke, 1984)

Tab. 14: 4. Stunde

Thema	Ziele	Praktisches Vorgehen
Selbstbewusstsein und soziale Kompetenzen stärken	Entdecken eigener Fähigkeiten	Erlernen des Refrains des Liedes „Du schaffst es ... "

	Aufeinander einstellen (bestimmen vs. folgen)	Psychomotorikeinheit mit Rollbrettern
		a) freies Bewegen mit den Rollbrettern
		b) Gruppenspiele mit den Rollbrettern
		   1. ‚Pferdekutsche'
		   2. ‚Omnibus'

		(vgl. Zimmer, 1989; Zimmer, 1993)

Vor dem Singen des Liedrefrains wird mit den Kindern über die Worte „Mut" und „etwas schaffen" und über Situationen und Erlebnisse aus ihrem Leben gesprochen, vor denen sie Angst haben und bei denen sie meinen, sie nicht zu schaffen, sie nicht bewältigen zu können. Haben sie sie dann aber doch mit Mut geschafft?

Anmerkung zur Psychomotorikeinheit: Psychomotorische Erziehung verfolgt unter anderem das Ziel, über Bewegungserlebnisse zur Stabilisierung der Persönlichkeit beizutragen. Rollbretter erfordern kaum motorische Voraussetzungen, sind bei den Kindern sehr beliebt und können in sehr vielseitige Spielsituationen eingebunden werden.

Tab. 15: 5. Stunde

Thema	Ziele	Praktisches Vorgehen
Selbstbewusstsein und soziale Kompetenzen stärken	Anregung der Kreativität der Kinder	Wiederholung des Liedrefrains aus der letzten Stunde
	Spielerische Auseinandersetzung mit seinen Stärken (und Schwächen)	Psychomotorikeinheit mit Rollbrettern a) freies Bewegen mit den Rollbrettern b) Gruppenspiel mit den Rollbrettern + Spiel mit Kegeln und Holzreifen (vor- und nachmachen)
	Förderung der Aufmerksamkeit	
	Sich im Mittelpunkt stehend erleben	(vgl. Zimmer, 1999)

Tab. 16: 6. Stunde

Thema	Ziele	Praktisches Vorgehen
Selbstbewusstsein und soziale Kompetenzen stärken	Sich selbst annehmen können Gemeinsamkeiten und Unterschiede zu Freunden, Geschwistern und Eltern finden (jeder Mensch ist einzigartig)	Bilderbuchbetrachtung „Das kleine Ich bin Ich" von Mira Lobe (1972)

Das Buch „Das kleine Ich bin Ich" (Lobe, 1972) soll den Kindern verdeutlichen, dass es zwischen Tieren beziehungsweise Menschen Gemeinsamkeiten, aber auch Unterschiede hinsichtlich des Aussehens und der Fähigkeiten gibt und dass jeder Mensch einzigartig ist.

Im Anschluss an die Buchbetrachtung wird mit den Kindern kurz darüber gesprochen, welche Gemeinsamkeiten mit sich selbst sie bei Freunden, Geschwistern oder Eltern finden.

Tab. 17: 7. Stunde

Thema	Ziele	Praktisches Vorgehen
Selbstbewusstsein und soziale Kompetenzen stärken	Einzigartigkeit jedes Menschen erkennen und für sich selbst herausarbeiten	Anknüpfung an die Bilderbuchbetrachtung von letzter Stunde

In dieser Stunde wird erneut das Thema des Bilderbuches, das in der letzten Stunde angeschaut und vorgelesen wurde, aufgegriffen.

Zuerst wird der Inhalt des Buches von den Kindern wiedergegeben. Anschließend findet ein Gespräch darüber statt, dass jeder Mensch einzigartig ist, es aber trotzdem viele Gemeinsamkeiten (äußere und innere) zu anderen Menschen gibt. Gemeinsam mit den Kindern werden Unterschiede zu ihrem sozialen Umfeld gesucht. Daneben wird jedoch auch die Einzigartigkeit jedes Menschen betont (was kann wer besonders gut, was andere nicht so gut können. Auch äußerliche Merkmale sind möglich).

Im Anschluss daran wird die Freundschaft der Tiere am Ende des Buches, als „Das kleine Ich bin Ich weiß, wer es ist", thematisiert.

Tab. 18: 8. Stunde

Thema	Ziele	Praktisches Vorgehen
Selbstbewusstsein und soziale Kompetenzen stärken	Gemeinsamkeiten finden, aber auch Einzigartigkeit erkennen	„Sitzspiel" ‚Berühren'
		Bewegungsspiel ‚Einfrieren und Auftauen'
	Aufmerksamkeit auf eigene Fähigkeiten lenken	Bewegungsspiel ‚Ich kann … '
		(vgl. Baum, 1998; Verlinden & Hauke, 1984)

Tab. 19: 9. Stunde

Thema	Ziele	Praktisches Vorgehen
Empathietraining	Kennenlernen und Benennen verschiedener Gefühle	Gespräch über Gefühle anhand eines DIN-A4-Blattes mit verschiedenen Gesichtsausdrücken
	Spielerische Schulung der Selbst- und Fremdwahrnehmung	Bewegungsspiel ‚Blindenhundführer'
	Empathiefähigkeit üben	(vgl. Sedlak & Sindelar, 1994; Zimmer, 1999)

Anhand eines DIN-A4-Blattes mit verschiedenen Gesichtsausdrücken, das in der Sitzkreismitte liegt, wird mit den Kindern über die unterschiedlichen Gefühle gesprochen. Es können beispielsweise Fragen gestellt werden wie: „Welche Gefühle kennt ihr?", „Welche Gesichter sind gleich oder ähnlich?", „Welche Gefühle kennt ihr noch, die nicht abgebildet sind?", „Könnt ihr euch an eine Situation erinnern, in der ihr Angst hattet?"

Auf diese Weise sollen die Kinder an das Thema Gefühle langsam herangeführt werden und einen Überblick über die verschiedenen Gefühle bekommen.

Dieses „Gefühlsgesichterblatt" liegt ab dieser Stunde zu Beginn jeder Einheit in der Sitzkreismitte.

Tab. 20: 10. Stunde

Thema	Ziele	Praktisches Vorgehen
Empathietraining	Kennenlernen verschiedener Ausdrucksformen von Gefühlen (hinsichtlich Mimik, Gestik und Verhalten) Erlaubnis, Gefühle zu äußern (jedoch in angemessener Form) Jedes Gefühl ist erlaubt! Empathiefähigkeit üben	Erzählrunde mit dem ‚Gefühlsgesichterblatt' über die heutige Befindlichkeit Betrachten von verschiedenen Gefühlsausdrücken anhand von großen Fotos von Menschen Bewegungsspiel ‚Die Reise ins Land der Freude, – der Wut, – des Trotzes ...' (vgl. Tausch, Langer et al., 1975; Zimmer, 1998)

Beim Betrachten von verschiedenen Gefühlsausdrücken anhand von großen Fotos von Menschen werden zusammen mit den Kindern fünf Gesichter mit verschiedenen Gefühlen angeschaut. Die Kinder sollen beschreiben, welches Gefühl sie erkennen und woran sie es erkennen. Welche Mimik und welche Gestik ist typisch für welches Gefühl?

Es wird herausgearbeitet, dass es trotz zahlreicher Gemeinsamkeiten in der Gefühlsäußerung auch Unterschiede gibt. Manche Menschen zeigen beispielsweise ihre Freude dadurch, dass sie herumspringen, andere klatschen in die Hände, etc. Daran anschließend sollen die Kinder von eigenen Situationen berichten, in denen sie bestimmte Gefühle erlebt haben und auf welche Weise sie sie ausgedrückt haben.

Tab. 21: 11. Stunde

Thema	Ziele	Praktisches Vorgehen
Empathietraining	Empathiefähigkeit üben a) Erkennen und Annehmen verschiedener Gefühle b) Spüren, wie sich die verschiedenen Gefühle anfühlen c) Erkennen, dass das gleiche Gefühl von verschiedenen Personen unterschiedlich ausgedrückt werden kann	Spiel mit dem ‚Gesichterwürfel' Gefühle raten anhand von ‚Gefühlskarten' (vgl. Aliki, 1994)

Bei dem Spiel mit dem ‚Gesichterwürfel' darf jedes Kind der Reihe nach einmal würfeln. Das erwürfelte Gesicht wird von den Kindern benannt und in eigener Mimik und teilweise auch Gestik dargestellt.

Der Ablauf des Gefühleratens stellt sich wie folgt dar:

Jedes Kind bekommt der Reihe nach eine Gefühlskarte, auf der jeweils ein Gefühl abgebildet ist. Dieses Gefühl soll von dem Kind, das an der Reihe ist, pantomimisch dargestellt werden. Aufgabe der anderen Kinder ist es, dieses Gefühl zu erraten und anschließend zu erklären, woran sie es erkannt haben.

Darüber hinaus kann mit den Kindern erneut über unterschiedliche Ausdrucksweisen von Gefühlen gesprochen werden.

Tab. 22: 12. Stunde

Thema	Ziele	Praktisches Vorgehen
Empathietraining	Vertiefung des Themas Gefühle, vor allem mit Blick auf die große Anzahl verschiedener Gefühle	Erzählrunde mit dem ‚Gefühlsgesichterblatt' über die heutige Befindlichkeit
	Bildhafte Vorstellung des Themas ermöglichen	Betrachtung des Buches ‚Der Seelenvogel' von Snunit (1991)
	Blick nach innen lenken	
	Verdeutlichen, dass Gefühle schnell und plötzlich kommen, aber auch wieder gehen können	

In dem Buch ‚Der Seelenvogel' (Snunit, 1991) geht es um verschiedene Gefühle, die der Seelenvogel, der in jedem Menschen seit der Geburt wohnt, in Schubladen in sich trägt.

Tab. 23: 13. Stunde

Thema	Ziele	Praktisches Vorgehen
Empathietraining	Gefühle mit aktuellen Situationen in Verbindung bringen	Spiel mit dem ‚Gesichterwürfel'
	Gefühle ganzheitlich erleben und beschreiben	Bewegungsspiel ‚Gefühle vor- und nachmachen'
	Verschiedene Ausdrucksformen von Gefühlen kennen lernen	Fotoshooting

Beim Spiel mit dem ‚Gesichterwürfel' soll jedes Kind anhand des ‚Gesichterwürfels' ein Gefühl auswählen, das seiner momentanen Stimmungslage entspricht und es mit einem aktuellen Erlebnis verknüpfen (begründen, warum es sich gerade so fühlt).

Bei diesem Spiel wird unter anderem der Blick darauf gelenkt, dass man in unterschiedlichen Situationen unterschiedliche Gefühle hat.

Beim Fotoshooting werden von jedem Kind zwei Fotos mit zwei unterschiedlichen Gesichtsausdrücken (nach freier Wahl) gemacht.

Auf diese Weise wird festgehalten, dass jeder Mensch verschiedene Gefühle hat, die legitim und auch sinnvoll sind. Kein Mensch ist beispielsweise immer nur gutgelaunt, nur aggressiv oder nur gelangweilt.

Tab. 24: 14. Stunde

Thema	Ziele	Praktisches Vorgehen
Umgang mit Konflikten	Verschiedene Konfliktlösungsmethoden kennen lernen Umgang mit Konflikten, vor allem in Bezug auf Versöhnung üben	‚Bearbeiten' eines Konfliktbeispiels Singspiel ‚Der Kuckuck und der Esel' (vgl. Kaiser, 2002)

Beim ‚Bearbeiten' eines Konfliktbeispiels sollen die Kinder von eventuell aufgetretenen Streitsituationen aus der letzten Zeit berichten. Gemeinsam wird dann überlegt, welche verschiedenen Möglichkeiten zur Streitschlichtung in dem entsprechenden Fall geeignet wären.

Je nach Zeit können ein oder mehrere Konflikte besprochen werden.

Nach dem Singspiel „Der Kuckuck und der Esel"(Kaiser, 2002) wird mit den Kindern darüber gesprochen, warum es gut ist, sich nach einem Streit wieder zu versöhnen und wie sie sich am Anfang und am Ende des Spiels gefühlt haben.

Tab. 25: 15. Stunde

Thema	Ziele	Praktisches Vorgehen
Umgang mit Konflikten	Kennenlernen und Erproben von Möglichkeiten zum Abbau von Spannungen und Wut (Selbststeuerungstechniken)	Erzählrunde mit dem ‚Gefühlsgesichterblatt' über die heutige Befindlichkeit, verknüpft mit der auslösenden Situation
		Kreisspiel ‚Der schnelle Schrei'
		Übung ‚Brüllkoffer'
		(vgl. Lichtenegger, 1997; Kaiser, 2002)

Das Kreisspiel ‚Der schnelle Schrei' ist vergleichbar mit dem Spiel ‚Flüsterpost'. Anstelle eines geflüsterten Wortes wird im erstgenannten ein Schrei von einem Kind zum anderen weitergegeben.

Im Anschluss an dieses Spiel wird mit den Kindern darüber gesprochen, wie sie sich vor und nach dem Spiel gefühlt haben. Wie war es, angeschrien zu werden? Auf diese Weise wird reflektiert, ob das Anschreien von anderen Personen die richtige und einzige Möglichkeit ist, Spannungen abzubauen (Wie geht es mir und den anderen damit?).

An diese Überlegungen knüpft die Übung mit dem ‚Brüllkoffer' an, bei der die Kinder nacheinander einmal in einen Kosmetikkoffer oder einen Eimer so lange und so laut sie wollen hineinschreien dürfen.

Im Anschluss an die Übung findet ein kurzes Gespräch mit den Kindern darüber statt, wie ihnen diese Möglichkeit zum Wutabbau gefallen hat.

Der Vorteil dieser Methode ist, dass sie sozialverträglich und leicht ein- und umsetzbar ist!

Tab. 26: 16. Stunde

Thema	Ziele	Praktisches Vorgehen
Umgang mit Konflikten	Eigene Möglichkeiten zur Konfliktlösung kennen lernen (Selbststeuerungstechniken)	Erzählrunde mit dem ‚Gefühlsgesichterblatt' über die heutige Befindlichkeit
		Malübung
		Bewegungsspiel ‚Einfrieren und Auftauen'
		(vgl. Vogt-Hillmann & Burr, 2002)

Bei der Malübung bekommt jedes Kind zwei Blätter. Auf das erste soll es etwas malen, was es wütend macht und auf das zweite eine Möglichkeit, wie man damit umgehen kann.

Vor dieser Übung wird mit den Kindern über Konflikte, die sie in der letzten Zeit hatten, gesprochen, um sie zu dem Thema hinzuführen.

Tab. 27: 17. Stunde

Thema	Ziele	Praktisches Vorgehen
Umgang mit Konflikten	Umgang mit schönen und unangenehmen Gefühlen (Selbststeuerungstechniken)	Erzählrunde mit dem ‚Gefühlsgesichterblatt' über die heutige Befindlichkeit
	„Nein" sagen lernen	Betrachten des Bilderbuches ‚Schön & blöd' von Enders & Wolters (1996)

Gemeinsam mit den Kindern wird das Bilderbuch ‚Schön & blöd' (Enders & Wolters, 1996) angeschaut, und es werden Bezüge zu ihrem eigenen Leben hergestellt:

- Welche Situationen kennen sie, in denen sie entweder schöne oder blöde Gefühle hatten?
- Wie haben sie sich in diesen Situationen verhalten?
- Welche anderen Verhaltensweisen gibt es?
- Fällt es schwer, „Nein" zu sagen?
- Wer könnte helfen? usw.

„Nein" zu sagen, ist in Konflikten oft sehr hilfreich, da es sich um eine verbale Form der Konfliktlösung handelt und man sich selbst behaupten kann, ohne gewalttätig zu werden. „Nein" sagen, beugt häufig eskalierenden Situationen vor.

Tab. 28: 18. Stunde

Thema	Ziele	Praktisches Vorgehen
Umgang mit Konflikten	„Nein" sagen lernen Möglichkeiten zum Abbau von Wut und Spannungen kennen lernen und erproben (Selbststeuerungstechniken)	Erzählrunde mit dem ‚Gefühlsgesichterblatt' über die heutige Befindlichkeit Endbetrachtung des Bilderbuches ‚Schön & blöd' von Enders & Wolters (1996) Kennenlernen und Erproben von zwei verschiedenen Methoden zum Abbau von Wut und Spannungen a) Streiten in Phantasiesprache b) ‚Luftboxen' (vgl. Kaiser, 2002)

Da man mit Wut im Bauch keine sinnvolle Konfliktlösung zustande bringen kann, ist es wichtig, erst einmal die Wut und die mit ihr entstehende Spannung abzubauen.

Die zwei Methoden Streiten in Phantasiesprache und Luftboxen ermöglichen den Kindern, Spannungen relativ gut und schnell zu lösen, ohne dem anderen sehr weh zu tun.

Ein zusätzlicher Pluspunkt ist außerdem, dass in den meisten Fällen ziemlich schnell wieder gelacht wird.

Beim Luftboxen kommt zusätzlich dazu, dass Luftschläge auch Kraft kosten, Wut in Bewegung umgewandelt wird und deswegen die Wut verhältnismäßig schnell abgebaut werden kann.

Tab. 29: 19. Stunde

Thema	Ziele	Praktisches Vorgehen
Umgang mit Konflikten	Verhaltensalternativen in Konflikten kennen lernen und erproben a) Hineinversetzen in verschiedene Rollen b) eigene Konfliktlösungsmethoden entwickeln und spielerisch ausprobieren c) neue Verhaltensalternativen in Konflikten kennen lernen	Thema Abschied nehmen wird von der Handpuppe Hanna Henne kurz angesprochen Erzählrunde mit dem ‚Gefühlsgesichterblatt' über die heutige Befindlichkeit, verknüpft mit der auslösenden Situation Bilderbuchbetrachtung ‚Die Flirpse' (Stadt Nürnberg, 1996) mit anschließendem Rollenspiel Wiederholung der ‚Brüllkoffer'-Methode aus der 14. Stunde („Die Flirpse", Stadt Nürnberg, 1996)

Gemeinsam mit den Kindern wird die Geschichte ohne Schluss ‚Bei den Flirpsen gibt es Streit' aus dem Buch ‚Die Flirpse' angeschaut und vorgelesen.

Danach wird gemeinsam überlegt, wie die Geschichte ausgehen kann. Die verschiedenen Möglichkeiten werden in Rollenspielen ausprobiert und reflektiert.

Tab. 30: 20. Stunde

Thema	Ziele	Praktisches Vorgehen
Abschied nehmen	Rückblick auf das Projekt Gruppenlösung Erinnerung	Reflexion des Projektes mit der ‚Igelfrau' (Handpuppe) Backen einer Henne oder eines Hühnereies Abschlusskreis mit Verteilung von ‚Gesichterwürfeln'

Mit Hilfe der ‚Igelfrau', die mit der Handpuppe Hanna Henne zusammenwohnt und daher schon viel von der Projektgruppe gehört hat, wird das Projekt reflektiert:

- Woran können sich die Kinder noch erinnern?
- Was war besonders schön?

Das anschließende Backen einer Henne oder eines Hühnereies soll die Reflexion vertiefen durch den Bezug zur Handpuppe Hanna Henne, die eine Motivations- und Identifikationsfigur während des Projektes darstellte.

Zum Abschluss findet eine Verabschiedung vor allem durch Hanna Henne statt, die sich bei den Kindern für die schöne und interessante Reise durch den Kindergarten mit den vielen neuen Erfahrungen bedankt und jedem Kind als Andenken einen „Gesichterwürfel" schenkt.

7.4.4 Evaluation

Zur Ergebnis-Evaluation wurde der Verhaltensbeobachtungsbogen VBV 3–6 (s.o.) eingesetzt, der von den ErzieherInnen und den Eltern der Kinder in der Durchführungs- und in einer Kontrollgruppe vor und nach Programmdurchführung ausgefüllt wurde.

Nach jeder Stunde wurde von der Trainerin ein eigens entwickelter Protokollbogen ausgefüllt.

Aus den Ergebnissen der Mittelwertberechnungen des VBVs 3–6, der T-Tests und der Mittelwertberechnungen des eigenen Beobachtungsbogens ist – unter der Einschränkung der kleinen Stichprobe – eine Effektivität des Gewaltpräventionsprojektes zu erkennen:

In der Durchführungsgruppe (DG) zeigten sich Mittelwertsunterschiede im Test VBV 3–6 im Prä/Post-Vergleich sowohl bei den Eltern- als auch bei den ErzieherInnenurteilen in Richtung einer Reduktion der „Auffälligkeitsscores"; die Veränderungen waren in den Skalen AG (Oppositionell-aggressives Verhalten), Aufmerksamkeitsschwächen und EM (Emotionale Auffälligkeiten) statistisch signifikant. Bei der Kontrollgruppe (KG) wurde in keinem Bereich eine signifikante Verbesserung erkennbar.

Hinsichtlich des Beobachtungsbogens der Kursleiterin, der in jeder Stunde zum Einsatz kam, konnte bei allen Items, die sich fast ausschließlich auf die Themenschwerpunkte des Projektes beziehen, ein zufriedenstellender Verlauf verzeichnet werden. Die gelegentlichen körperlichen Angriffe wurden im Allgemeinen weniger, das Selbstvertrauen stärker und der Ausdruck von Gefühlen beständiger.

Letztlich kann, trotz bekannter Schwierigkeiten einer Effektmessung bei Präventionsprogrammen und unter Berücksichtigung der geringen Stichprobengröße, eine Effektivität des Projektes verzeichnet werden!

Bezugnehmend auf die Aussage von Alfred Adler, *„Ein Gramm Vorbeugung ist kostbarer als ein Kilo Krankenbehandlung"* (Adler, 1976, S. IX), kann mit Blick auf die Ergebnisse des Projektes festgehalten werden, dass Präventionsprogramme eine gute Basis für prosoziales Verhalten schaffen können. Auf diese Weise wird den Kindern die Möglichkeit für eine positivere Entwicklung gegeben, und die Eltern können in der Erziehung ihrer Kinder frühzeitig unterstützt werden.

7.5 Prävention in der Grundschule – ein konkretes Programm für den Grundschulbereich

Katrin Isele

7.5.1 Einleitung

Im folgenden Artikel wird die Entwicklung, Durchführung und Evaluation eines Projektes zur Gewaltprävention in der Grundschule geschildert. Die Idee für das Projekt Gewaltprävention entstand aufgrund der Literatur, die einstimmig sehr negative Perspektiven und Entwicklungsprognosen für Kinder mit aggressivem und gewalttätigem Verhalten vorhersagt (vgl. Wild et al., 2001, S. 187; Krannich et al., 1997, S. 237; Scheithauer & Petermann, 2000, S. 196 f). So ist begründet, dass möglichst frühe Maßnahmen notwendig sind, damit solche Verhaltensweisen gar nicht erst entstehen können. Da im Mittelpunkt des Interesses nicht bereits auffällige Kinder stehen sollten, sondern solche, die in keiner besonderen Weise belastet sind, und das Projekt möglichst frühzeitig angesetzt werden sollte, erschien die Grundschule als geeigneter Ort zur Durchführung.

Schwerpunktmäßig werden auf den folgenden Seiten das Konzept, das Trainings-Manual und die Evaluation beschrieben.

7.5.2 Konzept

7.5.2.1 Theoretischer Hintergrund

Das Konzept für das Gewaltpräventionsprogramm beruht auf theoretischen Erkenntnissen aus verschiedenen Bereichen: So spielt der Entwicklungsstand von Kindern in diesem Alter eine wichtige Rolle. Besonders wichtig schien hier die Betrachtung von Kompetenzen von acht- bis neunjährigen Kindern, die Zielgruppe des Programms sind.

Das Thema ‚Entstehung von Aggression bzw. Gewalt' hat Fröhlich-Gildhoff in diesem Band in Kapitel 4 ausführlich behandelt. Es werden daher nur ergänzende Befunde zu der spezifischen Zielgruppe referiert.

Die Auseinandersetzung mit grundlegenden Theorien der Prävention wurde als notwendig angesehen, um mit dem Projekt Gewaltprävention wissenschaftlich geforderten Kriterien gerecht zu werden.

Da das Programm auf die Schule bezogen ist, wurde vor allem auf das Thema Gewalt und Aggressionen in dieser Institution eingegangen. Dabei spielten der aktuelle Forschungsstand, das Ausmaß, die Risikofaktoren und die Möglichkeiten der Schule, dem entgegenzuwirken, eine zentrale Rolle.

Der Entwicklungsstand von Kindern im Grundschulalter

Ausgehend von bereits erprobten und evaluierten Konzepten zu Schülerprogrammen der primären Gewaltprävention in Grundschulen wurden im Projekt entwicklungspsychologische Theorien zu den Defiziten aggressiver Kinder bzw. den Ressourcen, die aktiviert werden müssen, um solch einem Verhalten vorzubeugen, umgesetzt (vgl. Schick & Ott, 2002, S. 772 f). So musste der kognitive und sozial-emotionale Entwicklungsstand von Kindern in diesem Alter besonders berücksichtigt werden: Bei Kindern im Alter von 8 bis 9 Jahren befindet sich die geistig-intellektuelle Entwicklung im Vordergrund und bildet mit dem konkret-operativen Stadium nach Piaget eine entscheidende Lernphase. Die kognitiven Erkenntnisse, die in diesem Stadium gewonnen werden, befähigen die Kinder zur Entwicklung einer Moral und zur Herstellung eines eigenen Wertesystems. Dies sind Grundlagen für einen Umgang ohne Gewalt und Aggressionen. Die Moralvorstellung orientiert sich sehr stark an dem Gerechtigkeitsgefühl und befindet sich bereits auf der Stufe der autonomen Moral bzw. auf dem konventionellen Niveau nach Kohlberg. Außerdem entwickeln sich im Grundschulalter die Fähigkeiten zur Perspektivenübernahme, die als selbst-reflexiv beschrieben werden können.

Im Bereich der Emotionen entwickelt ein Kind immer mehr Verständnis für das eigene Verhalten und für das Verhalten von anderen. So sollten in Bezug auf die Selbststeuerung auch eigene Bedürfnisse ohne die Verletzung anderer befriedigt werden können.

In diesem Alter macht ein Kind zum ersten Mal viele bewusste Erfahrungen hinsichtlich seiner Kompetenzen und sieht sich im sozialen Vergleich zu anderen Kindern. Somit ist hier genau der richtige Zeitpunkt, um dem Kind viele solcher positiven Erfahrungen zu ermöglichen, da es für diese besonders sensibel ist. Außerdem ist es dem Kind möglich, klarer zwischen Selbst- und Fremdbild zu unterscheiden. Maßnahmen zur Förderung des Zusammengehörigkeitsgefühls sorgen dafür, dass sich der soziale Vergleich nicht in ein Konkurrenzdenken entwickelt und keine Rücksicht auf andere genommen wird. Mit dem sozialen Vergleich kann sich auch die Selbsteinschätzung verändern. Das hat Auswirkungen auf das Selbstwertgefühl, das Selbstbewusstsein und die Selbstwirksamkeit des Kindes.

Das Leben eines Kindes mit 8 bzw. 9 Jahren spielt sich in verschiedenen Zonen ab, wobei der Einfluss von Gleichaltrigen immer bedeutender wird, während der Einfluss der Eltern schrittweise abnimmt. Ein zentrales Erfahrungsfeld bilden die ökologischen Ausschnitte mit der Schule als wichtigster Instanz. Auf diese Weise entstehen auch die sozialen Kompetenzen durch die Interaktion mit Gleichaltrigen (vgl. Baacke, 1999, S. 115).

Aggression und Gewalt

Die Hauptursachen für das aggressive Verhalten werden in einem mangelnden Selbstwertgefühl, einer unzureichenden Selbst- und Fremdwahrnehmung, einer fehlenden Selbststeuerung und fehlenden sozialen Kompetenzen gesehen. Das bedeutet, dass man diese Bereiche durch Prävention positiv beeinflussen und trainieren muss, damit aggressives Verhalten und Gewalt gar nicht erst entstehen können. So nennen Scheithauer & Petermann Resilienz- und Schutzfaktoren, die das Risiko für die Entstehung von aggressivem Verhalten vermindern können. Neben Bedingungen, die durch solch ein Programm nicht zu verändern sind, wie beispielsweise Geschlecht, erstgeborenes Kind oder familiärer Zusammenhalt, kann man die Faktoren positives Sozialverhalten, Selbstwertgefühl und Selbstwirksamkeitsüberzeugung sowie ein aktives Bewältigungsverhalten und die Schutzfaktoren im sozialen Umfeld, wie soziale Unterstützung, positive Freundschaftsbeziehungen und positive Schulerfahrungen, aktiv beeinflussen (vgl. Scheithauer & Petermann, 2000, S. 205).

Auch die möglichen altersabhängigen Erscheinungsformen von aggressivem Verhalten kommen zum Tragen: Studien mit Kindern im Alter von einem bis acht Jahren zeigen, dass mit zunehmendem Alter ein Rückgang zielloser Aggressionen zu erkennen ist, während die Sprachbenutzung, aggressive Handlungen aus Rachegründen und Aggressionen, die gezielt gegen Personen gerichtet sind, zunehmen: „Die Entwicklungsgewinne in den sozial-kognitiven Funktionen befähigen das Kind zu differenzierteren Beurteilungen der Motivation aggressiver Handlungen und zu einer darauf abgestimmten Rechtfertigung einer aggressiven Vergeltung" (Schmidt-Denter, 1996, S. 219). Eine ähnliche Feststellung trifft Dornes: „Zwei- bis vierjährige Kinder sind meistens (nicht immer) instrumentell-aggressiv. Ab vier bis fünf Jahren nehmen instrumentell-aggressive Handlungen insgesamt ab, und verbale Aggression nimmt zu. Zugleich kommt es zu einem Anstieg verbaler feindseliger Aggression" (2003, S. 268).

Im Grundschulalter stimmt die Selbst- und Fremdeinschätzung bezüglich aggressiven Verhaltens häufig noch nicht überein. „So schätzen z.B. Kinder im Grundschulalter eigene aggressive Handlungen häufig selber nicht als aggressiv ein, wenn sie reaktiv handeln, also glauben, zu ihrem Verhalten provoziert worden zu sein" (Borg-Laufs, 1997, S. 92).

Zusammenfassend ist zu sagen, dass die Entwicklung von Aggressionen im Zusammenhang mit der allgemeinen kognitiven, emotionalen und sozialen Entwicklung zu sehen ist: „(...) Fortschritte im problemlösenden Denken können sich unter anderem auch im Ausdenken ‚raffinierter' Aggressionsformen äußern" (Nolting, 2002, S. 186).

Prävention

Damit sich Präventionskonzepte als effektiv erweisen, müssen verschiedene Anforderungen an sie gestellt werden. So sollten die Programmbausteine mehrere Komponenten beinhalten, damit sie erfolgreich sind (vgl. Hurrelmann & Settertobulte, 2000, S. 132). Neben der Vermittlung von Informationen und Instruktionen sollten auch Verhaltenskompetenzen trainiert werden und affektive Komponenten wie beispielsweise das Selbstwertgefühl erhöht werden (vgl. Karstedt, 2001, S. 18 f). Griffel ergänzt, dass Prävention nur wirkungsvoll ist, wenn sie mit ganzheitlichen Methoden arbeitet, „(...) die die Person auf allen Ebenen des Fühlens, Denkens und Handelns sowie mit allen Sinnen ansprechen" (2000, S. 80).

Das Konzept muss außerdem eine Akzeptanz seitens der Betroffenen erfahren.

Dazu ist es notwendig, das Umfeld genau darüber zu informieren, um die notwendige Unterstützung zu erlangen. Zum Nachweis der Effektivität ist eine Evaluation erforderlich, die in der Hauptsache die angestrebten Ziele überprüft (vgl. Hurrelmann & Settertobulte, 2000, S. 145 f). Dies wird aber nach Karstedt in Deutschland noch viel zu selten durchgeführt. „Hier fehlt ein konsequentes Evaluationsprogramm, wie es in anderen Ländern, vor allem in den USA, den Niederlanden, den skandinavischen Ländern oder Großbritannien betrieben wird" (2001, S. 11).

Die Schule

Die Schule wird zunehmend zu einer wichtigen Instanz in der Lebenswelt des Kindes. Einer klaren Struktur, einer guten Kommunikation zwischen Lehrern und Schülern und einem positiven Schulklima kommt so eine wichtige Bedeutung bei der Entstehung bzw. Auslösung aggressiven Verhaltens zu.

„Insgesamt lässt sich jedoch festhalten, dass der Einfluss schulischer Faktoren auf Gewaltaktivitäten bei weitem nicht so hoch ist wie der Einfluss der Familie und peer group. Dennoch ist der schulische Faktor so bedeutend, dass es sich lohnt, pädagogische Maßnahmen zu ergreifen" (Karstedt, 2001, S. 16). Tillmann et al. schätzen den Einfluss der Schule aufgrund ihrer durchgeführten Studien ambivalent ein. „Es konnte gezeigt werden, dass eine reformpädagogisch orientierte Lernkultur und ein zugewandtes, um Integration bemühtes Schulklima positive Auswirkungen haben: Eine solche schulische Umwelt wirkt gegenüber Gewaltaktivitäten von Jugendlichen dämpfend und abfedernd. Doch zugleich machen die hier gefundenen statistischen Kennwerte auch deutlich, dass dieser Einfluss begrenzt ist" (2000, S. 238). Insgesamt betrachtet, erweisen sich außerschulische Bedingungsfaktoren für die Entstehung von Gewalt in schulischen Kontexten als sehr relevant. Starken Einfluss übt hier der familiäre Hintergrund der Schüler aus (vgl. ebd., S. 198). So gesehen ist die Schule ein Ort, in den Gewalt durch außerschulische Sozialisationsbedingungen hineingetragen wird. Dennoch können schulstrukturelle Faktoren aggressives Verhalten begünstigen bzw. eindämmen. Da die Schule über einen langen Zeitraum das Leben von Kindern und Jugendlichen bestimmt, übt sie auch einen starken Einfluss auf deren Verhalten aus. So wird empfohlen, dass Schulen entsprechende Programme durchführen: „Schulen sind daher eine wichtige Instanz für die Entwicklung sozialer Kompetenzen von Kindern und für die Umsetzung gewaltpräventiver Maßnahmen" (Schick & Ott, 2002, S. 767). Hinzu kommt, dass aufgrund der Schulpflicht alle Kinder in der Schule erreichbar sind und die Schulzeit eine sensible Phase für die Aneignung und Stabilisierung von Verhaltensweisen darstellt. Außerdem wirkt sich die Struktur des Systems der Schule positiv auf die Organisation und Evaluation solcher Maßnahmen aus (vgl. Freitag, 2001, S. 24 f).

7.5.2.2 Praktische Umsetzung

Zielgruppe

Die Zielgruppe des Programms zur Gewaltprävention bilden Kinder im Grundschulalter, speziell solche Kinder, die die dritte Klasse besuchen, da positive Effekte vor allem dann zu erwarten sind, wenn die Kinder noch jung sind und somit wenig differenzierte Verhaltensweisen vorweisen (vgl. Scheithauer & Petermann, 2000, S. 206). In diesem Alter kann man durch Prävention der Entwicklung von aggressiven Verhaltensmustern und Einstellungen entgegenwirken und prosoziales Verhalten aufbauen (vgl. Hurrelmann & Settertobulte, 2000, S. 132).

Da es sich um ein Programm der primären Prävention handelt, erfolgt die Durchführung des Projektes mit einer gesamten Klasse, die als ein natürliches System angesehen wird, in dem es zu Akten der Aggression und Gewalt kommen kann. Es ist nicht auf eine bestimmte Risikogruppe zugeschnitten und hat folglich nicht zum Ziel, bereits vorhandene Defizite zu beheben. Das Programm möchte stattdessen deren Entstehung frühzeitig vorbeugen, damit Gewalt und Aggressionen erst gar nicht entstehen können.

Trainingsbereiche und -ziele

Als Grundlage für Sozialverhalten ohne Gewalt und Aggressionen sollten in den Einheiten des Programms Gewaltprävention verschiedene Sozialkompetenzen gefördert und gestärkt werden. Es wird dabei davon ausgegangen, dass aggressives Verhalten und Gewalt eingesetzt werden, wenn keine Verhaltensalternativen gesehen werden. So sollen die Schüler für ihr eigenes (Sozial-)Verhalten sensibilisiert werden sowie Einflussmöglichkeiten positiven Sozialverhaltens aufgezeigt bekommen und entwickeln können. Sie sollen in ihrer persönlichen und sozialen Entwicklung unterstützt werden, soziales Lernen soll initiiert werden, und soziale Kompetenzen sollen gefördert werden. Diese Faktoren sind im Kontext der Schule unabdingbar, um sich in das System integrieren zu können. Eine gelungene Integration beugt wiederum aggressivem Verhalten vor.

Es handelt sich um ein personenzentriertes Programm, da sich die Interventionen auf das Individuum selbst beziehen und Personenmerkmale beeinflusst sowie individuelle Kompetenzen gefördert werden sollen (vgl. Hurrelmann & Settertobulte, 2000, S. 137). So umfassen die Einheiten des Projektes die Bereiche Selbst- und Fremdwahrnehmung, Umgang mit Gefühlen und Umgang mit negativen Emotionen sowie mit Konflikten.

Bei der Verbesserung und Förderung der Selbst- und Fremdwahrnehmung geht es hauptsächlich um das bessere Kennenlernen von sich selbst und von anderen sowie um die Übung des Einfühlungsvermögens und um die Stärkung des

Selbstwertgefühls. Diese Fähigkeiten und Fertigkeiten bilden die Voraussetzungen für die weiteren Einheiten, denn ein starkes Selbstwertgefühl trägt dazu bei, dass ein Kind mit negativen Emotionen und Konflikten konstruktiv umgehen kann. Dies gilt auch umgekehrt, da die Kinder durch konstruktiv gelöste Konflikte Selbstbewusstsein und ein angemessenes Sozialverhalten entwickeln (vgl. Griffel, 2000, S. 32 ff).

Mit der Übung des Einfühlungsvermögens soll erreicht werden, dass sich die Kinder besser in andere hineinversetzen können. Dies kann durch das bessere Kennenlernen und durch das Wissen von Stärken und Schwächen der einzelnen Personen innerhalb der Gruppe verstärkt werden. So wird auch eine vertrauensvolle Atmosphäre geschaffen, die den Kindern Sicherheit und Orientierung bietet. Des Weiteren gilt, dass „Kinder, die sich einfühlen, (…) auch eher die Auswirkungen ihres Handelns abschätzen [können]. Sie werden sich selbst und anderen weniger unbeabsichtigten Schaden zufügen" (ebd., S. 31). Der Umgang mit Gefühlen bedeutet, dass die SchülerInnen lernen sollen, verschiedene Gefühle bei sich und bei anderen wahrzunehmen und auszudrücken. Sie sollen außerdem erfahren, dass Gefühle sehr individuell sind und verschiedene Menschen auf die gleichen Dinge unterschiedlich reagieren können (‚Jeder ist anders'). Die Wichtigkeit dieser Thematik zeigen mehrere Studien, aus denen bekannt ist, „(…), dass das Umgehen mit Gefühlen für die Entwicklung von Sozialverhalten von zentraler Bedeutung ist" (Petermann et al., 1997, S. 37).

Im Umgang mit negativen Emotionen und Konflikten sollen die SchülerInnen erfahren, dass es verschiedene Lösungen für eine Situation oder ein Problem gibt. Konflikte sind alltäglich, und deshalb geht es nicht darum, Konflikte zu vermeiden. Es gilt, den gewaltfreien Umgang mit Konflikten zu üben und somit das Verhaltensrepertoire in Bezug auf die Konfliktaustragung zu erweitern, da ungelöste Konflikte zu aggressiven Handlungen ausarten können (vgl. Martin, 1999, S. 171). Dabei sollen die SchülerInnen lernen, Konflikte so zu lösen, dass es weder Gewinner noch Verlierer gibt. Außerdem sollen sie grundlegende Fertigkeiten und Erfahrungen zum Erkennen von negativen Gefühlszuständen bei sich und bei anderen erwerben und individuelle Ausdrucks- und Bewältigungsmöglichkeiten von diesen kennen lernen, um besser mit ihnen umgehen zu können. Da Aggressionen und Gewalt häufig aus dem Gefühl der Wut oder des Ärgers heraus entstehen, wird dieser Bereich intensiv behandelt. So können schwierige Situationen nicht mehr als Belastung, sondern als Herausforderung betrachtet werden.

Am Ende werden die Inhalte des gesamten Projektes wiederholt, und es soll ein angenehmer Abschluss der Einheiten stattfinden, mit dem Ziel alles in Erinnerung zu behalten und über die Reflexion des Gelernten einen Transfer in den Alltag zu erreichen.

Aufbau des Programms

Tab. 31: Aufbau des Programms

Themenkomplex	Zielsetzungen	Einheit
Selbst- und Fremdwahrnehmung	• besseres Kennenlernen von sich selbst und von anderen • Übung des Einfühlungsvermögens • Stärkung des Selbstwertgefühls	1 2 3
Umgang mit Gefühlen	• versch. Gefühle bei sich und bei anderen wahrnehmen und ausdrücken • Gefühle sind sehr individuell, und man kann auf die gleichen Sachen anders reagieren („jeder ist anders")	3 4
Umgang mit negativen Emotionen und Konflikten	• es gibt viele versch. Lösungen für einen Konflikt/ein Problem • Üben des gewaltfreien Umgangs mit Konflikten • Erweitern des Verhaltensrepertoires in Bezug auf die Konfliktaustragung • Erwerb von grundlegenden Fertigkeiten zum Erkennen von neg. Gefühlszuständen bei sich und bei anderen und Kennenlernen von individuellen Ausdrucks- und Bewältigungsmöglichkeiten von diesen	5 6 7
Wiederholung	• Wiederholung der Inhalte des gesamten Programms • angenehmer Abschluss des Projektes	8

Aus Tab. 31 ist herauszulesen, dass das Programm zur Gewaltprävention acht Einheiten umfasst. Sie sind jeweils für die Dauer von 45 Minuten (eine Schulstunde) angelegt. Optimalerweise sollten diese zwei Mal pro Woche stattfinden, damit der Abstand zwischen den Einheiten nicht zu groß ist und man auf die Themen, Inhalte und Erfahrungen der vergangenen Einheiten zurückgreifen und an sie anknüpfen kann.

Das Programm ist nach dem Baukastensystem aufgebaut. Das bedeutet, dass innerhalb eines Themenbereiches die Materialien und Methoden zu einer bestimmten Zielsetzung wählbar sind. So lässt sich beispielsweise das Vorgehen ausweiten oder verkürzen, und man kann einzelne Spiele oder Übungen verlängern, auslassen oder wiederholen. Allerdings darf die Reihenfolge der Themenkomplexe nicht vertauscht werden, da das Erreichen der Ziele sonst gefährdet ist (vgl. Petermann & Petermann, 2001, S. 112 f).

Die einzelnen Einheiten laufen alle nach einem einheitlichen Schema ab. Man spricht hierbei von einem ritualisierten Ablauf. Dadurch werden die Einheiten strukturiert und die SchülerInnen bekommen eine verlässliche Orientierung. „Nach Einführung eines Rituals stellt dies etwas Vertrautes und Bekanntes für die Schülerinnen und Schüler dar und kann Stabilität, Verlässlichkeit, Sicherheit und Vorfreude vermitteln, also ‚Halt' bieten" (Aßhauer et al., 1999, S. 20). Im Trainingsprogramm sieht der allgemeine Ablauf einer Einheit so aus, dass nach der Begrüßung eine kurze Wiederholung der letzten Einheit folgt und anschließend die vereinbarten Regeln betrachtet werden. Danach soll ein Spiel oder eine Übung die SchülerInnen auflockern und sie inhaltlich auf das jeweilige Thema einstimmen, welches durch verschiedene Methoden bearbeitet wird. Jede Einheit wird mit einer sog. gemeinsamen ‚Abschlussrakete' beendet. Durch diesen vorgegebenen Rahmen bekommen die SchülerInnen ein Maß an Vertrautheit und Sicherheit vermittelt.

Die pädagogische Umsetzung der thematischen Inhalte erfolgt durch verschiedene kreative Methoden der sozialen Gruppenarbeit, wobei differenzierte Methoden, praktische Übungen und Spiele zum Einsatz kommen. Nach jeder Übung findet eine ausführliche Auswertungs- und Besprechungsphase statt, in der die SchülerInnen aufgefordert werden, ihre Erfahrungen zu überdenken und mitzuteilen. Es kommen folgende Elemente der sozialen Gruppenarbeit zum Einsatz: Interaktionsspiele, Übungen in Einzel- oder in Gruppenarbeit, Entspannungsverfahren, Rollenspiele und körperbezogene Übungen. Zudem finden nach jeder Übung Gesprächsrunden statt, und es gibt in jeder Einheit eine gleich bleibende Begrüßung und ein Abschlussritual.

Bei allen Einheiten wird eine Abwechslung von affektiven und kognitiven Lerninhalten praktiziert (vgl. Walker, 1995, S. 25). Dadurch wird ein ganzheitliches Lernen ermöglicht (vgl. Griffel, 2000, S. 80).

7.5.3 Trainings-Manual

Im Folgenden werden die einzelnen Einheiten des Trainingsprogramms Gewaltprävention genauer beschrieben. Dabei werden zunächst die Ziele der jeweiligen Einheit geschildert und anschließend erfolgt eine Übersichtstabelle über jede Einheit.

Einheit 1: Kennen lernen, Selbstwahrnehmung/Fremdwahrnehmung 1

Ziele: Die SchülerInnen sollen sich einen Eindruck darüber verschaffen können, was sie in den nächsten Stunden erwartet. Sie sollen lernen sich an die Regeln zu halten und Gemeinsamkeiten und Unterschiede von sich und von anderen erkennen. Außerdem soll ein Zusammengehörigkeitsgefühl aufgebaut werden.

Tab. 32: Einheit 1

Name der Übung	Kurze Beschreibung	Sozialform	Material	Dauer
Begrüßung und weitere Planung		Plenum/ Stuhlkreis	Evtl. Plakat	3 min
Verteilung der Buttons	SchülerInnen bekommen einen Button mit ihrem Namen darauf, den sie während der Einheiten immer tragen sollen.	Plenum/ Stuhlkreis	Für jeden Schüler einen Namens- button	3 min
Erklärung der Regeln (vgl. Peter- mann et al., 1997, S. 47)	Während der Einheiten sollen bestimmte Regeln gelten, die auf einem Plakat aufgemalt sind und so für alle immer sichtbar sind.	Plenum/ Stuhlkreis	Plakat mit Regeln	5 min
Eckenspiel (vgl. Walker, 1995, S. 46)	SchülerInnen gehen im Raum umher und ordnen sich bei verschiedenen Fragen einer Ecke zu.	Plenum	Fragen mit jeweils zwei Antwortmöglich- keiten	10 min
Drillinge (vgl. Portmann, 2002, S. 57 f)	In Kleingruppen finden die SchülerInnen Gemeinsam- keiten und Unterschiede von sich heraus.	Klein- gruppen	Arbeitsblätter und Stifte	20 min
Abschluss- rakete	Die Rakete steht am Ende jeder Einheit und beinhaltet drei Stufen: Stufe 1: mit den Händen auf die Ober- schenkel klatschen, Stufe 2: mit den Füßen auf den Bo- den trampeln, Stufe 3: auf- stehen, Arme in die Höhe reißen und laut jubeln.	Plenum		3 min

Einheit 2: Selbstwahrnehmung/Fremdwahrnehmung 2, Selbstwertgefühl

Ziele: Die SchülerInnen sollen sich ihre eigenen Stärken bewusster machen und sich selbst besser annehmen können. Das Zusammengehörigkeitsgefühl in der Gruppe soll verstärkt werden.

Tab. 33: Einheit 2

Name der Übung	Kurze Beschreibung	Sozialform	Material	Dauer
Begrüßung	Kurze Wiederholung der Regeln	Plenum/ Stuhlkreis	Regelplakat	2 min
Fantasiereise (vgl. Portmann, 2001, S. 41)	Die SchülerInnen sollen ihren eigenen Körper wahrnehmen, ihn annehmen und so ihr Selbstwertgefühl steigern.	Plenum	Fantasiereise	10 min
Namenskreuzwörter (vgl. Lichtenegger, 1997, S. 30)	Die SchülerInnen sollen Eigenschaften, die sie an sich mögen, in ein Namenskreuzwort eintragen.	Einzelarbeit; anschließend Auswertung im Plenum	Arbeitsblätter	15 min
Ich mag an dir ..., was magst du an mir? (vgl. ebd., S. 42 f).	Diese Fragen werden mit immer wechselnden Partnern beantwortet.	Plenum		10 min
Eisschollenspiel (abgewandelt nach Baer, 2000, S. 120)	Im Raum werden Zeitungen verteilt, die von Runde zu Runde weniger werden und auf die sich die Kinder retten müssen. Bei diesem Spiel ist es sehr wichtig, als Gruppe gut zusammenzuarbeiten.	Plenum	Zeitungen	10 min
Abschlussrakete		Plenum/ Stuhlkreis		1 min

Einheit 3: Gefühle 1, Einfühlungsvermögen

Ziele: Die SchülerInnen sollen sich mit Gefühlen, die sie schon kennen, vertrauter machen und erfahren, wie man Gefühle bei sich und bei anderen erkennen kann. Außerdem sollen sie versuchen, sich in verschiedene Gefühlszustände hineinzuversetzen.

Tab. 34: Einheit 3

Name der Übung	Kurze Beschreibung	Sozialform	Material	Dauer
Begrüßung und kurze Wiederholung der Regeln		Plenum/ Stuhlkreis		2 min
Gehen wie (abgewandelt nach Baer, 2000, S. 338)	SchülerInnen gehen im Raum umher und bewegen sich auf Zuruf entsprechend	Plenum		10 min
Was sind Gefühle? Welche Gefühle kennt ihr schon?	Kurzes Gespräch mit Visualisierung an der Tafel (evtl. Einteilung in positive und negative Gefühle)	Plenum/ Stuhlkreis		5 min
Gefühle benennen (vgl. Lichtenegger, 1997, S. 71 f)	Benennen von verschiedenen Gefühlslagen; evtl. Gespräch oder pantomimische Darstellung	Kleingruppen, anschließend Plenum	Kopiervorlagen, Smilies mit verschiedenen Gesichtsausdrücken, evtl. Karten zum Zuordnen	15 min
Mein Bild von mir (abgewandelt nach ebd., S. 74)	SchülerInnen sollen ihre eigene Stimmung, in der sie sich gerade befinden in einen Smilie malen	Einzelarbeit, anschließend gemeinsame Vorstellung	Arbeitsblätter	10 min
Abschlussrakete		Plenum/ Stuhlkreis		1 min

Einheit 4: Gefühle 2, Körpersprache, Wut/Ärger 1

Ziele: Die SchülerInnen sollen lernen verschiedene Gefühlszustände an der Körpersprache zu erkennen und sie sollen sich mit dem Gefühl der Wut auseinandersetzen

Tab. 35: Einheit 4

Name der Übung	Kurze Beschreibung	Sozialform	Material	Dauer
Begrüßung und kurze Wiederholung der letzen Einheit		Plenum/ Stuhlkreis		3 min
Rückenbotschaften (vgl. Walker, 1995, S. 64/Lichtenegger, 2000, S. 58)	SchülerInnen schreiben oder malen sich gegenseitig Botschaften auf den Rücken und sollen so für nonverbale Ausdrucksformen sensibilisiert werden	Partnerarbeit	Meditationsmusik	5 min
Körpersprache: Wie spricht man ohne Sprache über seine Gefühle? (vgl. Walker, 1995, S. 64 f)	Praktische Einführung der Begriffe: Haltung, Mimik und Gestik	Plenum		10 min
Pantomime: Gefühle durch Körpersprache darstellen	SchülerInnen bekommen Kärtchen mit Begriffen darauf und sollen versuchen, dies pantomimisch darzustellen, die Klasse rät dabei.	Plenum	Kärtchen mit Begriffen in verschiedenen Farben	15 min
Was mich wütend macht/wenn ich wütend bin (abgewandelt nach Lichtenegger, 1997, S. 130)	SchülerInnen schreiben auf, in welchen Situationen sie wütend sind und was sie dann machen.	Einzelarbeit, anschließend Auswertung im Plenum	Arbeitsblätter	15 min
Abschlussrakete		Plenum/ Stuhlkreis		1 min

Einheit 5: Wut/Ärger 2, Selbstinstruktion

Ziele: Die SchülerInnen sollen sich in den Zustand der Wut hineinversetzen können und wahrnehmen, was mit ihrem Körper geschieht, wenn sie wütend sind. Sie sollen individuelle Handlungsweisen im Umgang mit Wut erfahren.

Tab. 36: Einheit 5

Name der Übung	Kurze Beschreibung	Sozialform	Material	Dauer
Begrüßung und kurze Wdhl. der letzten Einheit		Plenum/ Stuhlkreis		3 min
Auswertung der bisherigen Einheiten	Fragen zur Auswertung der bisherigen Einheiten	Einzelarbeit	Auswertungsbögen	5 min
Tierisch wütend (vgl. Portmann, 2002, S. 29)	SchülerInnen verwandeln sich in wilde Tiere und bedrohen sich gegenseitig, andere Tiere dürfen aber nicht angegriffen werden; anschließend findet eine Konferenz der Tiere statt	Plenum		10 min
Körperwahrnehmung: Was passiert mit mir, wenn ich wütend bin (abgewandelt nach Whitehouse & Pudney, 2002, S. 38 f)	SchülerInnen sollen kurz aufschreiben, was mit ihrem Körper passiert, wenn sie wütend sind.	Einzelarbeit, Auswertung im Plenum	Arbeitsblätter	10 min
Phantasiereise: Ohne Wut – ruhig Blut (vgl. Portmann, 2002, S. 69 ff)	Vorlesen und anschließende Diskussion	Plenum		10 min
Was sind gute Maßnahmen gegen Wut: Selbstinstruktion (vgl. Fröhlich-Gildhoff, 2006)	Jeder schreibt für sich auf, was er das nächste Mal tun will, wenn er wütend ist, damit man nicht ,ausflippt'.	Einzelarbeit	Meditationsmusik, Text	5 min
Abschlussrakete		Plenum/ Stuhlkreis	Rote Karteikarten	1 min

Einheit 6: Konflikte und Problemlösung 1

Ziele: Die SchülerInnen sollen lernen gemeinsam eine Entscheidung zu finden. Sie sollen verschiedene Arten von Konflikten erkennen und merken, dass es viele verschiedene Lösungen für eine Situation gibt.

Tab. 37: Einheit 6

Name der Übung	Kurze Beschreibung	Sozialform	Material	Dauer
Begrüßung und kurze Wiederholung der letzten Stunde	Was habt ihr letztes Mal gelernt? Wart ihr seit letzter Stunde wütend und konntet ihr Euch in so einer Situation an die rote Karte erinnern?	Plenum/ Stuhlkreis		5 min
Tiere finden (vgl. Baer, 2000, S. 163)	Spiel zur Gruppeneinteilung: SchülerInnen müssen sich durch Nachahmen von Tiergeräuschen in Gruppen zusammenfinden.	Plenum	Kärtchen mit entsprechenden Begriffen	5 min
Wir einigen uns (vgl. Walker, 1995, S. 82 f)	In den oben eingeteilten Gruppen sollen die SchülerInnen versuchen, gemeinsame Entscheidungen in verschiedenen Situationen zu finden.	Kleingruppen	Arbeitsblätter mit Situationsbeschreibungen	15 min
Gesprächsrunde zum Thema Konflikte und Streit (abgewandelt nach Walker, 1995, S. 96)	Was ist ein Konflikt oder Streit? Welche Konflikte kennt ihr? Sammeln an der Tafel.	Plenum		5 min
Eselsgeschichte (abgewandelt nach ebd., S. 105 f)	Was ist mit den Eseln los? SchülerInnen sollen Problem der Esel erkennen und mögliche Lösungen suchen.	Einzelarbeit, Auswertung im Plenum	Arbeitsblätter, 1 Folie	15 min
Abschlussrakete		Plenum/ Stuhlkreis		1 min

Einheit 7: Konflikte und Problemlösung 2 (konkrete Situationen)

Ziele: Die SchülerInnen sollen erfahren, wie man Konflikte gewaltfrei lösen kann. Sie sollen verschiedene Lösungsmöglichkeiten für Konflikte kennenlernen und anhand von Alltagssituationen Konfliktlösungen praktisch erfahren.

Tab. 38: Einheit 7

Name der Übung	Kurze Beschreibung	Sozialform	Material	Dauer
Begrüßung		Plenum/ Stuhlkreis		2 min
Sturm auf die Burg (vgl. Portmann, 2002, S. 37)	SchülerInnen bilden einen Kreis, ein/e SchülerIn versucht, in diesen Kreis hineinzukommen und die anderen hindern ihn daran	3 Klein-gruppen		10 min
Lösungsmöglichkeiten von Konflikten anhand der Eselsgeschichte (vgl. Walker, 1995, S. 106)	Was für Lösungen von Konflikten gibt es? Was können wir von den Eseln lernen?	Plenum/ Stuhlkreis	Folie mit Eselsgeschichte/Plakat mit aufgemaltem Raster	5 min
Rollenspiele zu alltäglichen Konfliktsituationen (vgl. ebd., S. 107 ff)	SchülerInnen führen Rollenspiele mit möglichen Konfliktlösungen vor und die anderen beobachten dies.	Plenum	Konfliktbeschreibungen, Beobachtungsauftrag	20 min
Kurzentspannung im Sitzen (vgl. Aßhauer et al., 1999, S. 110)	SchülerInnen sollen sich nach der Einheit entspannen.	Plenum	Text und Musik	5 min
Abschlussrakete		Plenum/ Stuhlkreis		1 min

Einheit 8: Abschluss und Wiederholung

Ziele: Die SchülerInnen sollen die Zusammenarbeit üben. Außerdem sollen die Inhalte der Einheiten wiederholt werden und das Projekt reflektiert werden. Die Einheiten sollen einen angenehmen Abschluss erhalten.

Tab. 39: Einheit 8

Name der Übung	Kurze Beschreibung	Sozialform	Material	Dauer
Begrüßung	Mit Verweis, dass es heute die letzte Stunde ist	Plenum/ Stuhlkreis		2 min
Balljongleure (vgl. Fiebig & Winterberg, 1998, S. 88)	SchülerInnen sollen gemeinsam Luftballons in der Luft halten.	2 Gruppen	Luftballons	10 min
Memory: Spiel zur Wiederholung der Einheiten	In 6 Kleingruppen spielen die SchülerInnen Memory: Auf den Kärtchen sind Fragen zur Wiederholung der Einheiten.	Kleingruppen	6 Memoryspiele	15 min
Rucksack packen (abgewandelt nach Portmann, 2001, S. 102)	Jeder darf einen Rucksack mit nach Hause nehmen, in den er als Erinnerung das schreibt oder malt, was ihm am meisten Spaß gemacht hat.	Einzelarbeit, anschließend Plenum	Rucksackvorlagen; Arbeitsblätter, Kopiervorlagen, Material zu den Einheiten bei Bedarf	10 min
Fragebogen	SchülerInnen sollen zur Auswertung der Einheiten einen Fragebogen ausfüllen.	Einzelarbeit	Fragebögen	5 min
Abschied, Abschlussrakete und Verteilen von Muffins		Plenum/ Stuhlkreis		3 min

7.5.4 Durchführung

Vor der Durchführung des Programms galt es, eine geeignete dritte Klasse zu finden. Da es sich dabei um eine Maßnahme der primären Prävention handelt, musste diese verschieden Kriterien erfüllen: Sie sollte bisher an keiner solchen Maßnahme teilgenommen haben und noch in keiner Hinsicht auffällig geworden sein. Ebenso durfte die Schule nicht in einem Problemviertel liegen. Nach einiger Zeit fand sich eine Schulklasse, die diesen Kriterien entsprach und bei der auch die LehrerInnen zur Mitarbeit bereit waren, da sie für die Evaluation Fragebögen ausfüllen sollten.

Das Programm wurde im Rahmen des evangelischen Religionsunterrichts durchgeführt, was eine Stichprobe von 27 Kindern in der Experimentalgruppe ergab. Es lag nahe, die SchülerInnen, die den katholischen Religionsunterricht besuchten, als Kontrollgruppe zu nehmen. Hier ergab sich eine Stichprobe von 15 Kindern.

Das Training wurde innerhalb von vier Wochen durchgeführt, und die Einheiten wurden zweimal pro Woche abgehalten.

7.5.5 Evaluation

Ziel der Evaluation war es, die Effektivität des Programms Gewaltprävention zu überprüfen.

Um eine umfassende Bewertungsbasis zu schaffen, wurde ein Methodenmix von qualitativen und quantitativen Verfahren angewandt (vgl. Schick & Ott, 2002, S. 787), welcher im Sinne der Bedingung und Ergänzung beider Methoden als sinnvoll angesehen wurde (vgl. Steinert & Thiele, 2000, S. 43).

Es wurde sowohl eine Ergebnis- als auch eine Prozessevaluation mit jeweils unterschiedlichen Instrumenten durchgeführt, um wissenschaftlichen Forderungen gerecht zu werden, denn es sind „(...) vor allem Untersuchungen zu fordern, die auf einem Kontrollgruppendesign aufbauen und eine Operationalisierung der Umsetzungs- bzw. Durchführungsqualität beinhalten" (Schick & Ott, 2002, S. 787).

7.5.5.1 Evaluationsdesign

In den folgenden Abschnitten werden die Evaluationsinstrumente der Ergebnis- und der Prozessevaluation vorgestellt.

Ergebnisevaluation

Die Ergebnisevaluation hatte zum Ziel, zu überprüfen, ob die Teilnahme an dem Training zur Gewaltprävention zu Änderungen im Verhalten führt, welche auf das Projekt zurückzuführen sind. Hierzu wurde ein standardisiertes und normiertes Fragebogenverfahren (CBCL) eingesetzt, das für jedes Kind von den Eltern und vom jeweiligen Klassenlehrer bearbeitet werden sollte (vgl. Arbeitsgruppe Deutsche Child Behavior Checklist, 1998a). Da durch die Ergebnisevaluation ausschließlich Verhaltensänderungen in Bezug auf die Zielsetzung des Projektes überprüft werden sollten, wurde dieser Fragebogen in einer reduzierten Form verwendet. So enthielt der verwendete Fragebogen 37 Problem-Items, die allerdings alle sehr negativ formuliert waren. Deshalb wurden sie um 12 selbst formulierte Aussagen erweitert, die ausschließlich positiv formuliert waren und bestimmte Kompetenzen und Fertigkeiten abfragten, die sich durch das Projekt Gewaltprävention eventuell verändern konnten. Es handelte sich bei den Fragen um Beurteilungen wie z. B. ‚Kommt mit anderen Kindern nicht aus‘ oder ‚Erzählt von sich aus, was es erlebt hat‘, die auf einer Skala von ‚nicht zutreffend‘ über ‚etwas oder manchmal zutreffend‘ bis ‚genau oder häufig zutreffend‘ angekreuzt werden mussten.

Zur statistischen Absicherung von Veränderungen auf diesem Messinstrument wurde die Klasse, in der das Projekt durchgeführt wurde (sog. Experimentalgruppe) mit einer Klasse ohne Projektteilnahme (sog. Kontrollgruppe) verglichen. In beiden Gruppen wurden die Fragebögen zweimal erhoben: vor Beginn und vier bis sechs Wochen nach Ende der Projektphase. Somit handelt es sich bei diesem Verfahren um ein Kontrollgruppendesign mit einem Vor- und Nachtest. Da die Einteilung in die Experimental- bzw. Kontrollgruppe allerdings nicht per Zufall geschah, sondern aufgrund der Rahmenbedingungen in der Schule vorgegeben war, spricht man hier genauer von einem *quasi-experimentellen Design* im Gegensatz zu einem *echten experimentellen Design* (vgl. z. B. Kröger et al., 1998, S. 68 ff).

Prozessevaluation

Im Rahmen der Prozessevaluation sollte untersucht werden, wie die praktische Umsetzung des Programms erfolgte, ob die geplanten Aktivitäten tatsächlich zum Einsatz gekommen sind, wie die Unterrichtseinheiten beurteilt wurden und welche Kritikpunkte und Verbesserungsvorschläge bestanden. Somit sollte die Prozessevaluation die Qualität der Präventionsmaßnahme praxisorientiert bewerten (vgl. Kröger et al., 1998, S. 21). Als Messinstrument zur Prozessevaluation dienten der Stundenbeurteilungsbogen, die Stundenprotokolle und die Befragungen der SchülerInnen, die nach der vierten und nach der achten Einheit anhand eines standardisierten Fragebogens erhoben wurden.

Stundenbeurteilungsbogen

Der Stundenbeurteilungsbogen wurde jeweils von einem teilnehmenden Lehrer und der Projektleiterin im Anschluss an jede der acht Einheiten ausgefüllt und erfasste so neben einer Fremdbewertung Kriterien der Selbstbeurteilung. Er enthielt offene und geschlossene Fragen, in denen der Ablauf der Einheiten, die Inhalte und das Verhalten der Kinder sowie das der Projektleiterin beurteilt werden sollten und Platz für Verbesserungsvorschläge war. Außerdem sollten die Ziele der jeweiligen Einheit hinsichtlich ihrer Relevanz für die Prävention von aggressivem Verhalten bzw. von Gewalt und ihrem Erreichen bewertet werden. Der Fragebogen baute auf dem Stundenbeurteilungsbogen aus dem Programm

‚Fit und Stark fürs Leben' auf (vgl. Aßhauer et al., 1999, S. 31 ff). Er wurde allerdings um einige Dimensionen erweitert und gezielt auf das Projekt Gewaltprävention abgestimmt. Anhand des Stundenbeurteilungsbogens konnten auch Änderungen in der geplanten Umsetzung dokumentiert werden (vgl. Kröger et al., 1998, S. 19 f).

Stundenprotokolle
Die Stundenprotokolle wurden von der Projektleiterin direkt im Anschluss an jede der acht Einheiten verfasst und hatten zum Ziel, die Erfahrungswirklichkeit mit Verbalisierungen festzuhalten, um sie anschließend interpretativ auswerten zu können. Somit sind diese Protokolle den qualitativen Verfahren zuzuordnen (vgl. Bortz & Döring, 2002, S. 295). Um in der Auswertung eine Kodierung und Kategorisierung vornehmen zu können, wurden alle Stundenprotokolle nach einem bestimmten Schema aufgebaut und in chronologischer Reihenfolge verfasst. So werden zunächst Gedanken zur allgemeinen Einschätzung und zum Ablauf der jeweiligen Einheit festgehalten. Anschließend wurde über jedes Spiel bzw. jede Übung ein Kurzprotokoll verfasst, das die Inhalte und Vorkommnisse schriftlich fixieren soll.

Schülerfragebogen
Im Rahmen der Prozessevaluation wurde von den SchülerInnen jeweils am Ende der vierten und achten Einheit ein standardisierter Fragebogen erhoben, der von der Projektleiterin entwickelt wurde. Die Fragbögen hatten zum Ziel, zu überprüfen, wie die SchülerInnen die Einheiten mit ihren Inhalten beurteilten, was sie dabei aus ihrer Sicht gelernt haben und wie die Akzeptanz des Projektes bei ihnen war. Dieser Fragebogen wurde abgeleitet vom Stundenbeurteilungsbogen, und es wurde versucht, ausschließlich geschlossene Fragen zu formulieren, die dem Vermögen der Schüler gerecht wurden.

7.5.5.2 Evaluationsergebnisse

Die Ergebnisse der Auswertung werden zunächst jeweils für sich dargestellt, und in einem zweiten Schritt sollen sie zusammengenommen betrachtet werden.

Resultate der Ergebnisevaluation

Die Auswertung der Ergebnisse des Fragebogens CBCL, der von Eltern und LehrerInnen ausgefüllt wurde, zeigte zwar durchgängig positive Veränderungen in den unterschiedlichen Skalen (Mittelwertsvergleich); allerdings war keine dieser Veränderungen statistisch signifikant. Die deutlichste Differenz zeigte sich in der Sub-Skala ‚Aggressives Verhalten' (MW-Differenz 1,45).

Es konnte ein deutlicher Unterschied zwischen Eltern- und LehrerInnen-Einschätzungen festgestellt werden, der sich mit Ergebnissen anderer Untersuchungen deckt: Petermann & Petermann stellten z.B. fest, dass Aussagen bezüglich aggressiven Verhaltens seitens der LehrerInnen und der Eltern nur in wenigen Fällen übereinstimmen, was zu Verzerrungen in den Beurteilungen führen kann

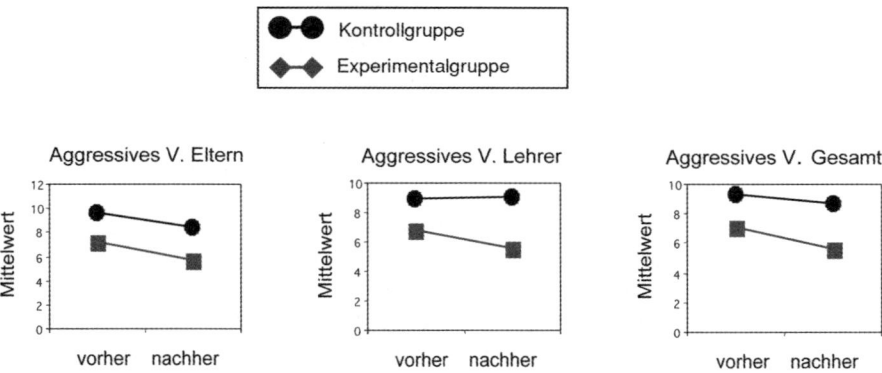

Abb. 9: Mittelwertsvergleich CBCL im Rahmen der Evaluation des Gewaltpräventions-programms

(vgl., 2000, S. 27). Auch im evaluierten Programm unterscheiden sich die Eltern- und LehrerInnenbeurteilungen in drei Skalen statistisch signifikant, wobei die Wertungen der Eltern immer besser ausfallen. Hieraus kann man folgern, dass Eltern dazu neigen, ihre Kinder positiver zu bewerten, um sich eventuell selbst zu schützen.

Weitere vergleichbare Effekte mit den oben genannten Untersuchungen sind erkennbar, wenn man die Mittelwerte der Eltern und LehrerInnen für die verschiedenen Skalen miteinander vergleicht: „So bemerken Eltern eher externalisierende als internalisierende Verhaltensweisen bei ihren Kindern" (Petermann & Petermann, 2000, S. 27). Demnach ist der höhere Mittelwert bei den Eltern in den Skalen der externalisierenden Verhaltensweisen, zu denen beispielsweise das aggressive Verhalten zählt, auf dieses Phänomen zurückzuführen.

Bei Betrachtung der Gesamtgruppen können Effekte verwischt werden, da die Werte sehr unterschiedlich ausfallen können. So wurden in einem zweiten Schritt nur die auffälligen SchülerInnen für jede Skala jeweils im Eltern- und LehrerInnenurteil gesondert betrachtet. Hier ergaben sich statistisch signifikante Änderungen im LehrerInnenurteil in Bezug auf die Skala sozialer Rückzug in der Experimentalgruppe ($p = 0.044$), während diese in der Kontrollgruppe nicht feststellbar waren ($p = 0.476$). Wenn man diesen Aussagen folgt, impliziert das Projekt positive Effekte für ruhigere, zurückgezogene und ängstlichere Kinder. Aus diesen erweiterten Untersuchungen ergab sich auch die Feststellung, dass sich in der Experimentalgruppe sowie in der Kontrollgruppe sehr wenige Kinder mit auffälligem Verhalten befanden und die meisten Schüler in allen Bereichen weitgehend unauffällig waren. Dies lässt die Folgerung zu, dass sich Kinder, die vor solch einem Projekt bereits als unauffällig eingestuft werden, nicht noch mehr positiv verändern können und die nicht vorhandenen signifikanten Änderungen in gewissem Maße auch diesem Phänomen zugeschrieben werden können. Diese methodische Problematik findet sich auch in anderen Evaluationen von Präventionsprogrammen (vgl. hierzu z.B. Fröhlich-Gildhoff, 2004a). Es stellt sich somit hier die Frage, ob in der Verwendung des Messinstrumentes CBCL nicht ein methodischer Mangel liegt, da die Struktur der Items sehr grob angelegt war und somit kleinere Veränderungen anhand dieses Verfahrens nicht gemessen werden konnten.

Hinzu kommt, dass nur Veränderungen in zeitlich kurzer Reichweite untersucht wurden und keine Messung in einer Follow-up-Erhebung von eventuellen späteren Effekten durchgeführt wurde. So wird in anderen Untersuchungen angenommen, dass Kinder nach einem Training noch einige Zeit brauchen, die neu erlernten Möglichkeiten auch im Alltag anzuwenden (vgl. Klein-Heßling, 1997, S. 157). Unter diesem Gesichtspunkt scheint der Messzeitraum für die zweite Befragung von ungefähr vier bis sechs Wochen nach Ende des Projektes zu knapp.

Resultate der Prozessevaluation

In den Stundenprotokollen zeigte sich mehrfach, dass die Trainingsgruppe – eine gesamte Klasse mit 27 Kindern – sehr groß war. So wurde häufig protokolliert, dass es schwierig war, auf alle Kinder einzugehen und allen gerecht zu werden. Bestätigt wird dies zudem durch die dazu passenden Items des Stundenbeurteilungsbogens.

Bei einer weitergehenden Betrachtung der Daten der Prozessevaluation ist festzustellen, dass diese weitgehend positive Ergebnisse zeigen und sie somit nicht mit den Resultaten der Ergebnisevaluation übereinstimmen. Untersucht wurde die Qualität des Projektes, gemessen an der praktischen Durchführung, und es ist zusammenfassend festzustellen, dass die verschiedenen Evaluationsinstrumente hier in ihren Kernaussagen übereinstimmen:

Aus der Auswertung der Stundenbeurteilungsbögen lässt sich eine hohe Durchführungstreue ableiten, was bedeutet, dass nahezu alle Inhalte des Projektes unverändert durchgeführt werden konnten. Auch lässt sich aus diesen Angaben heraus ableiten, dass das Projekt altersangemessen war und den SchülerInnen Spaß machte. Diese Aussagen werden durch die Schülerfragebögen und Stundenprotokolle bestätigt, aus denen hervorgeht, dass die Kinder engagiert, interessiert und mit Freude an den verschiedenen Übungen teilnahmen. Somit können zwei notwendige (aber nicht hinreichende) Kriterien für den Erfolg von Präventionsmaßnahmen erfüllt werden.

Aus den Stundenprotokollen ist herauszulesen, dass sich die Gruppendynamik innerhalb der Klasse positiv veränderte und die SchülerInnen immer mehr miteinander in Kontakt kamen.

Anhand der Auswertungen der Stundenprotokolle und Schülerfragebögen konnten Verhaltensänderungen bei den SchülerInnen festgestellt werden, die sich in dieser Deutlichkeit in den Ergebnissen der CBCL-Skalen nicht zeigten. Gründe hierfür können sein, dass die Prozessevaluation vorwiegend die Projekteinheiten betrachtet, während sich die Instrumente der Ergebnisevaluation auf den Alltag der Kinder beziehen. Somit kann hier gefolgert werden, dass sich innerhalb der Einheiten vereinzelte Lerneffekte erkennen ließen, die Schüler aber noch nicht in der Lage waren, diese auf ihren Alltag zu übertragen. Bestätigung findet diese Aussage bei Betrachtung der Schülerfragbögen, in welchen die Skala ‚Transfer' die niedrigsten Werte erhält.

Durch den offenen und persönlichen Umgang der Schüler mit teilweise doch sehr schwierigen und persönlichen Themen hat sich gezeigt, dass es sehr positiv sein kann, wenn solch ein Projekt nicht von schulinternen Personen durchgeführt wird.

7.5.6 Schluss

Wenn man den Ergebnissen der Prozessevaluation folgt, ist als Fazit festzuhalten, dass das Programm zur Gewaltprävention durchaus ein brauchbarer Ansatz für den Schulalltag ist, der gut in den Unterricht implementiert werden kann. Allerdings müssen im Hinblick auf die Resultate der Ergebnisevaluation einige wichtige Kriterien berücksichtigt werden, um signifikante Effekte erzielen zu können: So empfiehlt es sich für die zukünftige Umsetzung ähnlicher Maßnahmen in Bezug auf die Instrumente der Evaluation ein feineres Fragebogenverfahren für die Eltern und LehrerInnen zu verwenden, das auch Raum für kleinere Veränderungen lässt, und es sollte eine Follow-up-Erhebung nach einigen Monaten durchgeführt werden, um den Entwicklungsverlauf der Kinder über einen längeren Zeitraum dokumentieren zu können. Außerdem sollte mit einer kleineren TeilnehmerInnenanzahl gearbeitet werden, um auf die einzelnen SchülerInnen genauer eingehen und allen mit ihren individuellen Bedürfnissen gerecht werden zu können. Da die Schule aufgrund der hohen Erreichbarkeit ideale Bedingungen bietet, empfiehlt sich hier, die Klassen zu teilen bzw. mit mehreren TrainerInnen zu arbeiten.

Angesprochen wird mit diesen Feststellungen allerdings auch ein allgemeines Problem in Bezug auf die Effektivitätsmessung von Maßnahmen, die der primären Prävention zuzuordnen sind.

Wie die Ergebnisse der Prozessevaluation zeigten, konnten Ansätze der Gewaltprävention verwirklicht werden. Die Größe der hier durchgeführten Studie gibt ermutigende Hinweise, lässt allerdings keinerlei Verallgemeinerungen zu.

Insgesamt ist die Durchführung des Projektes als erfolgreich zu bewerten. Es ist hervorzuheben, dass die Kinder mit Freude an den Einheiten teilnahmen und dass sie anfingen, sich mit ihren Gefühlen auseinander zu setzen und diese auszudrücken.

Das Interesse für das Programm seitens der LehrerInnen zeigte, dass die Grundschule ein geeigneter Ort für solche Maßnahmen ist und LehrerInnen Projekte der Gewaltprävention dankbar annehmen.

8 Programme im institutionellen Zusammenhang

8.1 Einführung

Programme zur Änderung von besonders aggressiven Situationen oder gewalttätigem Handeln in Institutionen, z.B. in einer Schule oder Jugendfreizeiteinrichtung, erfordern ein koordiniertes und einheitliches Handeln aller PädagogInnen der Institution.

Die erste systematische Beschreibung eines Interventionsprogramms auf Schulebene hat Olweus (1995) sehr breit dargestellt. Dieses Programm wurde mehrfach in Norwegen durchgeführt, evaluiert und gilt als Vorbild für eine Vielzahl ähnlicher Programme in anderen Ländern und auch in Deutschland. Ein konkretes Beispiel in der Schule für Erziehungshilfe stellt Steinmetz-Brand im folgenden Kapitel dar.

8.2 Das Programm von Olweus

Das Programm von Olweus umfasst

- Maßnahmen auf der Schulebene
- Maßnahmen auf der Klassenebene und
- Maßnahmen auf der persönlichen Ebene.

a) Maßnahmen auf der Schulebene
„Zielgruppe auf der Schulebene ist grundsätzlich die gesamte Schülerschaft der Schule und die Maßnahmen konzentrieren sich nicht allein auf Schülerinnen und Schüler, die als Opfer und Täter ausgemacht worden sind. Die Maßnahmen richten sich darauf, Einstellungen zu entwickeln und Bedingungen zu schaffen, die das Ausmaß der Gewalttaten in der Schule insgesamt senken" (Olweus, 1995, S. 73). Diese Maßnahmen sind folgende Schritte:

- Fragebogenerhebung: Mit einem Fragebogen wird zunächst der Ist-Stand zum „Problemfeld Gewalt" festgestellt; diese Untersuchung stellt die Basis für weitere Maßnahmen dar.
- Pädagogischer Tag: An einem pädagogischen Tag nehmen alle pädagogischen Kräfte der Schule, möglichst auch Experten, wie z.B. SchulpsychologInnen

teil, um einen „langfristigen Handlungsplan für die jeweilige Schule" (ebd., S. 74) aufzustellen. Über das vereinbarte Handlungsprogramm sollte grundsätzlich Einigkeit erzielt werden.

- Schulkonferenz: Auf einer Schulkonferenz, an der alle PädagogInnen, SchülervertreterInnen und VertreterInnen der Elternschaft teilnehmen, soll „ein gewisses Ausmaß an gemeinschaftlicher Verpflichtung gegenüber und Verantwortung für das gewählte Programm" hergestellt werden (ebd.).
- Aufsicht auf dem Schulhof und während des Mittagessens: Untersuchungen haben gezeigt, dass es weniger Gewalt in den Schulen gibt, die eine dichte Aufsicht während der Mittagspausenzeiten gewährleisten. Diese Ergebnisse sind entsprechend umzusetzen, es müssen also gut funktionierende Pläne aufgestellt werden, und die Aufsichtskräfte müssen bereit sein, „in Gewaltsituationen schnell und entschlossen einzugreifen – auch in Situationen, in denen nur der Verdacht besteht, dass Gewalt stattfindet (...). Die Richtschnur für eingreifendes Handeln sollte so sein, dass eher zu früh als zu spät eingegriffen wird. Ein entschlossener und konsequenter Eingriff durch Erwachsene verrät eine wichtige Einstellung: Wir akzeptieren Gewalt nicht" (ebd., S. 75). In solchen Situationen können systematische Programme zur Streitschlichtung oder zur De-Eskalation (vgl. Fröhlich-Gildhoff, 2006) umgesetzt werden.
- Attraktive und gut ausgestattete Umgebung im Freien: Eine solche Umgebung soll die Möglichkeit zur Bewegung und zu positiven Aktivitäten bieten.
- Kontakttelefon: Ein Kontakttelefon soll eine niedrigschwellige Möglichkeit für Schülerinnen und Schüler bieten, die in der Schule ‚tyrannisiert' werden. Das Telefon kann auch die Möglichkeit bieten, Situationen anonym zu behandeln.
- Kooperation Lehrkräfte – Eltern: Die Eltern sollen in dem „Kampf gegen die Gewalt" einbezogen werden. Dies kann über allgemeine Informationsveranstaltungen, auch über einzelne Gespräche erfolgen. „Die Schule sollte die Eltern auch darüber informieren, dass die Lehrkräfte von nun an ihre Aufmerksamkeit auf relativ unbedeutende Fälle von Gewalt und sozialer Ausgrenzung richten werden. Das kann zur Folge haben, dass vermehrt Kontakt von Seiten der Lehrerkräfte zu den Eltern gesucht wird. Umgekehrt sollte die Schule die Eltern ermutigen, sich mit den Lehrkräften in Verbindung zu setzen, wenn sie den Verdacht haben, dass ihr Kind Kummer hat oder andere Kinder mobbt" (ebd., S. 79). Hierzu eine Anmerkung: Für Olweus (1995) bedeutet der Begriff „mobbing" ausdrücklich das Anwenden von direkter oder indirekter, verbaler oder physischer Gewalt; der Begriff unterscheidet sich von der umgangssprachlichen Bedeutung im Deutschen.
- Lehrergruppen zur Entwicklung des sozialen Milieus in der Schule: Die Lehrkräfte sollen regelmäßig über einen längeren Zeitraum zusammenkommen, um Maßnahmen „zur Entwicklung des sozialen Milieus der Schule" zu treffen. Die Gewaltprobleme sollen diskutiert werden, die Umsetzung des Aktionsplans reflektiert werden. Das wesentliche Ziel ist dabei die gegenseitige Unterstützung und die weitere Arbeit an einer gemeinsamen Einstellung zur Gewalt. „Eine ausdiskutierte und von allen Lehrerinnen und Lehrern getragene Einstellung zu Gewaltproblemen wird bei der Entwicklung konsequenten

Verhaltens in Gewaltsituationen unter den Erwachsenen den Schülern eine große Hilfe sein" (ebd, S. 81 f).

• Arbeitsgruppen der Elternbeiräte: Sie sollen dazu dienen, das gemeinsame Handeln von LehrerInnen und Eltern neu zu vertiefen und abzustimmen.

b) Maßnahmen auf der Klassenebene

• Klassenregeln gegen Gewalt: Die Regeln sollen mit den Schülern entwickelt werden, damit eine hohe Akzeptanz erreicht wird. Die Regeln sollen deutlich sichtbar in den Klassenräumen visualisiert werden und in regelmäßigen Abständen thematisiert werden. Darüber hinaus empfiehlt Olweus: „Mit altersangemessenen Rollenspielen zum Problem der Gewalttätigkeit lassen sich spielend im Klassenraum Reaktionsmechanismen besonders gut veranschaulichen und nachempfinden. Konkrete Situationen aus dem Klassenzimmer oder allgemeine Problemsituationen können als Ausgangspunkt dienen. Durch das Rollenspiel lässt sich auch veranschaulichen, was eher ein ,neutraler' Schüler/eine ,neutrale' Schülerin tun können, um Tendenzen zur sozialen Ausgrenzung entgegenzuwirken und stattdessen die Gewalt zu stoppen" (ebd., S. 84).

• Lob: Nach Olweus wird „in einer normalen Klassensituation ziemlich wenig Lob ausgeteilt" (ebd., S. 87). Loben wirkt sich positiv auf das Klassenklima aus. Es sollten einzelne Schüler oder Gruppen darin bestärkt werden, wenn die Regeln eingehalten werden; besonderes Augenmerk sollte auf aggressive Schülerinnen und Schüler gerichtet werden, wenn sie sich gerade nicht aggressiv verhalten haben.

• Strafen: Das Übertreten von Regeln und das Zeigen von aggressivem Verhalten soll konsequent sanktioniert werden. Es wird eine Hierarchie von Strafen vorgeschlagen, die vom persönlichen Gespräch mit einzelnen SchülerInnen bis hin zum Entzug von Privilegien reicht. „Ein konsequent angewandtes Regelsystem in der Schule kann tatsächlich aggressiven Schülern helfen; es kann sie lehren, mehr Rücksicht auf andere und später mehr Rücksicht auf die Gesetze der Gesellschaft zu nehmen" (ebd., S. 89).

• Regelmäßige Klassengespräche sollten in Form „von sozialen Stunden" stattfinden.

• Kooperatives Lernen: Beim kooperativen Lernen arbeiten die SchülerInnen einzeln und in kleinen Gruppen an gemeinsamen Aufgaben mit dem Ziel, füreinander Verständnis zu entwickeln und die Unterstützungshilfsbereitschaft zu stärken. Die Aufgaben sollen so gestellt werden, dass „unter den Gruppenmitgliedern eine gegenseitige positive Abhängigkeit gestiftet wird" (ebd., S. 91).

• Zusammenarbeit Klassenelternbeirat – Lehrkräfte: Diese Zusammenarbeit soll die Einheitlichkeit des Handelns demonstrieren und garantieren. Olweus weist darauf hin, dass es wichtig ist, dass die Schule selbst kontinuierlich den Kontakt zu den Eltern aufnimmt und für das Entstehen dieses Kontaktes die Verantwortung übernimmt.

c) Maßnahmen auf der persönlichen Ebene

Auf der persönlichen Ebene soll zum einen mit den besonders aggressiven Schülerinnen und Schülern, aber auch mit den Opfern individuell gearbeitet werden:

- Ernsthafte Gespräche mit den aggressiven bzw. gewalttätigen Schülerinnen und Schülern. Bei diesen Gesprächen muss in erster Linie die Botschaft klar vermittelt werden, dass in der Schule keine Gewalt akzeptiert wird und dafür gesorgt wird, dass dies aufhört. Dabei ist es nach Olweus wichtig, sich nicht auf die Rechtfertigungsstrategien der TäterInnen einzulassen, sondern konfrontativ vorzugehen. Neben Einzelgesprächen mit „verdächtigen" Gewalttätern kann es auch sinnvoll sein, mit Gruppen von ihnen Gespräche zu führen. Wichtig ist dann, Sanktionen auszusprechen.
- Gespräche mit den Opfern: „Das typische Opfer ist ein ängstlicher und unsicherer Schüler oder eine Schülerin, der oder die gewöhnlich nicht im Mittelpunkt der Aufmerksamkeit stehen möchte. Er oder sie hat Angst, seinen oder ihren Mobber [GewalttäterIn] in ,Schwierigkeiten' zu bringen, wird deshalb Erwachsenen nicht von deren Aktivitäten erzählen" (ebd., S. 98). Die Opfer müssen zum einen gestärkt werden, zum anderen muss sichergestellt werden, dass sie auch wirksam gegen (zukünftige) Gewalttaten geschützt werden. Die Schüler müssen darauf vertrauen können, dass die Erwachsenen ihm oder ihr „jede gewünschte Hilfe geben wollen und geben können. (…) Würde ein Gewaltproblem in der Klasse nur vorübergehend abgehandelt, ohne dass sichergestellt wird, dass das Opfer mindestens ausreichend geschützt wird, macht dies die Sache meist noch schlimmer" (ebd.).
- Gespräche mit den Eltern: Wenn deutlich wird, dass Schüler anderen gegenüber (mehrfach) gewalttätig sind, ist es in jedem Fall wichtig, auch Gespräche mit den Eltern zu führen und zu versuchen, sie zur Zusammenarbeit zu bewegen, damit auch die Eltern Einfluss auf das entsprechende Kind ausüben. Nach Olweus sollten konkrete Maßnahmen vereinbart und deren Einhaltung überprüft werden.

Olweus berichtet über deutliche Erfolge bei der konsequenten Durchführung des Programms auf den drei verschiedenen Ebenen. So fasst er aufgrund von Befunden seiner Analysen zusammen: „Ein deutlicher Rückgang des Gewaltproblems – um 50 % oder mehr – wurde in den zwei auf die Einführung des Interventionsprogramms folgenden Jahren festgestellt. Diese Abnahme wurde insgesamt sowohl für die ,unmittelbare Gewalt' (wo das Opfer ziemlich offen den Angriffen ausgesetzt ist) als auch für die ,mittelbare Gewalt' (wo das Opfer isoliert und von der Gruppe ausgegrenzt ist, unfreiwillige Einsamkeit) als auch für ,Gewalt gegenüber anderen' erreicht" (ebd., S. 110). Dabei waren die Wirkungen des Programms langfristig stabil, und es gab auch keine Verlagerung der Gewalt aus der Schule heraus, z. B. auf den Schulweg. Die Zufriedenheit mit dem Schulleben nahm bei Schülerinnen und Schülern zu.

8.3 In der Krise wächst die Chance. Ganzheitliches Gewaltpräventions- und Interventionsprogramm der Georg-Büchner-Schule, Schule für Erziehungshilfe und Kranke

Ute Steinmetz-Brand

8.3.1 Einleitung

Der emotional gefärbte Schlagzeilenjournalismus nährt das Bild, dass gewalttätige Übergriffe durch Jugendliche dramatisch zugenommen haben. Aktuelle wissenschaftliche Studien (s. Kap. 2.3.2 in diesem Band) beweisen eher das Gegenteil.

Gewalt in der Schule war besonders durch das Drama von Erfurt stark in das Bewusstsein der Öffentlichkeit geraten.

Für die MitarbeiterInnen des dargestellten Projektes an der Georg-Büchner-Schule in Kassel sind wissenschaftliche Ergebnisse, tendenzielle Berichterstattungen der Medien etc. (zunächst) unerheblich: Der Alltag ist geprägt von ständigen Auseinandersetzungen mit gewalttätigen Handlungen von Schülern – es wird nicht mehr darüber diskutiert, ob es Gewalt an Schulen gibt oder nicht. Allenfalls wird darüber nachgedacht, dass die Gewaltintensität abhängig sein kann von Sozialisationschancen, der Lage der Schule, der Schulform und dem Engagement des Kollegiums.

„Unsere Schüler fordern uns permanent heraus. Sie machen auf sich aufmerksam durch Provokationen, aggressive verbale und physische Attacken auf Schwächere, aber auch auf Lehrkräfte. Sie stiften Mitschüler zu gewalttätigen Aktionen an; Erpressung, ‚Rottenbildung', Schulhofmafia, Empathielosigkeit, Verrohung der Sprache, Respektlosigkeit gegenüber Mitmenschen und Gegenständen sind Qualitätsmerkmale der Gewalt, die uns täglich bis aufs Letzte fordert" (Stimmungslage des Kollegiums).

1999 war das Kollegium an einem Punkt angekommen, der entweder die totale Resignation und damit Beendigung der Arbeit mit den Erziehungshilfeschülern[3] oder aber die Etablierung eines didaktisch und methodisch erfolgreichen Ansatzes verlangte.

Die Diskussion um „Gewalt" hatte bei den KollegInnen teilweise ähnliche Phänomene hervorgerufen wie die Gewalt selbst:

Negative Emotionen, Affekte, Vorurteile, Polarisierung und die Bereitschaft, auszugrenzen, hatten ebenso zugenommen wie das wachsende Gefühl der Ohnmacht pädagogischer Interventionsmöglichkeiten mit allen Konsequenzen für das professionelle Handeln und die persönliche Motivation.

Der einzig gangbare Weg, dieser Sackgasse zu entkommen, war die Suche nach einem Weg aus der Gewalt, der auf die spezifischen Bedürfnisse der Schule

---

3 Da nur männliche Kinder und Jugendliche die Schule besuchen, ist in der Folge immer von Schülern die Rede.

zugeschnitten sein musste. Zum besseren Verständnis unserer Schule werden zunächst die Kernaussagen des Schulkonzeptes vorgestellt.

Danach wird ausführlich der Prozess beschrieben, der zu dem Programm „Gewalt im Griff" führte.

Anschließend werden die zentralen Programmbestandteile noch einmal praxisnah dargestellt.

Im Anhang an diesen Artikel finden sich die wichtigsten Dokumente, die in dem Programm eingesetzt werden.

8.3.2 Die Georg-Büchner-Schule Kassel: Staatlich genehmigte Schule für Erziehungshilfe und Kranke nach §§ 166 ff des hessischen Schulgesetzes

Die Georg-Büchner-Schule ist ein ganzheitliches, fest strukturiertes Angebot für verhaltensauffällige Kinder und Jugendliche zur Persönlichkeitsentwicklung und zum Erwerb schulischer Qualifikationen mit dem Ziel der Reintegration oder des externen Schulabschlusses.

Zielgruppe sind Schüler ab der 5. Klasse, die in der Regelschule aufgrund ihres Lern- und Leistungsverhaltens, besonders aber wegen ‚untragbaren' Sozialverhaltens nicht mehr gefördert werden können und entsprechend ausgegrenzt sind oder waren.

Die *Ziele* der Schule sind:

- Förderung der Persönlichkeitsentwicklung
- Vermittlung kognitiver Inhalte
- Aufbau eines angemessenen Lern-, Leistungs-, und Sozialverhaltens mit dem Ziel, die Schüler wieder in die Regelschule zu integrieren, sie auf den Hauptschulabschluss vorzubereiten oder sie in berufsvorbereitende Maßnahmen einzugliedern

Dabei ist die grundlegende Norm, die Schule als einen Ort zu akzeptieren, an dem die physische und psychische Unversehrtheit jedes einzelnen Schülers und jeder Lehrkraft beachtet werden muss, der Dreh- und Angelpunkt für alle weiteren in der Schule geltenden Regeln.

Die Unterrichtsstruktur zeichnet sich durch einen stark rhythmisierten und ritualisierten Tages- und Wochenablauf aus:

- die erste Unterrichtsstunde ist immer eine Zeitstunde
- drei 15-minütige Pausen; zwei Bewegungspausen, eine Kioskpause
- montags: Einstieg in die Woche mit individuellen Wochenplänen
- dienstags: zweite Stunde soziales Lernen mittels Selbst- und Fremdbewertungsbogen
- mittwochs: Aktivtag (Waldprojekt oder Sportunterricht) oder Förderkurs für Schüler, die auf die Integration in die öffentliche Schule oder die Hauptschulprüfung vorbereitet werden

- donnerstags: Lauftraining vor Unterrichtsbeginn/Wahlpflichtfach
für besonders gewaltbereite Jugendliche
- freitags: soziale Gruppenstunde zur Auswertung der Wochenpläne und
Verhaltenspläne

An die Schule ist eine sozialpädagogische Tagesgruppe (nach § 32 SGB VIII) an-
gegliedert, die etwa von einem Viertel der Schüler im Anschluss an den Unterricht besucht wird. Im Rahmen des Schulalltags werden folgende Methoden und
Instrumente umgesetzt:

- Wochenplanarbeit
- individuelle Verhaltenspläne (Verhaltensmodifikation)
- Gruppenpläne
- Selbst- und Fremdbewertungsbogen
- Time-out-Verfahren
- „Coolness-Training" (Anti-Aggressivitäts-Training)
- Lauftraining
- Zeugnisse mit verbaler Beurteilung des Arbeits- und Sozialverhaltens
und der Kernfächer
- Elternberatung/regelmäßige Elternnachmittage
- wöchentliche Teamsitzungen des Kollegiums
- regelmäßige Fachberatung
- interdisziplinäre Fallbesprechungen/Kooperation mit Therapeuten/Kinder-
und Jugendpsychiatrie
- Supervision 14-tägig
- fünf pädagogische Tage des Kollegiums während der Ferien
- jährlich zwei Fortbildungsveranstaltungen des Gesamtteams
(Freitag Nachmittag bis Sonnabend)

8.3.3 Entwicklung des Konzeptes „Gewalt im Griff"

Ein erster Schritt auf dem Weg zu „Gewalt im Griff" stellte ein 1999 durch einen Lehrer und einen Psychologen durchgeführtes „Coolness-Training" (Anti-
Aggressivitäts-Training) für extrem gewaltauffällige Schüler dar.

1999 wurden zudem in Kooperation mit der Kriminalpolizei Kassel mehrere
Workshops zum Thema „Angst haben, Angst machen" für das Schulteam, Schüler und Eltern durchgeführt.

Auf einer zunächst noch theoretischen Ebene begann das Team zu verstehen,
wie sich Gewalt entwickelt und welche Ausprägungen und Verhaltensmuster sie
erreichen kann. Die MitarbeiterInnen begriffen, dass es eine Form von Gewalt
unter Schülern gibt, die von den PädagogInnen als Gewalt definiert wird, die die
Schüler jedoch nicht als solche ansehen, zum Beispiel Begrüßungen wie „Hi,
Ficker."

Aufgrund ihrer Biographie brauch(t)en diese Schüler ein gewisses Maß an
Gewalt, um ihre Normen, Werte und Identitätsbilder kompensatorisch zu schützen und zu verteidigen.

Das Verständnis all dieser theoretischen Aspekte hinterließ dennoch eine allgemeine Unzufriedenheit im Kollegium: „Wir fühlten uns weiterhin nicht gewappnet, der Gewalt in all ihren Facetten an unserer Schule wirkungsvoll zu begegnen. Unser pädagogisches Repertoire war ausgeschöpft, wir standen dicht vor der Kapitulation!"

Im Rahmen einer schulinternen Fortbildung näherten sich die MitarbeiterInnen (LehrerInnen und SozialpädagogInnen) und die Leiterin der Schule im Jahr 2000 erstmals einem gemeinsamen Versuch, die eigenen Vorstellungen konzeptionell zu verankern.

Eine intensive und grundlegende kritische Bestandsaufnahme und Katalogisierung der Gewaltphänomene an der Schule, der offene Umgang mit persönlicher Betroffenheit und Sensibilität waren Türöffner und notwendige Grundlage, um gemeinsam Strategien gegen Gewalt zu entwickeln.

Diese Strategieentwürfe wurden bis zum Mai 2005 erprobt, ergänzt und verändert, nach wie vor sind sie aber der Grundpfeiler des Gewaltpräventions- und Interventionsprogramms geblieben.

Die gemeinsamen Handlungsstrategien geben Schülern und Lehrkräften einen sicheren Rahmen und liefern bis heute ermutigende Resultate.

Ziel dieser ersten zweitägigen Fortbildung war es, Veränderungen und Grundsätze zu erarbeiten, die sich direkt in Handlungen umsetzen lassen.

Folgende Schritte waren dafür erforderlich:

1. Situationsanalyse

- Wie sieht Gewalt an unserer Schule aus?
- An welchen Orten beobachten wir Gewalt?
- Welche Gefühle löst Gewalt bei uns aus?

Ergebnisse der Situationsanalyse

Formen der Gewalt, die von allen Kollegen beobachtet werden
- Schlagen
- Bedrohen
- Erpressen
- Sachen wegnehmen
- Provozieren
- Beleidigen, erniedrigen
- Schubsen, „ickern"
- Grenzen missachten, aus Spiel wird Ernst
- ‚Rottenbildung', „ alle auf einen"
- Gegenstände beschmutzen und zerstören

Orte, an denen Gewalt beobachtet wird
- Klassen
- Schulflur
- Pausenhof
- Straßenbahnhaltestellen

Was löst Gewalt bei uns aus?
- Anspannung
- Angst vor körperlichen Übergriffen
- Angst, sich nicht wehren zu können
- Beeinträchtigungen über den Schultag hinaus, z.B. Schlafprobleme
- Ohnmacht, Frust
- Unsicherheit, was passiert in der nächsten Minute?

2. Festlegung von Arbeitsschwerpunkten

Die Diskussion am Ende dieses Arbeitsabschnittes erbrachte drei Schwerpunkte, die dann in Kleingruppen bearbeitet wurden:

- Ziele, die erreicht werden sollen
- Regeln und Sanktionen zur Reduzierung von Gewalt
- Veränderung der Pausen und Unterrichtssituationen

Es konzipierten sich drei Arbeitsgruppen, die sich mit einer Frequenz von zwei Wochenstunden während der folgenden zwei Monate getroffen haben.

- Ergebnisse der Arbeitsgruppe „Ziele":
  - Vermittlung von sozial akzeptiertem Verhalten
  - Stärkung eines positiven Selbstkonzeptes
  - Bewusstmachen von Gewaltstrukturen
  - Frustrationstoleranz erhöhen
  - Selbstkontrolle ermöglichen
  - Empathie fördern
  - Konfliktvermeidungsstrategien erlernen
  - direkte Konfrontation mit Gewalthandlungen
  - Konsequenzen akzeptieren und aushalten
  - Stärkung positiver Verhaltensanteile
  - kreativ streiten lernen
  - Kosten-Nutzen-Analyse des eigenen Verhaltens erstellen
  - Verhaltensalternativen üben

(Diese Aufzählung ist nicht hierarchisch geordnet. Sie ist Orientierungshilfe und unterstützt Lehrkräfte **und** Schüler dabei, ein besseres Problembewusstsein zu entwickeln.)

- Ergebnisse der Arbeitsgruppe „Regeln ...":
  Wer an dem berühmten „einen Strang" ziehen will, muss ihn zunächst knüpfen! Nach diesem Motto beschäftigte sich die Arbeitsgruppe zunächst mit dem Subsystem „Kollegium" und erarbeitete Konsensentscheide zu den folgenden Punkten, bevor sie Regeln für die Schüler erstellte:

  Aufbau eines akzeptablen Werte- und Normensystems:
  - positiv überzeugende Autoritäten, die mit liebevoller Konsequenz Hilfen zur Orientierung geben
  - klare Grenzen setzen

- spüren lassen, was „richtig" und „falsch" ist
- Schuldbewusstsein entwickeln
- helfen, ein konfliktfreies Miteinander zu ertragen
- Autorität sein, ohne Angst zu erzeugen; mit der eigenen Sicherheit überzeugen
- Konfrontation in Konfliktsituationen – das eigene Wertesystem spüren lassen –, verhindern, dass die Tat heruntergespielt wird

Offenheit:
- „in": über Gewalt zu sprechen
- „out": Klassentür-zu-Pädagogik
- Chancen entwickeln sich aus Problemen (Rockefeller)

Eigene Bewertungskriterien:
- Bearbeiten eigener Gewalterfahrungen (hierfür haben wir uns im November des Folgejahres ein Wochenende unter der Leitung einer Fachkraft Zeit genommen)
- Welche Mechanismen habe ich im Umgang mit Gewalt entwickelt?
- Wo liegt meine Grenze?

Einheitlichkeit des Handelns:
- Konsensentscheide, bei denen eigene Interessen den Interessen der Gruppe untergeordnet werden müssen

Im Konsensentscheid wurden dann eine Botschaft für die Schüler und sechs Regeln erarbeitet, die für alle verbindlich sind. Zugleich wurden die Konsequenzen bei Nichteinhaltung dieser Regeln verabschiedet.

Botschaft an die Schüler:
„Wir wollen und dulden keine Gewalt an unserer Schule.
Gemeinsam mit euch wollen wir eine Schule schaffen, in der wir keine Angst vor Beleidigungen, Erniedrigung oder körperlicher Gewalt haben müssen."

Diese Botschaft hängt bis heute als Banner im Eingangsflur.

Sechs verbindliche Regeln für Schüler und LehrerInnen, die als Konsensentscheid von allen KollegInnen akzeptiert sind:
1. Ich darf niemanden provozieren.
2. Ich darf niemanden beleidigen.
3. Ich darf niemanden bedrohen.
4. Ich darf niemanden schlagen.
5. Ich darf niemanden etwas wegnehmen. [Diese Regel wurde später ersetzt durch: Ich darf niemanden sexuell belästigen].
6. Ich darf nichts beschmutzen oder beschädigen.

Die Botschaften und Regeln wurden in die Form eines Vertrages [s. Anhang 1 dieses Artikels] gebracht, der mit jedem Schüler und den Erziehungsberechtigten als verbindliche Arbeitsgrundlage abgeschlossen wird.

Als *Konsequenz bei Regelverstößen* wird ein festgelegtes *Ritual* durchgeführt (s. Abb. 10).

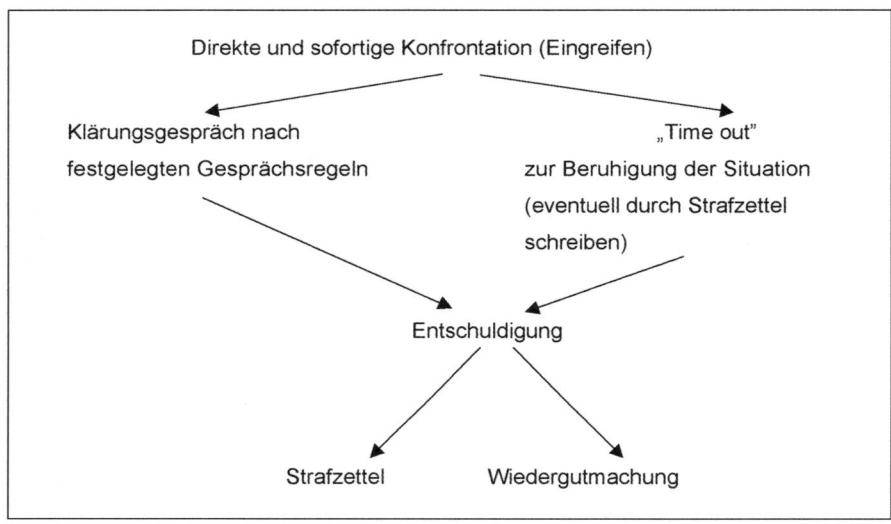

Abb. 10: Ritual als Konsequenz bei Regelverstößen

Bei einem Regelverstoß wird in jedem Fall konsequent eingegriffen und es erfolgt ein Klärungsgespräch nach festgelegten Gesprächsregeln. Durch das Gespräch versäumte Unterrichtsinhalte werden zu Hause nachgeholt.

Bei Verweigerung der Umsetzung bzw. der Klärung und/oder einer Verweigerung, den „Strafzettel" [Formblatt; Anhang 3] auszufüllen, wird der Schüler vom Unterricht suspendiert, bis ein Elterngespräch geführt wurde.

Folgende Strafen und Konsequenzen werden eingesetzt:

* in jedem Fall: Formblatt ausfüllen (Regel, die verletzt wurde, abschreiben)
* bei Beleidigen, Bedrohen, Schlagen: Entschuldigen
* bei Wegnehmen: Zurückgeben
* bei Beschmutzen/Beschädigen: Reinigen/Ersetzen
* bei Bedrohung/Schlagen von Mitarbeitern: Täter-Opfer-Ausgleich oder als letzte Konsequenz: Anzeige

Höchste Wichtigkeit hat hierbei, dass auf jeden Regelverstoß *sofort* reagiert wird. Der betreffende Schüler wird konfrontiert, indem sein Fehlverhalten benannt wird. Anschließend bekommt er das Formblatt Regelverstoß, das er sorgfältig ausfüllen muss. Als „Strafe" muss er dann die Regel, gegen die er verstoßen hat, mehrfach auf der Rückseite des Blattes aufschreiben.

Diese antiquiert erscheinende pädagogische Intervention wurde lange und kontrovers diskutiert. Besonders die Befürchtung, dass die Schüler dieses Vorgehen nicht akzeptieren würden, hat sich nicht bewahrheitet.

Das Formblatt Regelverstoß ist inzwischen sowohl fest etabliert als auch akzeptiert. Durch das Ausfüllen des Blattes bekommen die Schüler ein „Time out". Die Schreibmotorik hilft dabei, Spannungen bzw. Aggressionen abzubauen; der Focus liegt auf dem eigenen Verhalten, so dass der Schüler aus der „Schusslinie" genommen ist und die Konfliktsituation unterbrochen wird. Diese Form der De-Eskalation hat sich bewährt und wird inzwischen bereits von den Schülern gefordert.

- Die Ergebnisse der Arbeitsgruppe
  „Veränderungen der Unterrichts- und Pausensituation":

Zeiten/Organisation des Unterrichts
- Der Vormittag teilt sich in vier Unterrichtsblöcke auf:
  1. Block 60 Minuten,
  2.–4. Block je 45 Minuten, dazwischen jeweils eine 15-minütige Pause.
- Entspannungs- und Bewegungsphasen werden in den Unterricht integriert.
- Der Unterricht erfolgt nach dem KlassenlehrerInnenprinzip. Jede Klasse erhält in einem Hauptfach Fachunterricht, damit möglichst viele Schüler und Lehrer sich kennen.
- Die Schulwoche beginnt mit einer Wochenplanstunde und endet freitags mit einer sozialen Gruppenstunde, in der das Sozialverhalten individuell und gruppenbezogen ausgewertet und Zielverhalten für die kommende Woche vereinbart wird.
- Verhaltensmodifikation mit individuellen Verstärkerplänen wird nach Absprache mit der Schulleitung, dem betreffenden Schüler und den Eltern durchgeführt.

Pausen
- Vor Unterrichtbeginn ist eine Lehrkraft auf dem Schulhof, um ankommende Schüler zu begrüßen.
- Der Unterricht beginnt und endet pünktlich.
- In jeder Pause haben zwei Lehrkräfte Aufsicht.

Bewegungspause
- In den Pausen können Spielgeräte ausgeliehen werden. Schüler werden zu Pausenhelfern trainiert. Sie unterstützen die Pausenaufsicht und haben folgende Privilegien:

  einmal wöchentlich Pausenhelfertreffen mit einer Lehrkraft
  zur Auswertung

  einmal wöchentlich hausaufgabenfrei; ein Gutschein
  kann beim Klassenlehrer eingelöst werden

  zwei Gutscheine für den Schulkiosk

- Die Spielgeräte werden in einer mobilen Box aufbewahrt.
- Ausleihe nur gegen Ausleihausweis, der für zwei Euro erworben werden kann, Eltern zahlen zehn Euro Kaution.
- Klassenlehrer sind zuständig für die Ausgabe der Ausweise.
- Pausen finden ausschließlich auf dem Schulhof statt.

Kiosk
- Es wird ein mobiler Kiosk eingerichtet. Die Schüler haben die Möglichkeit, sich an den Abläufen aktiv zu beteiligen.
- Der Kiosk wird im Rotationsprinzip jeweils einen Monat lang von einer Klasse übernommen.
- Der Kiosk wird an drei Schultagen jeweils in der letzten Pause aufgebaut.
- Verkauft werden: dienstags Brötchen, die von einer Klasse belegt werden, mittwochs Snacks, die haltbar und hygienisch verpackt dem „Müslierlass" entsprechen, und freitags frisches Obst sowie abgepackte Getränke.
- Der Verkauf muss nicht wirtschaftlich im Sinne von Gewinn sein. Jedoch wird eine wöchentliche Abrechnung erstellt. Aus dem Erlös und einem Zuschuss aus der Schulkasse werden gemeinsam neue Waren eingekauft.
- Der Verkauf wird über ein Bon-System abgewickelt. Die Bons können durch sozial erwünschtes Verhalten (keine Regelverstöße, Erledigung der Hausaufgaben etc.) „verdient" werden; ein bargeldloser Verkehr ist wichtig, um Erpressungen vorzubeugen.

8.3.4 Handlungsformen und Umsetzung

Umsetzung der Ergebnisse

Nachdem die Arbeitsgruppen ihre Ergebnisse vorgelegt hatten, wurde an einem Klausurwochenende die Umsetzung besprochen. Alle Entscheidungen wurden im Schulteam so lange diskutiert, bis ein Konsens hergestellt wurde.

Das so verabschiedete Konzept bzw. Programm muss von allen Mitarbeitern gleichermaßen getragen werden. Der Konsens wird regelmäßig während der Pädagogischen Tage, die jeweils in der letzten Woche der Sommerferien stattfinden, überprüft und ggfs. wiederhergestellt bzw. neuen Gegebenheiten angepasst. Die Dynamik und Flexibilität des Konzeptes ist damit gesichert.

Eine solche Weiterführung war z.B. die Erkenntnis: „Zukünftig werden alle MitarbeiterInnen der Schule von den Schülern mit Nachnamen und ‚Sie' angesprochen." (Das war leider keine Selbstverständlichkeit.) Damit wird die notwendige professionelle Distanz hergestellt und der Unterschied der Rollen und Ebenen verdeutlicht. Die Erwachsenen demonstrieren damit auch ihre Erziehungsverantwortung und weichen von der ‚Kumpelebene' ab.

Unterrichts- und Pausenzeiten werden gemäß der Ergebnisse der Arbeitsgruppe verändert. Die Pausenaufsicht führt ein Pausenteam. Ein Pausenaufsichtsplan wird für alle Schüler sichtbar in den Klassen und in den Fluren aufgehängt, damit Zuständigkeiten transparent sind.

Für die Schüler und Eltern wird eine Vereinbarung, in der Regeln und Sanktionen bei Regelverstoß festgelegt sind, vorbereitet. Schüler, Eltern und Lehrkräfte verpflichten sich, das festgelegte Regularium zu akzeptieren.

Als Einstieg zur Umsetzung des Programms wurde der Termin für eine Projektwoche, in der die Schüler auf die veränderten Strukturen vorbereitet wurden, festgelegt. Die Projektwoche endete mit einem Fest, zu dem auch die Eltern eingeladen waren, damit die nötige Transparenz und Partizipation gesichert werden konnte.

Das dargestellte Ritual wurde von allen MitarbeiterInnen konsequent umgesetzt.

Zentrale Elemente des Programms

1. Konfrontative Interventionen

Die Konfrontation mit den eigenen Fehlverhaltensweisen hat das Ziel, die Schüler wieder dazu zu befähigen, Verantwortung für ihr eigenes Tun zu übernehmen und Sanktionen auszuhalten, wenn es zu Regelverstößen gekommen ist.

Das setzt jedoch voraus, dass Fehlverhalten auch von den Lehrkräften nicht ignoriert oder übersehen werden darf und dass die Reaktion der Lehrkräfte einheitlich sein muss. Dies wurde mit Hilfe des „Formblatts Regelverstoß" [s. Anhang 3] erreicht.

2. Erarbeitung „Konfliktlösungsritual"

In einer akuten Krise bzw. der konfrontativen Phase ist es wichtig, „richtig" einzugreifen, d. h. im Sinne einer De-Eskalation zu wirken. Verschiedene Möglichkeiten müssen im Kollegium praktisch (das ist besonders wichtig) trainiert werden. In der Arbeit muss sich die Lehrkraft forsch und sicher dem Konfliktort nähern, deutliche sprachliche und körperliche Präsenz zeigen. Wenn nötig, muss sie durch körperlichen Einsatz de-eskalieren, das Opfer schützen und den Täter aus der Situation nehmen und ihm eine Fluchtmöglichkeit zugestehen.

Interventionsverlauf in akuter Krise:

- Abstand (Armlänge)
- lautes, deutliches namentliches Ansprechen
- Verweis auf das Unterlassen der Tat (kurze Sätze: „Michael, hör auf!")
- Handlungsschritte vorher benennen („Ich komm jetzt auf dich zu!")
- kein unnötiger Körperkontakt
- keine Konsequenzen in der Situation androhen
- Stressverlauf berücksichtigen
- Verweis auf Klärungsgespräch

Lösungen werden erst erarbeitet, wenn wieder eine Beruhigung eingetreten ist.

3. Klärungsgespräch/Phase der Abklärung des Folgeverhaltens

Das Klärungsgespräch ist das eigentliche Konfrontationsgespräch. Es beinhaltet das Erfragen weiterer Informationen, Konsequenzen, Wiedergutmachung – oft im Sinne des „Täter-Opfer-Ausgleichs".

Das Klärungsgespräch muss zeitnah erfolgen und zeitsparend durchgeführt werden. Innerhalb des Kollegiums gibt es klare Absprachen und Zuordnungen, wer welchen Part übernimmt. Konsequenzen und Wiedergutmachungsrituale werden im Kollegium erarbeitet. Für das Klärungsgespräch wurde ein Leitfaden entwickelt [s. Anhang 2 Klärungsgespräch].

Besonders die Punkte „Nachbesprechung" und „Controlling" sind von großer Wichtigkeit, da wir alternative Verhaltensweisen mit den Schülern erarbeiten, die zumindest für die nächsten Tage eine hohe Präferenz haben.

Das Alternativverhalten des Schülers wird gezielt auf Einhaltung beobachtet und positiv verstärkt. So hat der betroffene Schüler die Möglichkeit für sich eine „Kosten-Nutzen-Analyse" zu erstellen. Lohnt es sich in einer ähnlich gelagerten Situation, erneut den Konflikt einzugehen, oder entscheide ich mich doch eher für eine stressfreie und sozial angepasste Variante?

4. Umgang mit Regelverstößen/Wiedergutmachung

Sind bei einem Schüler in einem relativ kurzen Zeitraum 15–20 „Regelverstöße" vorgefallen, wird ein Gespräch mit den Eltern und dem Schüler vereinbart, in dem neue Verhaltensziele und unterstützende Hilfen abgesprochen werden.

Tenor des Gesprächs soll sein: Wie geht es dir momentan? Wie kommt es, dass du dich nicht an die Regeln halten kannst? Wer kann dich wie/wodurch unterstützen, damit es dir wieder gelingt, die Regeln einzuhalten?

Das Prinzip der Wiedergutmachung ersetzt Strafen weitgehend.

Das Formblatt Regelverstöße wird auf gelbes Papier gedruckt. (Wiedererkennungswert der „gelben Karte" beim Fußball wird genutzt.)

Die Auswertung der Regelverstöße kann auch zur Zielformulierung für individuelle Verhaltensziele zur Verhaltensmodifikation genutzt werden.

5. Weitere konkrete Schritte

Die Regeln gelten während des gesamten Schulvormittags, also auch während der Pause, bei Unterrichtsgängen etc.

Der/die KlassenlehrerIn legt einen Ordner für seine Schüler an. In diesem werden alle „Strafzettel" nach Regelverstößen geordnet und in der Sozialen Gruppenstunde (SGS, s. u.) am Freitag ausgewertet.

Nach jedem Schulhalbjahr werden die Strafzettel aller Schüler ausgewertet, um so Hinweise zu bekommen, ob eine Veränderung oder Verschiebung von Gewaltphänomenen stattgefunden hat.

Diese systematische Dokumentation bietet zugleich eine sichere Datenbasis für die Evaluation und Reflexion des Gesamtkonzeptes (z. B. an den Pädagogischen Tagen).

Wenn ein Schüler es schafft, ohne eine Regelverletzung die Woche zu überstehen, erhält er in der SGS (s. u.) ein besonderes Lob und zwei Bons, die er in der Folgewoche im Kiosk eintauschen kann.

Bewegungs-, Entspannungs- und Kioskpausen werden festgelegt; eine Liste mit Spielgeräten, die in einer 15-minütigen Pause sinnvoll ausgeliehen werden können, wird erstellt (Hockey, Badminton, Tischtennis, großes Seil, kleines Trampolin etc.)

Vordrucke für die Ausleihausweise werden gedruckt. Es wird ein Pausenhelfer-plan erarbeitet, der ebenfalls für alle Schüler sichtbar aufgehängt werden soll.

Ein mobiler Kiosk wird angeschafft, und zunächst eine Klasse bestimmt, die den Kiosk bewirtschaftet. Bons werden erstellt.

6. Die soziale Gruppenstunde – SGS
Offiziell war diese Stunde auf der Stundentafel der Schule nicht vorgesehen. Die SGS wurde jedoch als Element des Gewaltreduzierungsprogramms fest in den Wochenplan implementiert. Zunächst einmal ist dieses Element nichts absolut Neues: Viele LehrerInnen praktizieren eine Wochenauswertung, doch häufig wenig geplant, oft nur sporadisch und nicht ritualisiert. Die SGS lebt jedoch von der Regelmäßigkeit, der Institutionalisierung und von dem hohen Stellenwert, der ihr von Schülern und Lehrkräften gleichermaßen zukommt.

In der SGS werden die „Regelverstoßzettel" – gelbe Zettel – ausgewertet und besprochen. Jeder Schüler erhält so am Ende der Woche eine individuelle Rück-meldung seines Sozialverhaltens. Gleichzeitig wird das Zielverhalten für die nächste Woche ausgehandelt/definiert. Dieses Verhaltensziel findet der Schüler auf seinem Wochenplan für die kommende Woche wieder. Für erfolgreiches Sozialverhalten werden in der SGS Belohnungen in Form von Bons für den Kiosk verteilt. Ein ausgeklügeltes, auf die besonderen Bedürfnisse jedes einzel-nen Schülers zugeschnittenes Verstärkersystem unterstützt die Bemühungen der Schüler, sozial erwünschtes Verhalten aufzubauen.

Es ist sehr ratsam, das Kollegium in dem Bereich der Verhaltensmodifikation fortzubilden, da die fehlerhafte Anwendung solcher Konzepte gegenteilige Ef-fekte haben kann.

8.3.5 Erste Ergebnisse und Weiterentwicklung des Konzeptes

Deutlich geworden ist, dass die Sensibilisierung der MitarbeiterInnen der Schule gegen unterschiedlichste Ausprägungen/Formen der Gewalt größer geworden ist. Das hat unmittelbare Auswirkungen auf die Schüler, die sehr genau beob-achten, wie das Kollegium mit dieser Thematik umgeht.

Ebenso werden von den Schülern sofort Unterschiede im Verhalten einzelner Lehrkräfte registriert und ausgenutzt. Die unterschiedlichen Reaktionen ergeben sich durch die tägliche und ermüdende Auseinandersetzung mit gewalttätigem Verhalten.

Gegen eine gewisse Abstumpfung hilft nur ein ständiges Feedback durch die KollegInnen und dauerhafte Konfrontation mit diesem Thema. Insofern ist es von elementarer Bedeutung, das Gewaltkonzept ständig zu evaluieren und als Curriculum zu betrachten. Hierzu nutzt das Kollegium jährlich mindestens zwei Pädagogische Tage.

Da bereits auf geringe Provokationen und verbale Beleidigungen konsequent reagiert wird, konnten viele Konfliktsituationen bereits in der Entstehungsphase („aus Spaß wird Ernst") soweit entschärft und durch die Interventionsstrategie

145

unterbrochen werden, dass massive Schlägereien nur noch äußerst selten vorkommen. Allerdings hat die Zahl der verbalen Beleidigungen und Provokationen nicht deutlich abgenommen.

Der Ansatz, bereits verbale Beleidigungen konsequent zu ahnden, stellt in Krisenzeiten eine enorme Anforderung an das Kollegium dar. Hier liegt ein Schwachpunkt, aber gleichzeitig auch ein gutes Barometer für die Effektivität des Konzeptes. Sobald die PädagogInnen nachlässig werden, Beschimpfungen zulassen, steigen in zeitlich messbarer Folge auch die „schwereren Delikte" wieder an.

Nach ca. einem Jahr konnte erfreut festgestellt werden, dass die Regel: „Ich darf niemandem etwas wegnehmen" überflüssig geworden war. Allerdings konnte sie leider nicht ersatzlos gestrichen werden. Sie musste ersetzt werden durch die Regel: „Ich darf niemanden sexuell belästigen." Diese Veränderung war Ergebnis eines Pädagogischen Tages, bei dem durch das Kollegium beklagt wurde, dass besonders gegenüber den Mitarbeiterinnen immer wieder obszöne Gesten, Beleidigungen und auch Versuche körperlicher Übergriffe stattfanden. Auch unter den Schülern nahmen obszöne Gesten, Beleidigungen und Übergriffe zu, die das Gegenüber erniedrigen sollten.

Die letzte und grundlegendste Veränderung erbrachte die Evaluation im August 2004 (die aufgrund der sorgfältigen Dokumentation eine valide Grundlage hatte). Nach den Kriterien „soll bleiben", „muss noch verbessert werden" wurde das Konzept erneut überprüft. Tab. 40 zeigt das Ergebnis.

Tab. 40: Ergebnisse der Evaluation

Soll bleiben	Muss verbessert werden
• das Grundkonzept	• Regeln sollen bereits auf dem Formblatt das Zielverhalten deutlicher hervorheben.
• Konsensentscheide im Kollegium	• Für besonders schwerwiegende Konflikte muss ein besonderes Formblatt erstellt werden.
• Auswertungsmodus	• Stärkere Einbindung der Eltern
• Evaluation	• Visualisierung der Verhaltensänderung in der Schülerschaft
• die geltenden Regeln	
• Klausurtage des Kollegiums	

Das Formblatt „Regelverstöße" wurde danach neu konzipiert. Es war deutlich geworden, dass – entgegen jeglicher Theorie von Verhaltensmodifikation – die Schüler bei der Bearbeitung des Formblatts immer wieder ihr negatives Verhalten aufschreiben mussten, zum Beispiel „Ich darf niemanden schlagen". Das, was sie nicht tun sollten, nämlich schlagen, war dann aber das „Schlagwort", zu dem wir sie auch noch aufforderten. Gemäß dem ressourcenorientierten Ansatz wurde das Formblatt so verändert, dass das negative Verhalten als „Ich-Botschaft" erscheint, das Zielverhalten aber abgeschrieben werden muss [s. Anhang 3: Formblatt Regelverstoß]. Das Umgangsritual mit Regelverstößen ist geblieben.

Zusätzlich wurde ein zweites Formblatt entwickelt, das für grobe Regelverstöße genutzt wird. Wenn dieses Blatt zum Einsatz kommt, hat es einen so gravierenden Vorfall gegeben, dass der Schüler für ein oder mehrere Tage vom Unterricht suspendiert werden musste. Er muss das Blatt zu Hause ausfüllen, es ist seine Eintrittskarte für ein in jedem Fall stattfindendes Klärungsgespräch. Dieses Blatt wird auf rotem Papier gedruckt (rote Karte beim Fußball). Ebenso wurde hierzu ein Leitfaden für dieses Klärungsgespräch entwickelt, der eingehalten werden soll.

8.3.6 Fazit

Kernpunkt des Präventions- und Interventionsprogramms ist das dargestellte Regelwerk mit den logischen Konsequenzen, die Unterrichts- und Pausengestaltung, der Schulkiosk und vor allem die Soziale Gruppenstunde.

Weiterhin wurde ein verlässliches Netzwerk zur Kriminalpolizei, dem Täter-Opfer-Ausgleich der Jugendgerichtshilfe und zum „Boxcamp Kassel" aufgebaut.

Neu seit April 2004 ist ein Lauftraining durch externe Lauftrainer, das zweimal wöchentlich vor Unterrichtsbeginn für eine Gruppe extrem gewaltbereiter Jugendliche mit sehr gutem Erfolg durchgeführt wird.

Die Elemente des Programms lassen sich nach Einschätzung der PädagogInnen und den positiven Erfahrungen in jeder Schule realisieren. Allerdings weisen sie darauf hin: „Nicht möglich ist die Übertragung *unseres* spezifischen Konzeptes, da die Besonderheit unserer Klientel nicht vergleichbar mit anderen Schulen ist. Wir verstehen, wie sicherlich klar geworden ist, unser Konzept nicht als statisches Programm, sondern als Curriculum, das ständig evaluiert und angepasst werden muss.

Nach unserer Einschätzung profitieren Schüler mit einer Gewaltproblematik von überzeugenden Autoritäten, die ihnen mit empathischer Konsequenz Halt und Orientierung geben und gemeinsam mit ihnen ein sozial akzeptiertes Werte- und Normensystem aufbauen.

Dazu ist es nötig, dass wir sie Grenzen spüren lassen und sie uns als verlässliche Wächter und Hüter dieser Grenzen erleben. Wir müssen ihnen helfen, ein Schuldbewusstsein zu entwickeln, Stärke zu zeigen, indem sie Fehlverhalten zugeben können und bereit zur Wiedergutmachung sind. Nur so können sie lernen, wie ein konfliktfreies Miteinander funktionieren kann.

Für uns hat sich der enorme anfängliche Arbeitsaufwand bereits nach relativ kurzer Zeit gelohnt. Die Atmosphäre an unserer Schule hat sich positiv gewandelt. Der Alltag ist für Schüler und Lehrer wieder attraktiver geworden.

Ein sicheres Indiz ist die hohe Stabilität im Kollegium. Seit drei Jahren gab es keinen Lehrerwechsel!"

8.3.7   Anhang

Anhang 1

Vertrag mit jedem Schüler, der Voraussetzung für den Schulbesuch unserer Schule ist

Wir wollen und dulden keine Gewalt an unserer Schule!

Gemeinsam mit euch wollen wir eine Schule schaffen, in der wir keine Angst vor Beleidigung, Erniedrigung und körperlicher Gewalt haben müssen.
Um das zu erreichen, gelten folgende

Regeln:

1. Ich darf niemanden provozieren.

2. Ich darf niemanden beleidigen.

3. Ich darf niemanden bedrohen.

4. Ich darf niemanden schlagen.

5. Ich darf niemanden sexuell belästigen.
   (Ich halte Abstand zu allen MitarbeiterInnen und Schülern.)

6. Ich darf nichts beschmutzen oder beschädigen.

Kassel, den _____

_____
(Unterschrift/en)

Anhang 2

Leitfaden Klärungsgespräch

Klärung hat Vorrang
- Befragung von Zeugen
- Verschriftlichung des Vorgangs durch Täter und Opfer
- Bereitschaft zur Klärung feststellen
- Festsetzung eines Klärungsgespräches

Klärungsgespräch (nur Täter/Opfer–Täter)
- Verweist auf die geltenden Regelungen und Normen
- Aufgabe von Verleugnungsstrategien
- unterschiedliche Sichtweisen verdeutlichen
- Vermittlung von Empathiegefühlen
- Verdeutlichen der eigenen Schuldanteile
- Erarbeiten und Aufzeigen von Lösungsmöglichkeiten

Wiedergutmachung
- Festlegung der Lösungsmöglichkeit
- Absprache über die Konsequenz
- Akzeptanz Opfer/Täter
- gemeinsames Gespräch

Nachbesprechung
- Erstellen einer Kosten-Nutzen-Analyse
- Formulierung eines zukunftsorientierten Zielverhaltens
- Festlegung des Zeitraums
- Unterstützung

Controlling
- Rückmeldesysteme
- Erfolgskontrolle
- Verdeutlichen von positiver Entwicklung

Anhang 3 (Vorderseite)

Formblatt bei Regelverstößen

Nur vom Mitarbeiter (MA) auszufüllen:

☐ Schule

☐ Tagesgruppe

MA: _____

Datum: _____

Zeit: _____

Notiz: _____

Ich, _____
　　　　(Name)

habe Folgendes getan:

☐ Ich habe provoziert.
1. → Ich behandle (Name) _____ respektvoll. 　10 x

☐ Ich habe beleidigt.
2. → Ich bin höflich zu _____ 　10 x

☐ Ich habe bedroht.
3. → Ich sorge dafür, dass sich _____ sicher fühlt. 　10 x

☐ Ich habe geschlagen.
4. → Ich achte die körperlichen Grenzen von _____ 　10 x

☐ Ich habe sexuell belästigt.
5. → Ich achte die Intimsphäre von _____ 　10 x

☐ Ich habe beschmutzt oder beschädigt.
6. → Ich sorge für Ordnung und Sauberkeit in der Schule. 　10 x

Es war:
☐ im Klassenraum　　☐ auf dem Schulhof　☐ in der Pause
☐ im Werkraum　　　☐ beim Sport
☐ beim Unterrichtsgang　☐ _____

Schreibe auf:

1. Wer war beteiligt? _____
_____
_____

2. Was habe ich genau getan? _____
_____
_____
_____
_____

150

Anhang 3

Schreibe auf, was du in Zukunft beachten wirst:

1. _____

2. _____

3. _____

4. _____

5. _____

6. _____

7. _____

8. _____

9. _____

10. _____

Nur von MA auszufüllen:

Akzeptiert: ✓

_____   _____
(Unterschrift)   (Unterschrift)

9 Konfrontationsprogramme

9.1 Einführung

Seit Anfang/Mitte der 90er-Jahre des vergangenen Jahrhunderts ist ein Wandel in der ‚Philosophie' der Interventionsverfahren bei gewalttätigem Verhalten von Kindern und Jugendlichen eingetreten. Es ist ein Paradigmenwechsel von verstehenden zu eher konfrontierenden, von begleitenden, situationsorientierten zu hochstrukturierten und systematischen Ansätzen festzustellen. Im Umgang mit gewalttätigen Kindern und Jugendlichen wird für klare Antworten auf Grenzverletzungen in Form von eindeutigen Konsequenzen und Sanktionen plädiert. Die (Selbst-)Verantwortung der TäterInnen wird betont, diese sollen mit ihrer Tat konfrontiert werden. Begleitend dazu sollen Angebote zur Wiedergutmachung aufgebaut werden, erst danach soll eine Stabilisierung der TäterInnen und deren Selbstwert erfolgen.

Damit einhergehend, wird die Effektivität eines systematisierten und verhaltensnahen Vorgehens beschrieben. In einer Zusammenstellung verschiedener Studien zu TäterInnentherapien stellt Elsner (2004) fest: Es sind „vor allem die Störungsmuster zu berücksichtigen, die als dynamische Risikomerkmale grundsätzlich beeinflussbar sind (...). Dazu gehören z. B. antisoziale Einstellungen und Denkmuster, Mangel an sozialen Fertigkeiten und zwischenmenschlichen Fähigkeiten, eingeschränkte Problemlösefähigkeiten, mangelnde Affektregulation und Impulskontrolle, inadäquate und selbstschädigende Coping-Strategien, fehlende Empathie mit den eigenen Opfern. (...) Das therapeutische Vorgehen sollte insgesamt strukturiert sein, verhaltensnah und übende Methoden beinhalten" (ebd., S. 110).

Unter der Überschrift „Gewalt im Griff" haben Weidner et al. (1997) für den Bereich der Sozialpädagogik diesen Paradigmenwechsel deutlich vertreten. Weidner (1997) bezieht sich in seinem Konzept zur „Grenzziehung als Interaktionsritual" auf das Konzept der sog. Glen Mills School. Diese ist eine stationäre Alternative zum Jugendvollzug in den USA (vgl. Ottmüller, 1988). Dabei bildet den Kern des Programms eine Kombination aus einer individuellen Förderung im pädagogischen Alltag der Jugendlichen (Straftäter) mit einem klaren System von Konsequenzen – den „Sieben Levels der Konfrontation" – bei Regelüberschreitungen. Diese gestuften Formen der Konsequenzen reichen von freundlich non-verbalen Hinweisen bei Grenzverletzungen bis zum sog. „physical restrainment", bei dem Jugendliche, die Regeln übertreten haben und sich nicht einsichtig zeigen, von MitarbeiterInnen niedergehalten werden, bis sie sich beruhigt haben. „Die Spannung des Jugendlichen löst sich in dieser für ihn hoffnungslosen Situation meist in Tränen, und der Jugendliche regrediert zum Kind und hört auf zu kämpfen. Hat er sich nun beruhigt, kann er aufstehen, erklären, dass er die Konfrontation akzeptiert, und muss später sein Verhalten ... rechtfertigen" (ebd., S. 67).

Im Folgenden wird exemplarisch ein Programm vorgestellt, das Elemente der Konfrontation als wichtigen Bestandteil hat; des Weiteren werden Grundprinzipien und Konfrontationsmethoden, wie sie in den USA praktiziert werden, kritisch betrachtet.

9.2 Das Anti-Aggressivitätstraining (AAT) von Heilemann und Fischwasser-von Proeck

9.2.1 Grundgedanken und Ziele

Das Anti-Aggressivitätstraining wurde von Heilemann Ende der 80er Jahre des vergangenen Jahrhunderts in der Jugendstrafanstalt Hameln, der größten in Europa, erstmals durchgeführt und seitdem kontinuierlich weiterentwickelt. Es hat als „Hamelner Modell" in der Jugendhilfe und Jugendgerichtshilfe sowie darüber hinaus deutliche Beachtung gefunden. Etwa seit 2000 wird dieses Konzept, das bis dahin nur im stationären, geschlossenem Strafvollzug realisiert wurde, auch in offeneren Strukturen durchgeführt und in Fortbildungen weitervermittelt.

Ausgangspunkt sind die „Härtesten der Harten" (Heilemann & Fischwasser-von Proeck, 2001, S. 5): „Schläger und Köperverletzer sind fast immer Menschen, die in ihrer Kindheit und Jugend sehr viele Zurückweisungen, Demütigungen und Kränkungen erfahren haben" (ebd., S. 17).

Das gewalttätige Verhalten dient dazu, Kontrolle und Macht zu gewinnen: „Minderwertigkeitsgefühle, innere Unruhe, Angespanntheit, hohe Erregbarkeit und ein extremes Leben der Stimmungslagen führt letztlich zu dem Bedürfnis, dieses ‚Scheißleben' (‚keiner lobt mich, keiner nimmt mich in den Arm, keiner hält zu mir, nichts gelingt mir') durch vermeintliche Highlights und Thrills/Kicks mindestens kurzfristig vergessen zu können: Der Schläger provoziert ein unschuldiges und oft statushöheres Opfer, nimmt dessen Reaktion als Grundlage, diesen Menschen zusammenzuschlagen, um ihn damit physisch und psychisch beschädigen zu können. Der Schläger selbst versucht dabei, seine Mickrigkeit, seine Hilflosigkeit und die Sinnlosigkeit seines bisherigen Lebens zu kompensieren" (ebd.). „Der Täter möchte im Moment der Unterwerfung durch Hervorrufen von Angst, Schmerzen oder von beidem dem Opfer das Selbstbestimmungsrecht wegnehmen. In ihm entsteht ein Gefühl von Überlegenheit, Macht, Dominanz und ‚totaler Kontrolle'" (Heilemann, 2004, S. 135).

„Durch die Bereitschaft zum Schlagen und die Körperverletzung und Demütigung anderer Menschen kommt es zu einer ‚momentanen Wiedergutmachung'.

(...) Der Schläger fühlt sich vom Leben verraten und will nun, um für sich individuelle Wiedergutmachung zu erreichen, anderen das Leben vermiesen. Ein Mensch, der glaubt, er habe ein Recht auf Wiedergutmachung durch andere und gleichzeitig auf Grund seiner körperlichen Stärke und einer gewissen Brutalität die Anlage zum Schlagen in sich trägt, der kann zum Schläger werden" (Heilemann & Fischwasser-von Proeck, 2001, S. 22 f).

Durch diesen Wiedergutmachungsanspruch kommt es zu unterschiedlichen Legitimationsstrategien, um das eigene Handeln zu rechtfertigen, wie z. B. Ablehnung der Verantwortung, Verneinung des Unrechts oder einer Ablehnung des Opfers (das Opfer hat auf Grund seiner Wertlosigkeit die Behandlung durch den Schläger verdient) (vgl. ebd., S. 26 f). „Die Gründe für den willkürlichen Übergriff gegen ein (meist unbedachtes) Opfer führen zu einer Stabilisierung der Defizite in der Person des Täters, so dass ein Wiederholungszwang (Suchtcharakter von Schlagen) entsteht" (Heilemann, 2004, S. 135 f).

Das Anti-Aggressivitätstraining hat das Ziel, diesen Zyklus zu durchbrechen, den Täter mit seinem Handeln zu konfrontieren und dann neu zu stabilisieren. „Der therapeutische Auftrag eines ‚Anti-Aggressivitätstrainings' besteht letztlich in der ‚Umwandlung von Feindseligkeit in persönliche Wachstumsbereitschaft' der Täter, die dann die Grundlage für solidarisches und loyales und somit mitmenschliches Verhalten (soziale Kompetenz) bildet" (Heilemann, 2004, S. 136). „Ziel ist es, einen ‚inneren Pazifismus' als Leitidee" (Heilemann & Fischwasser-von Proeck, 2001, S. 63) zu etablieren.

Das Training zeichnet sich nach den Aussagen der AutorInnen durch eine hohe Radikalität aus. Es ist

- radikal konfrontativ („Erst wenn der Täter auf dem ‚heißen Stuhl' die ihm zukommende lebenslange Verantwortung für seine Opfer übernimmt, ist er in der Lage, sich für eine neue, friedliche Identität zu entscheiden") (Heilemann & Fischwasser- von Proeck, 200,1 S. 67);
- radikal wachstumsorientiert;
- radikal opferorientiert („Das Trainerteam arbeitet am Täter aber immer und grundsätzlich im Auftrag der Opfer") (ebd.);
- radikal offensiv.

Auf diesem Hintergrund hat das Training zwei Phasen, zum einen die Konfrontation und zum anderen die Wachstumsförderung; hierzu gehören Selbstwertstabilisierung und der Aufbau sozialer Kompetenzen. Dabei gelten für Anti-GewalttrainerInnen bestimmte Grundregeln:

- „Der Trainer darf radikal und massiv in die Persönlichkeit des Täters eindringen;
- die Konfrontation (‚der heiße Stuhl') ist das Nadelöhr, durch das der Täter muss;
- das Trainerteam führt dem Täter seine Begabungsreserven so vor Augen, dass er sich in seine eigenen Fähigkeiten neu verliebt;
- das Trainerteam darf sich nicht vorzeitig mit Scheinerfolgen begnügen;
- der Anti-Gewalttrainer muss radikaler sein als der Schläger" (Heilemann & Fischwasser-von Proeck, 2001, S. 80 f).

9.2.2 Zielgruppe

Zielgruppe sind im ursprünglichen Programm jugendliche Straftäter in institutionellen Bezügen (Jugendstrafanstalt) im Alter von etwa 17–23 Jahren gewesen.

In den neueren Entwicklungen wurde das Modell in den offenen Strafvollzug und in die Bewährungshilfe übertragen. In den letzten Jahren wird das Grundmodell des Anti-Aggressivitätstrainings auch in ambulanten Zusammenhängen umgesetzt. Zielgruppe sind hier ebenfalls Jugendliche, die durch gewalttätiges Verhalten massiv auffällig geworden sind.

Das Training wird in Gruppen von etwa acht Jugendlichen durchgeführt. Die Gruppen werden von zwei TrainerInnen und einer größeren Anzahl von „ehrenamtlichen MitarbeiterInnen" begleitet; diese setzen sich aus interessierten Fachkräften, BewohnerInnen aus dem Ort, aber auch ehemaligen Schlägern zusammen. „Die Therapeuten im AAT zeigen sich durch extreme Wirksamkeitsansprüche aus: Sie müssen häufig noch paradoxer und verrückter agieren als es der, schon an einiges gewöhnte, Täter je erlebt hat. Dieser ‚Irrsinn der Therapeuten' führt erst zu einer Verunsicherung und dann zu einer Orientierungsreaktion des Täters. Nicht-Ausweichbarkeit ist das oberste Gebot für den Anti-Gewalttrainer" (ebd., S. 92). Wichtig ist, dass die Gesamtgruppe des Trainerteams die „Lufthoheit" gegenüber den Teilnehmern besitzt. „Die interdisziplinäre Ausrichtung des Trainerteams ermöglicht erst die intensive Durchdringung des ‚Störer-Ichs' und eine ‚Verführung' (Animation) zu einem friedensorientierten Ich-Wachstum des Ex-Schlägers" (Heilemann, 2004, S. 139).

9.2.3 Dauer, Aufbau

Das Training umfasst je nach Teilnehmerzahl etwa 30 Sitzungen.
Es ist in vier Abschnitte gegliedert:

1. Biographische Analyse: Dabei geht es darum, „eine biographische deliktbezogene Anamnese jedes einzelnen Teilnehmers zu erstellen" (Heilemann & Fischwasser-von Proeck, 2001, S. 71).
2. „Konfrontationsphase (heißer Stuhl): In dieser Phase muss jeder Trainingsteilnehmer für drei bis vier Stunden auf den heißen Stuhl; die Gewalttaten jedes Häftlings werden aufgelistet und ein Aufbau von Rangreihen über den Brutalitätsgrad der Straftaten vorgenommen. Mit diesen wird der Täter konfrontiert" (ebd., S. 73). Ziel ist es, dass der „Täter auf Grund der Konfrontationen mit dem Opfer Empörung über die eigenen Taten entwickelt. Er soll Ekel und Abscheu verspüren, er soll Gewalt als Kompensation seines eigenen mickrigen Ichs erleben; er soll erkennen, dass es sich um eine einseitige Täter-Opfer-Beziehung handelt und einen individuellen Wiedergutmachungsplan erstellen" (ebd.).
3. „Attraktivitätstraining: Hier geht es um einen Aufbau und die Erweiterung von Kompetenzen der TeilnehmerInnen. Es werden unterschiedliche Handlungsmodule eingesetzt, die in den folgenden Trainingseinheiten zu je etwa

drei bis vier Stunden einmal wöchentlich durchgeführt werden (Rhetorik-Training, Gehirnjogging, Gefühlsjogging, Ausdauer- und Fitnesstraining, Schauspieltraining, Deeskalations-Training, Flirt-Training, Provokationstest)" (ebd.).

4. Realisationsphase: In dieser Phase sollen die Ex-Schläger ihre „neue friedliche, wohlwollende und unterstützende Identität nach außen darstellen. Dies geschieht durch konkretes Umsetzen und unterstützende Handlungen z.B. im Asylheim, Altenheim, Rehabilitationszentrum, Kindertagesstätten (...) oder in Jugendheimen und Diskotheken" (Heilemann & Fischwasser-von Proeck, 2001, S. 79).

Die einzelnen Handlungsmodule, die in den Trainings eingesetzt werden, sind z.B. Entspannungstrainings, Aufmerksamkeitstrainings, Nähetrainings.

9.2.4 Beispiel

Ein Beispiel für ein Handlungsmodul ist das „Coolness-Training", das folgendermaßen systematisch aufgebaut ist:

- Zunächst wird die *Ausgangssituation* („was mir passiert") analysiert; es wird deutlich, dass der „Provokateur" Macht über mich haben will.
- Dann wird das *Zielverhalten* („was ich weiß") ins Bewusstsein gerufen: „Ich möchte cool und zurückhaltend sein. Ich bin defensiv, weiche aus ..., ich gehe aus dem Feld und habe letztlich nur ein Ziel, ich will mich auf keinen Fall gezwungen sehen, mich körperlich zur Wehr setzen zu müssen. Ich übe Deeskalation. ... Ich wehre mich nicht und er hat keine Macht über mich. ... Er wird niemals das Hochgefühl haben, dem habe ich meinen Willen aufgedrückt" (Heilemann & Fischwasser-von Proeck, 2001, S. 84).
- Denkinhalte: Es werden konkrete Kognitionen eingeübt, um sich der Provokation zu entziehen.
- Artikulationsebene: Auch hier werden konkrete normale Reaktionsmöglichkeiten durchgespielt und vertieft (von „entschuldige bitte, dass ich dich verletzt oder beeinträchtigt habe" bis „ich habe einen Notfall, bin gleich wieder da") (ebd., S. 85).
- Zuletzt werden weitere *Ausweichtechniken* eingeübt.
- Das Fazit und die Grundregel („was ich immer bedenken muss") ist aber: „Wenn der andere es schafft, mich zu provozieren, hat er immer gewonnen: egal wie der ‚Kampf' dann ausgeht" (ebd., S. 87).

9.2.5 Evaluation

Es gibt keine klassische kontrollierte Vergleichsstudie zu dem vorgestellten Anti-Aggressivitätstraining. Das liegt allerdings auch daran, dass es nahezu unmöglich ist, in diesem Feld eine Randomisierung im vorhinein zu erreichen.

In einer Studie des Kriminologischen Forschungsinstituts Niedersachen (KFN) von Ohlemacher et al. (2001a, b) zeigte sich: „Bei 63 % der untersuchten Personen [aus der AAT-Trainingsgruppe, KFG] konnten wir einen strafrechtlich relevanten und als solchen gerichtlich belangten Rückfall (… allgemeiner Rückfall) feststellen. (…) Einen Gewaltrückfall (als Teilmenge der allgemeinen Rückfälle) konnten wir bei 37 % der untersuchten Personen feststellen" (Ohlemacher et al., 2001b, S. 20 f). Über die Hälfte der Gewaltrückfälle (55,6 %). ereignete sich im ersten Jahr nach Haftentlassung. Hinsichtlich der Rückfallintensität war eine „Abschwächung" festzustellen: 55,6 % der Rückfälligen verübten „schwächere" Delikte.

Um eine Vergleichsgruppe untersuchen zu können, suchten Ohlemacher et al. (ebd.) unter knapp 900 inhaftierten Jugendlichen/jungen Erwachsenen solche aus, die nicht am AAT teilnahmen, dennoch hinsichtlich Alter, Haftdauer, Art und Schwere der Delikte usw. mit den „Trainierten" soweit identisch waren, dass sich „Zwillingspaare" bilden ließen. Aus dem Vergleich ergaben sich folgende Ergebnisse: „Die Rückfallrate ist in beiden Gruppen (Trainierte und Untrainierte, KFG) fast identisch: wir konnten bei 34,2 % der untrainierten Personen mindestens einen Gewaltrückfall feststellen. Die analoge Rückfallrate bei den Trainierten weist hierzu keinen signifikanten Unterschied auf" (Ohlemacher et al., 2001b, S. 32); gleiches gilt für die Rückfallhäufigkeit; ebenso ist die Rückfallgeschwindigkeit „fast identisch".

„Mit Blick auf die Rückfallintensität (Gewaltdelikte) erweist sich die Gruppe der AAT-Untrainierten als ,ungünstiger': 56 % der Gewaltrückfälligen weisen ein ,stärkeres' Rückfalldelikt auf" (ebd., S. 34) – nur 29,6 % wiesen bei den Trainierten einen stärkeren Rückfall auf (ebd.).

Zusammenfassend stellen die Autoren fest: „Die positiven Effekte des AAT liegen somit nicht über dem Durchschnitt anderer Maßnahmen in Hameln" (ebd., S. 35).

9.3 Der Umgang mit aggressivem Verhalten in sozialpädagogischen Einrichtungen in den USA – Erfahrungen aus der Praxis

Philipp Klein, Wendula Mordhorst und Ines Dold

9.3.1 Vergleichende Betrachtung der sozialen Sicherungssysteme in den USA und Deutschland

Bevor es im Hauptteil dieses Beitrags um die Auseinandersetzung mit aggressivem Verhalten in den USA geht, soll im Folgenden ein kurzer Überblick über das soziale Sicherungssystem in den USA gegeben werden.

Im Gegensatz zum deutschen Sozialversicherungssystem, das in seinen Grundzügen bereits seit dem Ende des 19. Jahrhunderts besteht, entstand das System öffentlicher Wohlfahrtsleistungen in den USA erst verhältnismäßig spät.

Verantwortlich für die verzögerte Ausgestaltung der amerikanischen Sozialpolitik war die bis zur großen Wirtschaftskrise (1930) vorherrschende Denkweise, nach der die in der amerikanischen Unabhängigkeitserklärung festgeschriebenen, aufklärerischen Werte vom Recht des Menschen auf Leben, Freiheit und der Suche nach Glück vor allem dem Einzelnen oblagen (vgl. Eichenhofer, 1990 S. 27 ff). Dem Staat wurde bei der Sicherung dieser Rechte dagegen nur eine schwache Rolle mit wenigen Zuständigkeiten zugedacht. „Es [dieses Denken] beruhte auf der Hoffnung, dass die Gesellschaft der Brüderlichkeit entstehe, falls die Freiheit des Menschen möglichst wenig beeinträchtigt werde, und dies sei nur gewährleistet, wenn der Staat möglichst schwach und machtlos sei" (ebd., S. 30).

Parallel zur Betrachtung des Einzelnen als „seines eigenen Glückes Schmied" (Mattern, 1997, S. 6) waren über lange Zeit sozialdarwinistische Sichtweisen populär. Diese beschränkten Armut auf ein Problem der „Untüchtigen (…), die unfähig sind, sich aus eigener Kraft ihres Schicksals zu erwehren" (ebd., S. 43).

Eine sich zur Jahrhundertwende allmählich verändernde Denkweise, die nach der Armut zunehmend auch durch soziale Faktoren begründet wurde, fand ihre Bestätigung schließlich in der einsetzenden Wirtschaftskrise. Diese hatte zur Folge, dass Bürger aller Gesellschaftsschichten um ihre Existenz gebracht wurden und der amerikanische Traum vom selbstverantworteten Glück ein jähes Ende fand (vgl. Eichenhofer, 1990, S. 36 ff; Mattern, 1997, S. 7).

1935 kam es zur Verabschiedung des Sozialversicherungsgesetzes *(Social Security Act)*. Dieses wurde durch den damaligen Präsidenten Franklin D. Roosevelt innerhalb der sog. „New Deal-Ära", die von Arbeitslosigkeit, Hunger und Not geprägt war, vorangetrieben. Da Einzelne und Familien der Lage nicht aus eigener Kraft Herr werden konnten, erschien eine Einmischung des Staates durch sozialpolitische Maßnahmen zur Sicherung der Grundfreiheiten des Menschen unumgänglich (vgl. Eichenhofer, 1990, S. 74; Mattern, 1997, S. 7 f).

Obwohl das soziale Sicherungssystem in den USA bis heute stetig weiter ausgebaut wurde, erscheint die Absicherung gegen allgemeine Lebensrisiken, verglichen mit Deutschland, noch immer als unzureichend.

Eine nationale Pflichtversicherung existiert nur im Bereich der beitragsfinanzierten Rentenversicherung *(Old Age Survivors Disability Insurance)* von 1935 und der Krankenversicherung für Rentner *(Medicare)* von 1965.

Keinen Schutz gewährt letztere allerdings hinsichtlich der teilweise immensen Selbstbeteiligungen, die vor allem dadurch entstehen, dass keine bundesweite Krankenversicherungspflicht besteht.

Die Arbeitslosenversicherung *(Unemployment Insurance)* von 1935, die insgesamt nur geringe und kurzfristige Leistungen bereithält, sowie die Unfallversicherung *(Workmen's Compensation Law)* von 1948 obliegen allein einzelstaatlicher Verwaltungszuständigkeit.

Ferner sind im Bereich steuerfinanzierter Sozialhilfe-Programme nur die Alten-, Blinden- und Behindertenfürsorge *(Supplementary Security Income)* von

1974 national einheitlich organisiert, während alle anderen Sozialhilfe-Programme, namentlich die Familienfürsorge *(Aid to Families with Dependent Children)* von 1935, die Krankenfürsorge *(Medicaid)* von 1965 sowie die Ernährungsfürsorge *(Food Stamp)* von 1964, von Bund und Einzelstaaten gemischt finanziert werden (vgl. Kremer, 2000, S. 69 ff).

Insgesamt lässt sich feststellen, dass die staatlichen Sozialleistungen in den USA das deutsche Sicherungsniveau deutlich unterschreiten und es keinen (so weitreichenden) universellen Anspruch auf soziale Unterstützung durch staatliche Systeme gibt.

Allerdings lässt sich in den USA ergänzend zum niedrigen Leistungsniveau und dem „freiheitlichen, anti-staatlichen Denken der amerikanischen Gesellschaft" (Kremer, 2000, S. 76) folgend eine lange Tradition privater Wohltätigkeit beobachten (vgl. ebd., S. 76; Mattern, 1997, S. 7).

Die Werte von freiwilliger Hilfsbereitschaft und persönlichem Verzicht entwickelten sich in den Anfängen sowohl aus religiösen Motiven als auch aus Solidarität unter den ethnischen Gruppen der Einwanderer (vgl. Eichenhofer, 1990, S. 31 ff; Mattern, 1997, S. 7). Starke Missstände in Folge einer großen Einwanderungswelle lösten seit Mitte des 19. Jahrhunderts eine verstärkte Anteilnahme sozial engagierter Bürger aus. Entgegen der im obigen Abschnitt beschriebenen sozialdarwinistischen Denkweise bezogen sich entsprechende Initiativen für die Erklärung von Armut stärker auf eine Mitverantwortung der Gesellschaft und wendeten sich gezielt gegen die bis dato übliche Verwahrung der Betroffenen in Armenhäusern. Vielmehr wurde eine Differenzierung zwischen verschiedenen Gruppen von Armen und die adäquate Betreuung in entsprechenden Einrichtungen angestrebt (vgl. Eichenhofer, 1990, S. 39)[4].

Bis heute zielt der private Wohlfahrtssektor in den USA in erster Linie darauf ab, von den staatlichen Programmen nicht erfasste Notstände aufzufangen, und es sind vor allem die „Netze nachbarschaftlicher Hilfe und karitative Organisationen" (Mattern, 1997, S. 6) und kaum staatliche Einrichtungen, die in den USA professionelle Hilfe anbieten (vgl. Kremer, 2000, S. 76). Neben Zuschüssen durch den Bund sind die Einrichtungen für ihre Finanzierung dabei hauptsächlich auf Mittel aus dem privatwirtschaftlichen Bereich angewiesen. Sponsoring und Marketing spielen vor diesem Hintergrund eine bedeutend größere Rolle als in Deutschland.

In der folgenden Abbildung werden die grundlegenden Unterschiede zwischen dem deutschen und amerikanischen staatlichen Sicherungssystem noch einmal zusammenfassend dargestellt.

---

4 Eine der bekanntesten Vertreterinnen dieses sozialen Umdenkens ist wohl Jane Adams, die in einem Chicagoer Elendsviertel das sog. „Hull House" bezog. Ziel war es, vor Ort die Lebensbedingungen der notleidenden Bevölkerung und besonders der Kinder zu verbessern.

Tab. 41: Vergleich der staatlichen Sicherungssysteme Deutschland – USA

	Deutschland	USA
Staatl. Selbstverständnis	„Der *starke* Staat"	„Der *schwache* Staat"
Funktion des Staates	„Leibwächterfunktion": Sicherstellung eines Schutzes gegen allgemeine Lebensrisiken	„Nachtwächterfunktion": Der Staat setzt vor allem wirtschaftpolitische Rahmenrichtlinien.
Politisches Grundprinzip	Der Staat ist für das Wohlergehen der Bürger mitverantwortlich.	Jeder ist seines eigenen Glückes Schmied, der Staat hat in die Eigenverantwortlichkeit nicht einzugreifen.
Leistungserbringung	*Sozialstaatsprinzip:* besondere Verpflichtung des Staates, gerade für benachteiligte Bevölkerungsgruppen ein Existenzminimum, Sozial- und Gesundheitsdienste sicherzustellen	*Zivilstaatliches Solidarprinzip:* auf direkter Stufe, von Mensch zu Mensch zu handeln

9.3.2 Entstehungszusammenhänge von aggressivem Verhalten

Auch wenn im Beitrag von Fröhlich-Gildhoff in diesem Band (s. Kap. 4) die Entstehungsbedingungen (überdauernden) aggressiven Verhaltens ausführlich beschrieben sind, sollen in einem Exkurs die theoretischen Grundlagen zur Betrachtung der (professionellen) sozialpädagogischen Umgangsformen mit entsprechend ‚auffälligen' KlientInnen kurz dargelegt werden:

Ein multifaktorielles, bio-psychosoziales Modell (vgl. Petermann, Döpfner, & Schmidt, 2001, S. 26 f,) geht davon aus, dass es verschiedene Einflüsse gibt, die zum Auftreten von aggressiven Verhaltensweisen beitragen können.

Ob es dann in einem nächsten Schritt jedoch tatsächlich zu einer Manifestation aggressiven Verhaltens kommt, hängt nach Ratzke (2001, S. 21) neben prädisponierenden Faktoren auch von vermittelnden, auslösenden sowie situativen Faktoren ab.

Vermittelnde Faktoren beziehen sich vor allem auf korrigierende Lern- und Beziehungserfahrungen, d.h. die Präsenz einer konstanten Bezugsperson in der (weiteren) Familie oder näheren sozialen Umgebung. Auslösende Faktoren lassen sich hingegen weniger konkret bestimmen und hängen im Wesentlichen von einem Zusammenspiel zwischen den objektiven Lebensbedingungen, den subjektiven Bedeutungszuschreibungen, der Interpretation biographischer Erlebnisse und den individuellen Bewältigungsmöglichkeiten ab. Gleiches gilt für konkrete Anlässe oder Situationen, die dazu führen, dass ein Kind aggressives Verhalten zeigt (ebd., S. 21 ff).

Durch den Einbezug vermittelnder, auslösender sowie situativer Faktoren in ein bio-psychosoziales Betrachtungsmodell wird deutlich, dass es zusätzlich zu bestimmten individuellen Vorraussetzungen ebenso vom sozialen Umfeld abhängt, ob aggressives Verhalten tatsächlich auftritt. Die Entstehung aggressiven Verhaltens wird gemäß diesem systemischen Denkansatz vor allem „als eine Interaktionsstörung und als Ergebnis und Bestandteil dynamischer Rückkoppe-

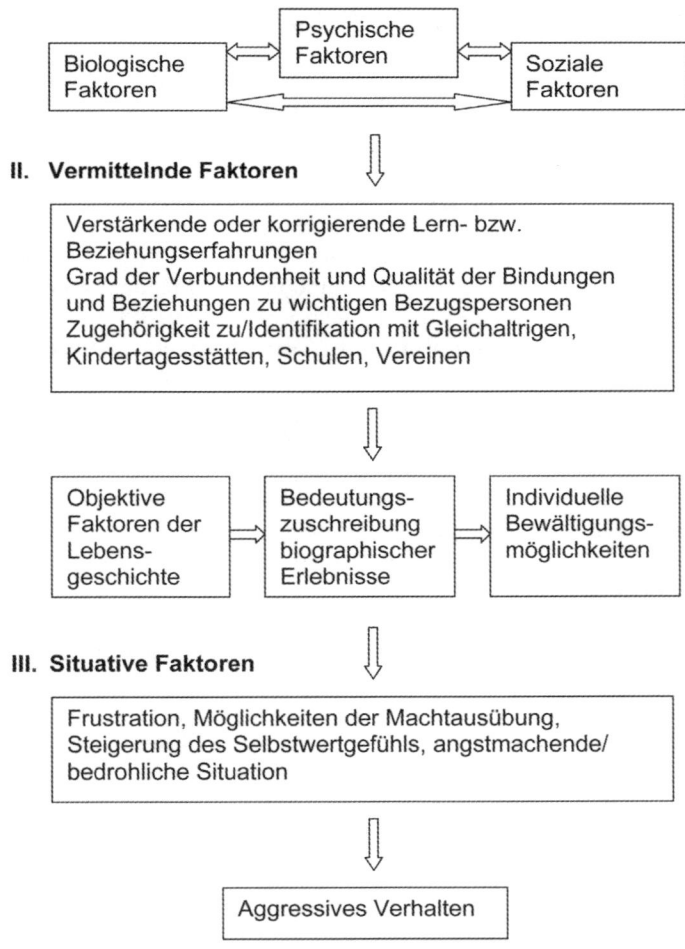

Abb. 11: Multifaktorielle Entstehung gewalttätigen Verhaltens

161

lungsprozesse"[5] (Ratzke, 2001, S. 19) verstanden. „Kinder sind nicht aggressiv, sondern *zeigen* in bestimmten Kontexten aggressives Verhalten" (ebd.).

Neben einer Beschäftigung mit den individuellen Faktoren, die zu aggressiven Verhaltensweisen geführt haben, sind für eine Intervention folglich auch die Frage nach den Signalen, Botschaften und Funktionen eines Verhaltens von Bedeutung.

Inwieweit die in den USA praktizierten Umgangsweisen mit aggressivem Verhalten am Beispiel der sg. *Therapeutic Crisis Intervention (TCI)* und der *Strategies for Crisis Intervention and Prevention (SCIP)* dieser Sichtweise gerecht werden, soll nach einem kurzen Einblick in den Aufbau der Hilfegestaltung in den Vereinigten Staaten im Folgenden näher erläutert werden.

9.3.3 Aufbau der Hilfegestaltung in den USA

Während der Hilfegestaltung in Deutschland zumeist Teamstrukturen und eine fachliche Ausbildung der MitarbeiterInnen zugrunde liegen, zeigt sich in den USA eine eher hierarchische Struktur, die zwischen ausgebildeten und nicht ausgebildeten Mitarbeitern unterscheidet.

An der Spitze der Hierarchie stehen zumeist MitarbeiterInnen, die die Berufsqualifikation des *Master of Social Work* (Studium 5–6 Jahre) oder des *Bachelor of Social Work* (Studium 3–4 Jahre) innehaben.

Ihre Aufgaben haben weniger mit dem alltäglichen Umgang mit den KlientInnen zu tun, sondern beziehen sich vor allem auf Administration (z. B. Leitung von Hilfeprogrammen), Organisation (z. B. Case Management) oder Therapie. Zudem übernehmen sie die Supervision von MitarbeiterInnen, die in der Hierarchieebene unter ihnen angesiedelt sind.

Außer MitarbeiterInnen mit den genannten Berufsabschlüssen und Aufgaben sind in die Hilfegestaltung in den USA die so genannten *Direct Care Staff* (übersetzt: MitarbeiterInnen in der direkten Hilfe) involviert. Diese MitarbeiterInnen sind in stationären Einrichtungen 24 Stunden am Tag in unterschiedlichen Schichtsystemen im Dienst. Sie leisten den größten Teil der Hilfe, der sich auf den täglichen Umgang mit den KlientInnen bezieht (z. B. Kochen, Wäsche waschen, Begleitung zu Terminen, persönliche Gespräche etc...).

Die Arbeit als *Direct Care Staff* ist verhältnismäßig schlecht bezahlt. Obwohl die Bedingungen, die an diese Mitarbeiter gestellt werden, von Einrichtung zu Einrichtung variieren, werden zumeist lediglich ein Highschool-Diplom und vor allem ein Führerschein, nie aber eine spezifische Ausbildung vorausgesetzt (vgl. Nakhnikian, Kahn, 2004 S. 1; vgl. http://www. pacodr. com/secure/data/055/chapter5330/s5320.43. html).

---

5 Mit „dynamischen Rückkoppelungsprozessen" ist gemeint, dass in der wechselseitigen Interaktion jede Seite beim Gegenüber Handlungen auslöst, die auf sie selbst zurückwirken. Hierzu Theunissen (1998, S. 52): „Die Mitarbeiter weisen den Bewohner zurecht, weil er andere stört; und der Betroffene stört weiter, weil die Mitarbeiter immer so schimpfen und er sich nicht verstanden fühlt".

In den ersten Wochen nach ihrer Einstellung werden die *Direct Care Staff* in einer Einführungswoche über ihr Klientel informiert und auf verschiedene Situationen vorbereitet. Hierzu zählt neben einem Erste-Hilfe-Kurs und einer Vorstellung einrichtungsbezogener Grundhaltungen auch eine Einführung in das sog. TCI oder SCIP.

In der Hilfegestaltung in den USA besteht folglich eine klare Trennung zwischen ausgebildeten Mitarbeitern, den *Master* und *Bachelor of Social Work,* und unausgebildeten Mitarbeitern, dem *Direct Care Staff.*

Einerseits grenzen sich die ausgebildeten von den unausgebildeten MitarbeiterInnen durch detailliertes Fachwissen und eine nach außen hin höhere Verantwortung ab (vgl. Duvall, 1998, S. 7). Andererseits sind gerade die MitarbeiterInnen, die mit administrativen Aufgaben betraut sind, darauf angewiesen, dass der *Direct Care Staff* seine Arbeit verantwortlich und im Sinne der Einrichtung erfüllt.

Da die Verantwortung für die Leistungsplanung und die eigentliche Leistungserbringung auf verschiedenen Ebenen angesiedelt sind, besteht ein Ungleichgewicht, das zu Konflikten und Mitarbeiterfluktuation im Bereich des *Direct Care Staffs* führen kann. Als weiterer Grund für die hohe Mitarbeiterfluktuation muss an dieser Steller allerdings auch noch einmal auf die schlechte Bezahlung des *Direct Care Staffs* hingewiesen werden (vgl. http://ddd.state.wy. us/Documents/wagedoc.htm).

In den folgenden Kapiteln sollen nun exemplarisch zwei verschiedene Programme zum Umgang mit aggressivem Verhalten in den USA vorgestellt werden. Während SCIP ursprünglich für die Behindertenhilfe entwickelt wurde, entstammt TCI der Kinder- und Jugendhilfe. Beide Programme weisen jedoch deutliche Parallelen auf und erscheinen uns im Zusammenhang vom Umgang mit aggressivem Verhalten in den USA nennenswert.

9.3.4 Umgang mit aggressivem Verhalten in den USA am Beispiel von SCIP – Strategies for Crisis Intervention and Prevention

1994 wurden vom Staat New York verschiedene Beteiligte zur Arbeit an einem Leitfaden zur Qualitätssicherung in der Behindertenhilfe vereint, um einen Ausbildungsführer für den angemessenen Umgang mit aggressiven Bewohnern zu schaffen., 1998 verabschiedete der Governour New Yorks ein ca. 500-seitiges Handbuch (vgl. Pataki et al., 1998, S. VII f).

Es dient als Bestandteil des Mitarbeitertrainings, das jede Einrichtung als Einführungsveranstaltung für seinen neuen *Direct Care Staff* durchführt. Die Lehrenden dieser Einheiten müssen eine entsprechende Ausbildungsberechtigung *(SCIP Instructor)* haben.

9.3.4.1 Aufbau des SCIP-Programms

Das Handbuch, auf dem SCIP basiert, ist in 6 Kapitel unterteilt, die jeweils eine Anleitung zu verschiedenen Situationen und Perspektiven bieten. In einem Anhang wird auf spezielle Zielgruppen aufmerksam gemacht sowie Einzelfallbesprechungen exemplarisch dargestellt (vgl. ebd.).

In der Praxis werden von den MitarbeiterInnen mit dem Begriff SCIP oft nur physisch-restriktive Interventionsmaßnahmen verbunden, was das Konzept jedoch bei Weitem verkürzt. Im Folgenden soll anhand einer kurzen Zusammenfassung jedes Kapitels ein Überblick über die Ziele und Methoden von SCIP gegeben werden.

Kapitel 1: Bewusstsein *(Awareness)*
Dem *Direct Care Staff* soll in der Einführungswoche anhand von SCIP zunächst die Theorie von aggressivem Verhalten nahe gebracht werden. Weiterhin soll verdeutlicht werden, wie das Verhalten der Mitarbeiter das Verhalten der Klienten in der gegenseitigen Interaktion beeinflusst. Hieraus wird die Schlussfolgerung gezogen, dass ein erlerntes Krisenmanagement für den/die KlientIn sowie für den/die MitarbeiterIn äußerst wichtig ist (vgl. ebd., S. 1 ff).

Kapitel 2: Verhalten verstehen *(Understanding Behavior)*
In dieser Einheit des SCIP-Trainings steht das Verstehen des aggressiven Verhaltens im Zentrum. Das Training stößt gemäß eines systemischen Denkansatzes dazu an, interne und externe Faktoren zu formulieren, die aggressives Verhalten verursachen. Vor diesem Hintergrund soll die Bedeutung der Beziehung zwischen KlientIn und MitarbeiterIn und ihr Einfluss auf das Entstehen von aggressivem Verhalten vertieft werden (vgl. ebd., S. 35 ff).

Kapitel 3: Vorbeugende Intervention *(Proactive Intervention)*
Das Ziel dieser Einheit ist es, den TeilnehmerInnen des SCIP-Trainings zu verdeutlichen, wie aktive, reaktive und vorbeugende Interventionen im Umgang mit aggressivem Verhalten durchgeführt werden können und inwieweit das Konzept des SCIPs hierauf abzielt. Diskussionsthemen dieses Kapitels sind die Bedeutung von Unterstützung und funktionaler Umgebung als Basis für Hilfeplanung und Einschätzung einer Situation.

Es werden fünf Hauptelemente für den positiven Umgang mit Verhaltensauffälligkeiten herausgearbeitet, die als Hilfestellung für die MitarbeiterInnen dienen sollen:

1. Erweiterung von Verhaltensmöglichkeiten
2. Veränderungsmöglichkeiten in der Umgebung
3. Konsequenzen von Verhalten
4. Erlernen von ersetzenden Verhaltensformen
5. Erlernen von Alternativen
   (vgl. ebd., S. 87 ff).

Kapitel 4: Aktive Intervention *(Active intervention)*
Im vierten Kapitel des Handbuches zum SCIP-Training wird das Erkennen von Verhaltenseskalationen behandelt und auf frühe Warnsignale von Krisensituationen sowie angemessene Reaktionen durch die Mitarbeiter eingegangen. Es werden Beruhigungstechniken und die Vermeidung von weiteren Reizfaktoren in Bezug auf die Entstehung einer Krisensituation erlernt. Diese Einheit soll mit Rollenspielen konkretisiert werden (vgl. ebd., S. 111 ff).

Kapitel 5: Reaktive Intervention *(Reactive Intervention)*
Dieses Kapitel unterteilt sich in zwei Schritte, die sich wie folgt zusammensetzen.

Zu Anfang werden Richtlinien zur Nutzung der physischen Interventionstechniken herausgearbeitet. Bei der Anwendung soll besonders auf vorherige Prävention, die entsprechenden Vorgaben der jeweiligen Einrichtung, die korrekte Anwendung von physischen Interventions-Techniken und die Rücksichtnahme auf Gesundheit und Sicherheit geachtet werden.

Der zweite Teil besteht darin, die physischen Interventionstechniken zu erlernen und anwenden zu können (vgl. ebd., S. 141 ff).

Je nach ihrer Intensität werden die physischen Interventionsmaßnahmen dabei in drei verschiedene Kategorien unterteilt. Im Folgenden sollen diese zur Verdeutlichung kurz mit einem Beispiel belegt werden.

Kategorie 1
Diese Interventionsformen sollten nach dem SCIP-Konzept grundsätzlich von allen Mitarbeitern erlernt werden.

Ein Beispiel ist in diesem Rahmen der sog. *one person escort.* Hierbei erlernen Mitarbeiter, einen Menschen sicher von einem zum anderen Ort zu eskortieren. Diese Technik wird verwendet, falls eine Person – ungeachtet möglicher Ursachen und Gründe – zu schwach oder unsicher ist, um selbständig stehen oder laufen zu können.

Kategorie 2
Die physischen Interventionsmaßnahmen dieser Kategorie sollen nach dem SCIP-Konzept nur von Mitarbeitern erlernt und angewandt werden, deren Arbeitsplatz von vornherein den Umgang mit aggressiven Bewohnern vorsieht. Eine dieser Techniken lautet *blocking punches.* Bei dieser Technik geht es darum, möglichen Angriffen oder Schlägen des Klienten auszuweichen. Falls ein Schlag auf den Körper trifft, wird erlernt, wie dieser abzuwehren ist, ohne sich oder den Klienten zu verletzen.

Kategorie 3
Die dritte Kategorie von Interventionsmaßnahmen soll nach SCIP nur bei wirklichem Bedarf erlernt werden.

Als Beispiel soll in diesem Zusammenhang die sog. *two take down*-Technik dienen. Bei dieser Interventionsmaßnahme wird eine sich aggressiv verhaltende Person von zwei MitarbeiterInnen aus der stehenden in die liegende Position transferiert. Ziel ist es, eine Person in einer Krisensituation sicher auf den Boden zu legen und ruhig zu stellen, bis sich die Situation oder das Verhalten wieder normalisiert hat.

Kapitel 6: Zusammenführung der einzelnen Schritte *(Putting it Together)*
Nun geht es darum, die nötigen Schritte miteinander zu verknüpfen. Das adäquate Dokumentieren einer Situation sowie die Reflexion des eigenen Verhaltens sollen abschließend erlernt und ihre Bedeutung unterstrichen werden. Das eigene Verhalten in der Krisenintervention wird hierbei weiterentwickelt und präzisiert. Diese Einheit schließt somit den Kreis des SCIP Trainings (vgl. ebd., S. 173 ff).

Insgesamt soll sich das Erlernen von SCIP auf ca. 16– 20 Stunden belaufen. Allerdings setzt die korrekte Anwendung von SCIP Reflexionsvermögen und eine professionelle Rollenperspektive voraus, die sehr schwer in 20 Stunden Unterricht erlernt werden können.

9.3.4.2 Praxisbeispiel

Das folgende Praxisbeispiel entstammt aus einer Einrichtung in den USA, die für geistig behinderte Menschen mit einer Suchtmittelabhängigkeit sowie zum Teil psychiatrischen Diagnosen ein Hilfeangebot vorhält. Das zweijährige Hilfeprogramm bezieht sich sowohl auf die übliche Betreuung im Wohnbereich als auch auf die gezielte Behandlung der Suchtkrankheit. Ziel ist es, das Individuum zu befähigen, nach zwei Jahren wieder in eine „normale" Wohnform umzuziehen.

Umgang mit aggressivem Verhalten

Die als Beispiel ausgewählte Situation soll nach der theoretischen Beschreibung von SCIP den in der Praxis erlebten Umgang mit den im Training erlernten Techniken verdeutlichen.

Dan (Name aus Gründen der Anonymität verändert) war seit einigen Monaten Teilnehmer des oben beschriebenen Programms und partizipierte an den täglichen Therapiesitzungen, ohne auffallend zu wirken. Die Diagnose des Arztes attestierte dem Klienten zusätzlich zu einer geistigen Behinderung und Alkohol- und Drogenabhängigkeit eine Borderline-Störung, die medikamentös behandelt wurde.

Eines Tages kam es zu einem Konflikt zwischen Dan und einem anderen Bewohner, der sich über Dans Mutter ausließ. Durch ein verbales Wortgefecht alarmiert, fanden sich die *Direct Care Staff* im Aufenthaltsraum zusammen. Dans verbale Ausfälligkeiten wurden immer heftiger und plötzlich sprach er von Stimmen, die er höre und die sagten, er solle den anderen Klienten umbringen. Spätestens an dieser Stelle war es für den *Direct Care Staff* unumgänglich, zu handeln. Allerdings wurde nicht, wie im SCIP-Konzept vorgesehen, zunächst präventiv oder aktiv gehandelt, sondern sofort mit einer physisch-restriktiven Intervention reagiert. Dass Dan dieses körperliche Vorgehen aufgrund seiner Rage nicht akzeptierte, ist wenig verwunderlich. Doch sind die physischen Interventionstechniken des SCIP so ausgefeilt, dass man zu zweit einen erwachsenen

Mann ohne Probleme ruhig stellen und auf den Boden bringen kann. Dans Gegenwehr mit all seiner Kraft war also vergeblich. Später wurde er von der Polizei in die nächste Klinik gefahren, wo er für 2 Wochen untersucht wurde, um daraufhin in das Programm zurückzukehren.

Kritik an dieser Form des Umgangs mit aggressivem Verhalten

Wie das Beispiel zeigt, wurde bedauerlicherweise nicht zuerst auf die im SCIP-Konzept vorgesehen niedrigschwelligeren Interventionsformen eingegangen, sondern sofort mit physisch-restriktiver Intervention reagiert. Die Situation in dieser Form zu de-eskalieren, war für fast alle Beteiligten möglicherweise die sicherste Vorgehensweise, doch sollten die Nebenwirkungen nicht unterschätzt werden. Dan hat aus dieser Situation sicherlich gelernt, welche Regeln im Haus eingehalten werden müssen und welches Verhalten somit angemessen ist. Doch seine Aggressivität in dieser Form zu ersticken, ist fragwürdig. Seine psychische Verfassung war z. B. nach diesem Vorfall eher labil. Er war eingeschüchtert, zurückgezogen und unzugänglich. Es brauchte sicherlich weitere zwei Wochen, bis er wieder mit voller Aufmerksamkeit an den therapeutischen Gruppen teilnehmen konnte.

Schlussfolgernd lässt sich feststellen, dass SCIP sich theoretisch grundsätzlich an den Prinzipien eines systemischen Denkansatzes orientiert und den Auslöser für aggressives Verhalten nicht einseitig in den jeweilig Betroffenen sucht. Der sofortige Einsatz physisch-restriktiver Interventionen allerdings erwirkt einen gegenteiligen Effekt: Nicht das Verstehen und Abwenden von aggressivem Verhalten steht im Vordergrund, sondern ungeachtet der nachhaltigen Folgen das schnelle Beenden einer für die Mitarbeiter unangenehmen und bedrohlichen Situation.

Das folgende Kapitel setzt sich nun mit einem weiteren Programm zum Umgang mit aggressivem Verhalten, dem sog. TCI, auseinander.

9.3.5 Umgang mit aggressivem Verhalten in den USA am Beispiel von TCI

9.3.5.1 Was ist TCI?

TCI ist ein Programm des *Family Life Development Center* an der Cornell University Ithaka, NY, USA (vgl. Family Life Development Center, 2001, S. IV).

Der *Family Life Development Center* wurde 1974 von der Legislative des Staates New York gegründet. TCI ist eines von mehreren Programmen des *Family Life Development Center*, welcher sich um das Wohlergehen von Kindern, Familien und Betreuungseinrichtungen kümmert (vgl. ebd., S. 3).

TCI wird an speziellen Einrichtungen der Cornell University, an dafür eingerichteten Orten in den USA und im Ausland gelehrt. Insgesamt in Hunderten von stationären Jugendhilfeeinrichtungen angewendet, wurde TCI inzwischen auch für andere Betreuungssituationen wie auch für Pflege- und Adoptivfamilien bearbeitet und angepasst.

Der Lehrplan von TCI wurde 1980 von Michael J. Budlong und Andrea J. Mooney entwickelt und 1992 überarbeitet (vgl. Family Life Development Center, 2001, S. IV). Derzeit wird TCI in USA, Kanada, Großbritannien, Irland, Australien und immer mehr auch international gelehrt und angewendet (nach ebd., S. 3).

9.3.5.2 Ziel von TCI

Für junge Menschen, die in einer stationären Jungendhilfeeinrichtung leben, bedeuten Krisen häufig, dass alle Möglichkeiten ausgeschöpft sind und es kein Weiterkommen gibt, oder es fehlt die Kenntnis von effektiven, konstruktiven und rationalen Methoden, mit Stress, Ärger oder Schmerz umzugehen oder darauf zu reagieren (vgl. ebd., S. 5). Ziel von TCI ist es, die ErzieherInnen in stationären Jugendeinrichtungen mit dem Wissen und den Fähigkeiten auszustatten, für junge Menschen ein Katalysator zu sein, um bisherige Gewohnheiten, destruktive Reaktionen und unangepasste Verhaltensmuster ändern zu können. Die ErzieherInnen sollen trainiert werden, dass sie den jungen Menschen helfen können neue Reaktionen auf ihre Umwelt zu entwickeln, die sie befähigen, ein höheres Niveau sozialer und emotionaler Reife zu erlangen (nach ebd., S. 4).

Es werden Wege diskutiert und geübt, wie man in Situationen intervenieren kann, wenn sich junge Leute in einer Krise befinden. Ebenso wird gelehrt, was eine Krise ist, wie man diese möglichst effektiv verhindern (vgl. ebd., S. 5) „und sicher regeln kann, wenn man die Krise nicht deeskalieren kann (ebd.)." Es ist das Ziel, die jungen Menschen zu befähigen, Schwierigkeiten mit sich selbst und ihrer Umwelt zu bewältigen. Dabei soll den ErzieherInnen die Möglichkeit gegeben werden, in Extremsituatíonen auch physisch zu intervenieren *(Physical Interventions)*.

Das Training ist in erster Linie für die sog. *Care Workers*, also die ErzieherInnen gedacht, die direkt mit den Kindern und Jugendlichen arbeiten, da sie die meiste Zeit mit den jungen Menschen verbringen und deshalb eine hervorragende Möglichkeit haben, ihnen zu helfen, neue Bewältigungsstrategien zu entwickeln.

Ebenso können aber auch LehrerInnen, unterstützende MitarbeiterInnen, Küchenpersonal und andere MitarbeiterInnen, die in ihrem Arbeitsalltag mit jungen Menschen zu tun haben, an dem Training teilnehmen (vgl. ebd.).

9.3.5.3 Das Training

Umgang mit Krisen

Am Beginn des fünftägigen Trainings steht das Verständnis und der Umgang mit Krisen. Es wird hier zwischen *Situational Crisis,* bei der die Krise die Ursache einer besonderen Situation ist, und der *Maturational Crisis,* die im Übergang zwischen verschiedenen Entwicklungsstufen auftritt, unterschieden. Krise wird als

Gefahr für aggressives Verhalten und Chance zur Persönlichkeitsentwicklung gesehen.

Nachdem Ursachen von Krisen und deren Formen geklärt wurden, steht der eigene Umgang mit Krisen bei den TeilnehmerInnen im Vordergrund. Vier Fragen werden im Training gelehrt, mit denen die TeilnehmerInnen sich ihren Gefühlen und denen des jungen Menschen bewusst werden sowie die Umwelt des jungen Menschen besser einschätzen lernen sollen.

1. „Was fühle ich gerade?"
2. „Was fühlt der **junge Mensch**, welches Bedürfnis hat er gerade oder was braucht er?" (Gefühl der Sicherheit, Zuwendung)
3. „Inwiefern beeinflusst die **Umwelt** den jungen Menschen?" (andere Kinder, Schule, Wohnbereich)
4. „Wie kann ich am besten reagieren?" (s. ebd., S. 10) (hören, Zuwendung, lehren, strukturieren, direkte Aufforderung)

Nachdem das Thema Krise behandelt wurde, wird in das *Stress Model of Crisis* eingeführt.

Stress Model of Crisis

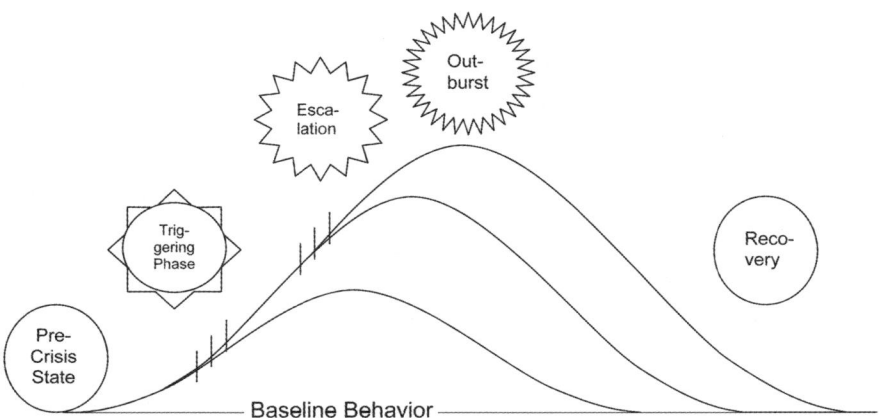

Abb. 12: Stress Model of Crisis (De-Eskalationsmodell einer Krise) (modifiziert nach Family Life Development Center, 2001)

Das *Stress Model of Crisis* (s. ebd., S. 70) macht die Stufen einer Krise begreiflich. Um zu erkennen, wann sich ein junger Mensch in einer Krisensituation befindet, ist es notwendig, zu wissen, wie der junge Mensch und die ErzieherInnen „normalerweise" handeln sowie wie das Milieu im Normalzustand ist. Dieser „Normalzustand" wird als *Baseline* oder *Pre-Crisis State* bezeichnet.

Durch das Verstehen von „normalem" Verhalten bei jungen Menschen (*Baseline"*) und dem typischen Problemlöseverhalten sowie durch die Kenntnis ihrer typischen Reaktion auf Frustration u. ä. sind ErzieherInnen besser darauf vorbereitet in Krisensituationen früh zu intervenieren und den jungen Menschen so vor dem Ausbruch der Krise auf die „Baseline" zurückzuholen.

Nachdem im Training zunächst die Bedeutung der *Baseline* dargestellt wurde, werden in den folgenden Einheiten die weiteren Phasen und deren Interventionsmöglichkeiten unterrichtet.

Triggering Phase

Die *Triggering Phase* zeichnet sich dadurch aus, dass bereits „unnormales" oder verändertes Verhalten gezeigt wird. Ein Ereignis – situations- oder entwicklungsbedingt – bringt den jungen Menschen aus dem Gleichgewicht und erzeugt bei ihm Spannung. Oft kann hier einer Krise vorgebeugt werden, indem dem jungen Menschen eine Routine gegeben wird, die seine Bedürfnisse trifft. Eine sichere und vorausschaubare Umwelt, gute Beziehungen, sanfte Erinnerungen, Ermutigung und Unterstützung können dem jungen Menschen helfen, seine Frustrationen und Ängste unter Kontrolle zu bringen.

Escalation Phase

In der *Escalation Phase* gerät der junge Mensch mehr und mehr aus dem Gleichgewicht, wirkt aufgeregt und beginnt die Kontrolle zu verlieren. Die Umgebung kann in dieser Phase den jungen Menschen sehr stark beeinflussen. Möglichkeiten können hierbei ein Krisengeräch, Methoden aus dem Bereich *Behavior Management Techniques* oder *Protective Interactions* sein.

Behavior Management Techniques sind Methoden, wie das Verhalten eines jungen Menschen beeinflusst werden kann. Insbesondere wenn der junge Mensch bereits durch Stressoren verändertes Verhalten zeigt, es aber noch nicht zum Ausbruch der Krise gekommen ist, ist der Einfluss der ErzieherInnen auf das Verhalten des jungen Menschen entscheidend.

Ist der junge Mensch zurück auf der *Baseline*, so können die ErzieherInnen ihm helfen, neue Bewältigungsstrategien zu entwickeln.

Das Ziel von *Protective Interactions,* sog. Schutzmaßnahmen, ist, Angriffe seitens der jungen Menschen, wie z. B. Schläge mit der Faust, Kneifen, Haare ziehen und Würgen, durch bestimmte im TCI gelehrte physischen, Interventionen auszuschalten. TCI geht davon aus, dass zu jeder Krisensituation ein potentieller Auslöser *(trigger)*, ein Ziel, eine Waffe und Stress gehören. Bei der De-Eskalation geht es nun darum:

- den Auslöser und das Ziel verschwinden zu lassen (z. B. eine Person aus dem Raum zu bitten),
- den Einsatz von Waffen zu vermeiden (z. B. Waffen verschwinden zu lassen),
- den Stresslevel zu reduzieren (z. B. Aktives zuhören),
- die Methode I ASSIST anzuwenden, um Sicherheit zu erreichen (vgl. ebd., S. 71).

„I ASSIST"

I *„Isolate the young person"* (von der Umwelt trennen)

A *„Activly listening"* (aktiv zuhören)

S *„Speak calmly, assertively, respectfully"* (ruhig, eindrücklich, respektvoll sprechen)

S *„Statements of understanding precede requests"* (Verständnis vorheriger Bitten nachfragen)

I *„Invite the young person to consider positive outcomes and behaviors"* (Aufforderung, positive Ergebnisse und Verhaltensweisen zu betrachten)

S *„Space reduces pressure"* (Raum geben, um Druck zu reduzieren)

T *„Time helps young people respond to requests"* (Zeit geben, um auf Aufforderungen zu reagieren, ebd., S. 68 f).

Outburst Phase

Junge Menschen können sehr schnell von der einen in die andere Phase übergehen. Aus diesem Grund ist es sehr wichtig die Phasen *Triggering* und *Escalation* zu erkennen, um so früh wie möglich zu intervenieren, den jungen Menschen auf die *Baseline* zurückzubringen und Interventionen mit hohem Risiko zu vermeiden. Ein junger Mensch befindet sich in einer akuten Krise, wenn er auf eine Art und Weise handelt, die für andere junge Menschen, ErzieherInnen und die Umgebung gefährlich sein könnte. In dieser Phase des Ausbruchs müssen Interventionen für die Sicherheit aller Personen sorgen, dies kann auch durch physische Interventionen geschehen.

Das Ziel einer körperlichen Intervention ist Sicherheit. Ein körperlicher Eingriff der ErzieherInnen in eine Krise eines jungen Menschen ist dann erforderlich, wenn der junge Mensch, MitarbeiterInnen oder andere in einer akuten Gefahr sind, körperlich verletzt zu werden.

TCI versteht unter *physical restraint* (körperliche Einschränkung) „das Handeln, bei dem MitarbeiterInnen einen jungen Menschen in einer bestimmten Art und Weise festhalten, um so starke körperliche Aggression unter Kontrolle zu bekommen" (ebd., S. 82). *Der Children's Health Act 2000* (USA) definiert *physical restraint* (körperliche Einschränkung) als „die Anwendung von körperlichem Zwang bei einem oder mehreren Individuen, der die Fähigkeit eines Individuums, seine Arme, Beine, oder den Kopf zu bewegen, reduziert, einschränkt oder unmöglich macht" (ebd.).

Bei gesundheitlichen Beeinträchtigungen, wie z.B. Asthma, müssen sich die ErzieherInnen bei der Anwendung eines *physical restraints* der Gefahr des Erstickens bewusst sein. Der *physical restraint* ist hier nur bedingt und mit äußerster Achtsamkeit anzuwenden. Nicht angebracht ist die Anwendung an öffentlichen Plätzen oder wenn der junge Mensch nicht sicher unter Kontrolle gebracht werden kann, die ErzieherInnen sich nicht unter Kontrolle haben, der junge Mensch eine Waffe hat oder Medikamente einnimmt, die eine Anwendung untersagen. Nach jedem *physical restraint* muss ein *Life Space Interview* (LSI) durchgeführt und jeder *physical restraint* muss dokumentiert werden.

Das LSI wurde in den in den frühen 1950er Jahren von Fritz Redl und David Wineman aus ihrer Arbeit mit aggressiven delinquenten Kindern und Jugendlichen entwickelt (vgl. Family Life Development Center, 2001, S. 74).

Das LSI soll in der Praxis nach jedem *physical restraint* durchgeführt werden, weil der junge Mensch in der anschließenden Ruhephase sehr lernfähig ist. Das gibt den ErzieherInnen die Möglichkeit, ihm geeignete Wege zu lehren mit schwierigen Situationen umzugehen. Oft ist es auch so, dass nach einem *physical restraint* der junge Mensch immer noch sehr angespannt ist und nicht genau weiß, was passiert ist. Das LSI bietet hier die Möglichkeit mit dem jungen Menschen das Geschehene zu reflektieren (vgl. ebd., S. 101 f).

Es sind sieben Stufen, die zum LSI führen:

„I ESCAPE"

I *„Isolate the conversation"* (Gespräch vom Gesamtgeschehen trennen)

E *„Explore young person's point of view"* (Sichtweise des jungen Menschen erkennen)

S *„Summarize the feeling and content"* (Gefühle und Inhalte zusammenfassen)

C *„Connect behavoir to feelings"* (Verhalten den Gefühlen zuordnen)

A *„Alternative behaviors discussed"* (alternatives Verhalten besprechen)

P *„Plan developed/Practice new behavior"* (Plan entwickeln/neue Verhaltensweisen einüben)

E *„Enter young person back into routine"* (vgl. ebd., S. 75 ff) (jungen Menschen wieder in den Tagesablauf integrieren)

Recovery Phase

Die *Recovery Phase* bietet die Möglichkeit, dem jungen Menschen in seinem Lernen zu helfen und durch die Erfahrung zu wachsen. Nach dem Ausbruch beginnt der junge Mensch, ruhig zu werden und sich zu entspannen.

In allen Krisensituationen gibt es drei verschiedene Ergebnisse:

1. *„The lower outcome"* – Der junge Mensch ist aufgrund der Krise oder durch die Art, wie sie gehandhabt wurde, verletzt.

2. *„No change/no growth"* – Eine Intervention wurde durchgeführt, aber anschließend nicht mit dem jungen Menschen reflektiert.

3. *„Higher Outcome"* (ebd., S. 7) – Es wurde interveniert und anschließend das Geschehene mit dem jungen Menschen aufgearbeitet.

Nachdem das *Stress Model of Crisis* mit den einzelnen Phasen theoretisch und mit praktischen Übungen im Training gelehrt wurde, endet dieses mit einer Prüfung. Diese gliedert sich in einen schriftlichen und einen praktischen Teil. Im schriftlichen Teil werden Kenntnisse von in TCI gelernten Methoden getestet. Dies geschieht anhand von Fallbeispielen, Definitionen und Beschreibung, im praktischen Teil geht es um die *Physical Interventions*. In Kleingruppen müssen nach Anweisung der Prüfer Techniken der *Protective Interventions* und des *physical restraints* durchgeführt werden.

9.3.5.4 Praxisbeispiel

Die folgenden Erfahrungen mit TCI kommen aus einer Einrichtung für Kinder und Jugendliche in den USA, Green Chimneys. Diese wurde 1947 gegründet und besteht heute aus einer Schule, *Green Chimneys School for Little Folk,* einer stationären Jugendhilfeeinrichtung, *Green Chimneys Childrens Services* und aus einer Organisation für Ehrenamtliche, *Friends of Green Chimneys.*

In Green Chimneys werden verhaltensauffällige Kinder und Jugendliche betreut, bei denen es nicht mehr möglich war, die Schwierigkeiten im gewohnten Umfeld zu lösen. Sie werden von Schulen, sozialen Diensten, Gerichten oder der Psychiatrie hierher überwiesen, nachdem andere Interventionsmöglichkeiten keine Wirkung gezeigt hatten. Green Chimneys ist für die Einbindung des Bauernhofes in die pädagogische Arbeit bekannt. Hier wird die *animal assisted therapy* durchgeführt, bei der durch die Pflege der Tiere und die Interaktion zwischen ihnen und den Kindern bzw. Jugendlichen die zwischenmenschlichen Beziehungen der Kinder und Jugendlichen verbessert werden soll.

Erfahrungen mit TCI in der Praxis

Einem jungen Menschen zu helfen, neue Verhaltensweisen zu erlernen, braucht pädagogisches Wissen, psychische Stärke, Geduld und Zeit. Da die *Direct Care Staff* jedoch wissen, dass zum Schluss immer der *physical restraint* als Interventionsform bleibt, werden die vorherigen Interventionsformen nicht immer angewandt. In aufkommenden Krisensituationen mit aggressivem Verhalten wurde nicht interveniert, die Eskalation abgewartet und diese dann schnell und ohne viel Geduld aufzubringen zu müssen mit einem *physical restraint* beendet. Vor allem die angelernten *Direct Care Staff* wissen nach dem fünftägigen TCI Training nur unzureichend über verbale und nonverbale Kommunikation sowie über das Führen eines Krisengesprächs Bescheid und brachten die im TCI gelernten *Behavior Management Techniques,* wenn sie diese z.T. auch theoretisch wussten, nicht in die pädagogische Praxis mit ein. Aufgefallen ist auch, dass TCI sehr oft mit dem *physical restraint* in Verbindung gebracht wurde. Viele der teilnehmenden MitarbeiterInnen kamen in das TCI Training mit dem Gedanken, dass sie hier lernen, wie man Kinder und Jugendliche „restraint".

Kritik am TCI Programm

Das TCI Training ist ein sehr anschauliches Training mit vielen praktischen Übungen. Da in den USA aufgrund der kulturellen Unterschiede ein gemeinsames erzieherisches Handeln der MitabeiterInnen an sich kaum möglich ist, bildet hier das TCI Training eine Basis für gemeinsames pädagogisches Handeln. In der direkten Betreuung von Kindern und Jugendlichen arbeiten viele MitarbeiterInnen ohne Ausbildung *(Direct Care Staff),* daher ist dieses Training eine Möglichkeit, theoretisches und praktisches pädagogisches Grundwissen zu erlangen.

Neben den bisher genannten positiven Auswirkungen von TCI muss jedoch auch gesehen werden, dass die Anwendung von TCI Methoden immer auch mit

Zwang verbunden sein kann. Die MitarbeiterInnen haben als letzte Möglichkeit immer die Anwendung des *physical restraint*, dem das Kind bzw. der Jugendliche ausgeliefert ist. Beim *physical restraint* muss auch immer die Gefahr der körperlichen Verletzungen der jungen Menschen und der MitarbeiterInnen bedacht werden, z. B. Ersticken, Asthmaanfälle usw., sowie seelische Verletzungen. Kinder und Jugendliche, die in stationären Einrichtungen leben, haben oft soziale oder seelische Schwierigkeiten. Durch einen *physical restraint* kann die Erinnerung an frühere seelische Erlebnisse wachgerüttelt werden oder eine seelische Verletzung durch die Anwendung von körperlicher Gewalt, Zwang und Macht entstehen.

Der *physical restraint* ist eine Machtdemonstration von Seiten der Erwachsenen gegenüber dem Kind oder Jugendlichen, der den jungen Menschen in eine untergeordnete Position drückt. Das Kind bzw. der Jugendliche liegt dabei alleine auf dem Boden, die MitarbeiterInnen (meistens zwei) befinden sich in einer bestimmten Technik auf dem Körper des jungen Menschen.

9.3.6 Schlussfolgerung

Wie die Ausführungen über SCIP und TCI gezeigt haben, handelt es sich hierbei um pädagogische Konzepte, die grundsätzlich zum Verstehen und positiven Umgang von aggressivem Verhalten beitragen sollen.

Die Praxisbeispiele hingegen lassen vermuten, dass die Umsetzung des SCIP bzw. TCI Schwächen aufweisen. Oftmals werden die Programme in der Praxis auf physisch-restriktive Interventionsformen reduziert. Die in den Programmen verankerten niedrigschwelligeren Interventionsmaßnahmen kommen dagegen nur selten zum Einsatz. Ein zu nennender Kritikpunkt ist in diesem Zusammenhang sicherlich die nur sehr oberflächliche Vermittlung der Programme an ausschließlich unausgebildetes Personal. Dieses verfügt zumeist nicht über den theoretischen Hintergrund, um angewandte Methoden kritisch zu hinterfragen und prozessorientierte Handlungsalternativen zu Gunsten des Menschen mit aggressivem Verhalten zu entwickeln.

Abschließend lässt sich feststellen, dass die Grundidee von Programmen wie TCI oder SCIP zwar durchaus effektiv erscheint und sich diese Programme in deutschen Einrichtungen vermutlich sogar als sehr hilfreich erweisen würden. Gerade vor dem Hintergrund der amerikanischen Hilfegestaltung sind die dargestellten Interventionsprogramme wegen ihrer verkürzten Umsetzung allerdings eher in Frage zu stellen.

10   ‚Ganzheitliche' Interventionsprogramme

10.1   Einführung

Die im Folgenden vorgestellten ‚ganzheitlichen' Interventionsprogramme haben das Ziel, nicht nur am Problemverhalten anzusetzen, sondern auch (in unterschiedlicher Schwerpunktsetzung) die zugrunde liegenden Faktoren zu bearbeiten; insbesonders geht es bei diesen Programmen darum, Selbst- und Fremdwahrnehmung zu verändern, die Möglichkeiten zur Selbststeuerung zu verbessern und neue soziale Kompetenzen v.a. zur Konfliktbewältigung aufzubauen.

Das „Freiburger Anti-Gewalt-Training" (FAGT) hat darüber hinaus das Ziel, zumindest partiell zu einer Stabilisierung des Selbstwerts – jenseits der aggressiven Durchsetzung eigener Interessen – beizutragen.

10.2   „Training mit aggressiven Kindern" (Petermann & Petermann)

10.2.1 Grundlagen

Dieses Trainingsprogramm gehört zu den am längsten und am weitesten verbreiteten in Deutschland. Es wurde erstmals 1978 aufgelegt, kontinuierlich weiterentwickelt und ist mittlerweile in der 10. Auflage von Petermann & Petermann (2001) erschienen. Ein analoges Trainingsprogramm für Jugendliche ist erstmals im Jahre 2000 erschienen. Dieses weist einen prinzipiell gleichen Aufbau auf, so dass jetzt breiter das „Training mit aggressiven Kindern" beschrieben wird. Der Ausgangspunkt dieses Programms wird folgendermaßen beschrieben:

„Mit aggressivem Verhalten können Kinder familiäres und schulisches Geschehen lenken. Aggressives Verhalten kann ein Appell an die Umwelt sein, die Hilflosigkeit eines Kindes zu verdeutlichen, oder der brutalen Durchsetzung eigener Interessen dienen. Durch aggressives Verhalten wollen Kinder in manchen Fällen auch eine Identität oder ein Selbstbewusstsein gewinnen. So vielfältig auch die Gründe der Aggression im Einzelnen sein mögen, so eindeutig sind die Folgen: Aggressives Verhalten führt oft langfristig bei den betroffenen Kindern zu einer Verhaltenseinschränkung und führt damit zu einer verringerten

Fähigkeit, Probleme konfliktfrei zu lösen" (Petermann & Petermann, 2001, S. 3). Das Programm basiert auf empirisch abgesicherten theoretischen Grundlagen. Die Beschreibung aggressiven Verhaltens orientiert sich an der bekannten DSM- bzw. ICD-Klassifikation (vgl. Abs. 2.2 dieses Buches). Es wird dabei ein früher gegenüber einem späten Verlauf der Aggressionsentstehung und -verfestigung unterschieden.

Vor Einsatz des Programms wird eine ausführliche Diagnostik empfohlen, die nach einem multimodalen und multimethodalen Konzept sehr breit dargestellt wird; eine Reihe von Instrumenten werden vorgestellt (z.B. ein ausführlicher, 20-seitiger Eltern-Explorations-Fragebogen).

Aggressives Verhalten wird durch ein bio-psychosoziales Modell erklärt: Ein äußeres Ereignis wird wahrgenommen, es kommt zur Handlungsauswahl, Hemmungspotentiale werden aktiviert oder eingeschränkt, die Konsequenzen werden innerlich vorweggenommen, es kommt dann zu Handlungsausführungen. Anhand der Konsequenzen wird die beschriebene Kette verstärkt oder geschwächt. Entsprechend diesem „Prozessmodell der Aggression und Interventionsmöglichkeiten" (ebd., S. 81 ff) ergeben sich unterschiedliche Möglichkeiten zur Veränderung:

„1. Stufe: Veränderung der Wahrnehmungsgewohnheiten
 2. Stufe: Verringerung der Gewohnheitsstärke für aggressives Verhalten
 3. Stufe: Verstärkung der Hemmungspotentiale für aggressives Verhalten
 4. Stufe: Neubewertung möglicher Folgen" (ebd., S. 85).

Entsprechend werden die Ziele des Programms benannt. „Ziel der therapeutischen Bemühungen muss es sein, einem Kind Verhaltensalternativen aufzuzeigen" (ebd., S. 86). Hierzu zählen „als Voraussetzung:

• die Einübung von Ruhe und Entspannung,
• eine differenzierte Wahrnehmung,
• angemessene Selbstbehauptung als positive Form von Aggression,
• Kooperation und helfendes Verhalten als alternative Verhaltensweisen, die Aggression zu hemmen,
• Selbstkontrolle als Schritt zur Aggressionshemmung und
• Empathiefähigkeit im Sinne einer Neubewertung der Folgen des eigenen Handelns aus der Sicht des Gegenübers" (ebd., S. 87).

Das Vorgehen ist eng an der Lerntheorie orientiert und kombiniert, mit einem systematischen Verstärkungsprogramm, das kontinuierlich eingesetzt wird. Allerdings legen die AutorInnen auch Wert auf ein therapeutisches Basisverhalten, demzufolge der Therapeut „Vertrauter der Familie des Kindes werden (soll), indem er sich dem Kind bzw. der Familie kontinuierlich aufmerksam zuwendet und Verständnis zeigt. Der Aufbau einer vertrauensvollen Beziehung darf als zentrales Anliegen betrachtet werden. (...) Der Therapeut übermittelt dem Kind und der Familie durch die Materialien und Instruktionen Verhaltensrichtlinien" (ebd., S. 108 f). Neben der Arbeit mit den Kindern ist die Eltern- und Familienberatung ein zentraler Bestandteil des Programms. Das Training ist insgesamt sehr praxisnah aufgebaut, es werden eine Vielzahl von Materialien angeboten.

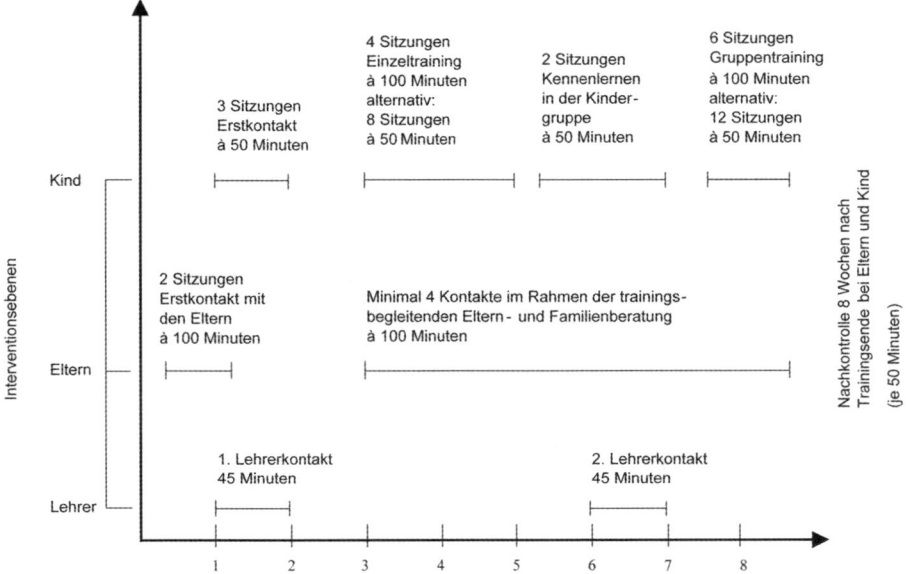

Abb. 13: Interventionsebenen und minimale Dauer des Trainings
(modifiziert nach Petermann & Petermann, 2001, S. 114).

10.2.2 Zielgruppe und Dauer

Zielgruppe dieses Trainings sind Kinder von 7 bis 13 Jahren. Auf ein Einzeltraining folgt immer ein Gruppentraining (das analoge Programm richtet sich an die Gruppe von Jugendlichen). Das Programm ist insgesamt für eine Dauer von acht Monaten konzipiert mit in der Regel wöchentlichen Sitzungen. Außer dem Einzel- und Gruppentraining finden in systematischen Abständen Eltern- und LehrerInnen-Gespräche statt.

10.2.3 Aufbau

Einzeltraining
Dieses umfasst drei Sitzungen im Erst-Kontakt sowie vier Trainingssitzungen. Die Sitzungen sind klar strukturiert und haben jeweils vier Phasen:

„Vier Phasen einer Sitzung:

1. Auswertung des Detektivbogens:
Zu Beginn jeder Sitzung wird der Detektivbogen, der Aufgaben zur Selbstbeobachtung oder Verhaltensübungen für zu Hause, die Schule oder den Freizeitbereich enthält, gemeinsam ausgewertet.

177

2. Erzählen einer Kapitän-Nemo-Geschichte:
In der zweiten Phase einer Sitzung wird einem Kind eine Kapitän-Nemo-Geschichte zur Entspannung und Einstimmung auf die anforderungsreiche dritte Phase erzählt.

3. Trainingsphase mit spezifischem Material:
In dieser Phase werden sitzungsspezifische Ziele zur Wahrnehmungsveränderung und zum Aufbau sozial kompetenten Verhaltens mit darauf abgestimmten Materialien erarbeitet. Neben dem materialorientierten Vorgehen sind Rollenspiele zur Verhaltenseinübung charakteristisch. Diese dritte Phase stellt inhaltlich wie zeitlich die zentrale Phase einer Trainingssitzung dar.

4. Eintauschen der Token in Spielminuten:
In der dritten Phase einer Sitzung verläuft parallel zu den Wahrnehmungs- und Verhaltensübungen ein Verstärkungs-(Token)-Programm. In diesem Kontext verdient sich ein Kind seine Münzen, die es in der vierten Phase gegen Spielminuten eintauscht" (ebd., S. 121 f).

Die Einzelsitzungen haben jeweils spezifische Themen und Ziele, wie z.B.

• die Auseinandersetzung mit dem aggressiven Verhalten
• differenzierte Wahrnehmung
• das Erlernen von Einfühlung
• Unterscheidung von erwünschten und unerwünschten Konfliktlösungen
• differenzierte Wahrnehmung von Konsequenzen
• kritische Selbsteinschätzung
• Erlernen des Umgangs mit unterschiedlichen Konsequenzen.

Gruppentraining
Im Anschluss an das Einzeltraining erfolgen zwei Gruppensitzungen zum gegenseitigen Kennenlernen der Kinder und daran anschließend sechs weitere Gruppentrainingssitzungen. Die vorgeschalteten Sitzungen dienen der Motivierung und dem Zusammenführen der Gruppe. Petermann & Petermann empfehlen eine Gruppengröße von drei bis vier Kindern, die in einem stabilen Setting zusammenbleiben sollen. Empfohlen wird weiterhin eine „Homogenität bezüglich der Lernvoraussetzungen", „eine Heterogenität bezüglich Alter und Geschlecht" sowie eine „Heterogenität bezüglich der Aggressionsart" (ebd., S. 222 f). „Sitzungsspezifische Ziele" des Gruppentrainings sind:

„1. Gruppenregeln erstellen
 2. Einfühlungsvermögen
 3. Mit Wut fertig werden
 4. Lob, Tadel und Nichtbeachtung erfahren
 5. eigenes Verhalten widerspiegeln
 6. angemessenes Verhalten stabilisieren und internalisieren" (ebd., S. 227 f).

Durchgehende Elemente sind wiederum das Token-Programm, der Detektivbogen zur Selbstbeobachtung, das Entspannungstraining sowie immer wiederkehrende Rollenspiele. Insbesondere in den Rollenspielen wird systematisch angemessenes Konfliktlösungsverhalten eingeübt, das eigene Verhalten wird reflektiert. Durch Hausaufgaben soll eine Übertragung auf den Alltag gewährleistet werden.

Die AutorInnen geben den TrainerInnen/TherapeutInnen ausführliche Hinweise zum Umgang mit kritischen Situationen, sowohl in der Einzel-, als auch in der Gruppentherapie.

Eltern- und Familienberatung
Eltern- und Familienberatung ist ein zentraler Bestandteil des Trainings. In den Sitzungen werden drei Phasen empfohlen:

- Berichterstattung der/des TherapeutIn über das Kindertraining,
- die Mitteilung der Eltern über Vorkommnisse sowie Verhaltensfortschritte von Familie und Kind,
- Absprachen neuer Aufgaben für die Eltern oder die Familien (ebd., S. 275).

Dabei sollen vorhandene Probleme systematisch diskutiert werden. „Für ein effektives Eltern-Beratungs-Gespräch ist es daher nicht sinnvoll, wenn entweder das Gespräch ohne Problematisierung dahin plätschert, noch wenn zu viele Konflikte unstruktiert auf einmal angeschnitten werden und dies unter Umständen lediglich der Entlastung der Eltern dient" (ebd., S. 277). Die Eltern sollen lernen, mit Problemen umgehen zu können, Konflikte zu strukturieren, Ursachen zu analysieren und Problemlösungen zu finden. Der Transfer in den Alltag erfolgt gleichfalls über Hausaufgaben.

Die einzelnen Sitzungen wiederum haben dezidiert inhaltliche Ziele wie z. B.

- „Verstehen von aggressivem Verhalten
- Vertraut werden mit Verstärkungsprinzipien
- Vertraut werden mit Verhaltensbeobachtungen
- Bewusstmachen von ungünstigen Erziehungshaltungen und Rollenverhalten in der Familie" (ebd., S. 295).

10.2.4 Beispiel für eine Therapiesitzung

Dritte Sitzung im Gruppentraining (ebd., S. 246 f)

Die zentrale Rollenspielphase ist – auch anhand praktischer Vorgaben – präzise beschrieben: In einer ersten Phase sollen anhand einer vorgegebenen Geschichte Ausdrucksformen von Wut erkannt werden. In der Reflexionsphase „kommt es darauf an, dass die Kinder erkennen, wie unterschiedlich man Wut und Ärger zeigen kann. ..." (ebd., S. 247).
In einer weiteren Rollenspielphase sollen die Ursachen von Wut und Ärger herausgefunden werden und in einer dritten Phase soll eingeübt werden, „mit Wut und Aggression angemessen fertig zu werden" (ebd., S. 249).

Tab. 42: Ziele, therapeutische Umsetzung und Materialien der dritten Sitzung im Gruppentraining (zusammengestellt nach Petermann & Petermann, 2001)

Ziele
- Motorische Ruhe und Entspannung
- Differenzierte Wahrnehmung: Ausdrucksformen von Wut erkennen
- Erkennen der Ursachen von Wut und angemessen damit fertig werden
- Übertragen von Verhalten auf den Alltag und Aufbau von Selbstkontrolle
- Motorische Ruhe und Entspannung im Alltag der Kinder

Therapeutische Umsetzung
- Entspannungsübungen
- Rollenspiele: Wut kontrollieren
- Selbstbeobachtung, eigenständiges Regelbefolgen
- Die Kinder führen die Entspannungsübungen abends zu Hause selbständig mit integrierter Vorsatzformel zum angemessenen Umgang mit Wut durch.

Materialien
- Detektivbogen
- Kapitän-Nemo-Geschichte
- Arbeitsblatt „Kapitän Nemo und ich"
- Regelliste für die Punktevergabe
- Rollenspielvorlage „Florian wird gehänselt"
- Kassettenrekorder und/oder Wandzeitung, Buntstifte usw.
- Instruktionskarten

10.2.5 Evaluation

Nach Angaben der AutorInnen wurde das Training mit „insgesamt ungefähr 240 Kindern durchgeführt" (ebd., S. 329). Die Effekte waren dabei deutlich positiv: „Die vermuteten kurzfristigen Effekte des Einzeltrainings traten nur bei der Hälfte der Kinder auf. (…) Im Gruppentraining gelang es allen Kindern, Verantwortung für andere zu übernehmen, was durch entsprechende Rollenspiele gefördert wird. (…) Durch das Gruppentraining und die Elternarbeit wurde positives Verhalten (Einfühlungsvermögen, Kooperation und ähnliches) aufgebaut und die abgeschwächten Aggressionswerte stabilisiert" (ebd., S. 329). „Die Nachkontrollen zeigen bei ca. 90 % der Kinder stabile Effekte" (ebd.).

Die Effekte wurden durch Verfahren überprüft, die von den AutorInnen selbst entwickelt worden waren. Die Evaluationsdaten wurden 1987 bzw. 1993 erhoben, neuere Daten sind nicht bekannt. Borg-Laufs (1997) zitiert eine Metaanalyse von Petermann & Bochmann (1993), derzufolge „die Ergebnisse der Metaanalyse (…) die Effektivität des Trainings mit sozial unsicheren bzw. aggressiven Kindern (bestätigen)" (ebd., S. 116). In einer eigenen Untersuchung befragte Borg-Laufs (1997) PraktikerInnen aus „Beratungsstellen, freien Praxen, Kliniken, Ambulanzen (…), die mit dem Training mit aggressiven Kindern arbeiten (…). Insgesamt bewerteten die Befragten sowohl das Training als auch die Wirkungen verschiedener Einzelmethoden aus dem Training eindeutig positiv" (ebd., S. 122).

10.3 Das Freiburger Anti-Gewalt-Training – FAGT (Fröhlich-Gildhoff)

10.3.1 Grundlagen

10.3.1.1 Geschichte

Das Freiburger Anti-Gewalt-Training wurde im Jahr 1997 vom Autor auf der Grundlage bestehender Programme und neuerer empirischer Erkenntnisse zur Entstehung (übermäßig) aggressiven und gewalttätigen Verhaltens bei Kindern und Jugendlichen entwickelt und dann unter seiner Leitung in unterschiedlichen Zusammenhängen (Schulen, Jugendhilfeinstitutionen) durchgeführt und fortlaufend weiterentwickelt.

Bei diesen Durchführungen wurden informell Rückmeldungen zu Wirkungen und Erfolgen durch Post-Befragungen von erwachsenen Bezugspersonen der TeilnehmerInnen (LehrerInnnen, ErzieherInnen, Eltern) eingeholt. Dabei zeigte sich, dass das Training in der Regel in zwei Drittel der Fälle zu Verhaltensverbesserungen führte: Zumeist zeigte sich in einer Gruppe von 6 TeilnehmerInnen bei 4 Kindern bzw. Jugendlichen eine mehr oder minder deutliche Abnahme aggressiven Verhaltens im Alltag.

Nach der eher diskontinuierlichen Weitervermittlung der Inhalte des Trainings an Fachkräfte aus dem psychosozialen Bereich in Form von Tagesfortbildungen werden seit dem Wintersemester 2002 die theoretischen Hintergründe und Grundbestandteile des Trainings regelmäßig und systematisch in Lehrveranstaltungen für Studierende des Fachbereichs Sozialarbeit/Sozialpädagogik an der Evangelischen Fachhochschule Freiburg vermittelt. Diese Lehrveranstaltungen wurden sorgfältig evaluiert, dadurch konnte das didaktische Konzept des „TrainerInnen-Trainings" gleichfalls fortlaufend qualifiziert werden.

Ende 2004 wurde das Training dann in mehreren Schulen parallel durchgeführt, sorgfältig evaluiert und auf dieser Grundlage noch einmal überarbeitet; die daraus resultierende Fassung wird veröffentlicht (Fröhlich-Gildhoff, 2006).

10.3.1.2 Theoeretische Grundlagen

Das FAGT basiert auf dem in diesem Buch vorgestellten Verständnis der Entstehung von Gewalt und den daraus ableitbaren Anforderungen an ein Interventionskonzept.

Im Mittelpunkt der inhaltlichen (Gruppen-)Arbeit mit den Kindern/Jugendlichen stehen vier Themen:

- Veränderung (Erweiterung) der Selbst- und Fremdwahrnehmung
- Verbesserung der Selbststeuerung
- Stabilisierung des Selbstwertes
  (Stärkung des Selbstwertes über nicht-aggressive Erfahrungen)
- Erweiterung der sozialen Kompetenzen

Das Training setzt somit nicht nur am aggressiven Verhalten an, sondern es wird der Mensch an sich mit seinen Ressourcen und Stärken in Verbindung mit seinem Umfeld betrachtet (multimodale Betrachtungsweise).

Das FAGT dient in erster Linie der Verbesserung der Konfliktbewältigungsfähigkeit und somit einer besseren Integration der Betroffenen in ihr Umfeld. Es hat nicht das Ziel einer grundlegenden Persönlichkeitsveränderung, kann jedoch als „Anstoß" für die betroffenen Kinder und Jugendlichen dienen, zukünftig neue Formen der Welt-Begegnung auszuprobieren und damit Selbst-Veränderungen zu initiieren.

Neben der Arbeit mit den Kindern/Jugendlichen wird versucht, deren Eltern zu ‚erreichen'.

10.3.2 Zielgruppe und Dauer

Das FAGT richtet sich an *Kinder und Jugendliche im Alter von ca. 10 bis 16/17 Jahren*. Es wird als Gruppentraining durchgeführt. Die Gruppengröße sollte zwischen 6 bis 8 TeilnehmerInnen liegen (mindestens 4, maximal 10).

Die Gruppen sollten homogen hinsichtlich Alter bzw. Entwicklungsstand sein. Das Training eignet sich für geschlechtsgemischte wie -homogene Gruppen. Bei geschlechtsgemischten Gruppen sollte jedoch darauf geachtet werden, dass das Verhältnis möglichst ausgeglichen ist – von jedem Geschlecht sollten mindestens je zwei Kinder/Jugendliche teilnehmen (ansonsten ist eine geschlechtshomogene Gruppe sinnvoller).

Es wird mit zwei LeiterInnen (TrainerInnen) gearbeitet.

Dauer
Das Training umfasst nach einem Einzel-Vorgespräch und einer entsprechenden Diagnostik mit den betroffenen Kindern/Jugendlichen (und möglichst auch deren Eltern) *10 Gruppensitzungen* von je 90 min Dauer und eine zusätzliche Abschlussaktivität; ergänzend werden zwei Elternabende durchgeführt. Optional kann das Programm durch eine Sitzung zur Katamnese ergänzt werden.

10.3.3 Aufbau

Die *10 Sitzungen sind inhaltlich klar strukturiert* (Anfangs- und Schlussrituale, Kopplung von Übungen und Reflexion, Integration von Entspannungsmethoden usw.) und haben als *Themen*: Selbst-/Fremdwahrnehmung, Selbstwertstärkung, Verbesserung der Selbststeuerung, Ausbau und Verbesserung von sozialen Kompetenzen, v. a. Konfliktlösungskompetenzen; gerade beim letzteren Schwerpunkt wird stark mit videounterstützten Rollenspielen gearbeitet. Ansatzpunkt ist die jeweilige Situation der Kinder/Jugendlichen, deren Themen sollen Gegenstand der Gruppenarbeit werden. Das Programm ist mit einem Verstärkungs-/Belohnungssystem gekoppelt.

Methodisch wird mit vorgegebenen Übungselementen gearbeitet, die im Trainingsmanual ausführlich beschrieben sind; es erfolgt ein Wechsel zwischen erfahrungsorientierten Elementen und Reflexionsphasen.

Die TrainerInnen-Haltung ist durch das Prinzip von Wertschätzung *und* Konfrontation (s.o.) gekennzeichnet. Konflikte unter den TeilnehmerInnen bzw. zwischen TrainerInnen und TeilnehmerInnen werden unmittelbar aufgegriffen und – wenn nötig durch das strukturierte De-Eskalationsverfahren (s. Abs. 6.2 dieses Buches, Exkurs zur De-Eskalation) – bearbeitet.

Tab. 43: Überblick über die Einheiten des Freiburger Anti-Gewalt-Trainings (FAGT)

Einheit	Thema
vorher	*Vorgespräch mit den potentiellen TeilnehmerInnen und möglichst deren Eltern*
1	Einführung, Regeln, Selbstwahrnehmung
2	Selbst- und Fremdwahrnehmung; Einführung Entspannung
3	Gefühl Wut, Ärger
4	Unterschiedliche Gefühle; Empathie
Elternabend 1	
5	Konfliktentstehung und -lösungen; Vorbereitung Rollenspiele
6	Loben (Selbstwert); Selbstinstruktion
7	Soziale Kompetenz, Konfliktlösungskompetenz; Verhaltenstraining (videogestützte Rollenspiele)
8	Soziale Kompetenz, Konfliktlösungskompetenz; Verhaltenstraining (videogestützte Rollenspiele)
9	Soziale Kompetenz, Konfliktlösungskompetenz; Verhaltenstraining (videogestützte Rollenspiele)
10	Abschluss, Feedback, Gesamt-Auswertung
Elternabend 2	
	Abschlussaktivität mit der Gruppe
nachher	*Nachbereitungssitzung zur Katamnese und ggf. Vertiefung/Erinnerung der Verhaltensänderungen*

10.3.4 Beispiele aus zwei Trainingseinheiten
(aus dem Trainingsmanual, s. Fröhlich-Gildhoff, 2006)

Zweite Trainingsstunde
Thema/Ziel: Selbstwahrnehmung (und Fremdwahrnehmung);
Einführung Entspannung

1. Warming-Up
(Spiel oder Übung)

2. Anfangs-Blitzlicht
Die Gruppe tauscht sich – reihum, ohne die einzelnen Äußerungen zu kommentieren – über die letzte Woche aus: Hat jemand etwas Besonderes erlebt; wie ist die aktuelle Stimmung und Arbeitsfähigkeit bzw. Arbeitsbereitschaft bei den Teilnehmenden?

Ziel bei diesem Blitzlicht ist, ein Stimmungsbild zu erhalten und Themen herauszuhören, die die Teilnehmenden gerade beschäftigen.

3. Gute Laune – Schlechte Laune
Übung: Polaroidfotos bzw. Digitalfotos der TeilnehmerInnen
Von jedem/r Jugendlichen werden zwei Polaroidfotos gemacht.

a) Gesicht mit guter Laune
b) Gesicht mit schlechter Laune

Anschließend werden die Fotos auf ein Plakat geklebt und darüber gesprochen, wann/in welchen Situationen die einzelnen Personen

a) gut gelaunt sind
b) schlecht gelaunt sind.

Es empfiehlt sich, erst mit dem Thema „Gute Laune" zu beginnen und dann die Runde mit dem Thema „Schlechte Laune" fortzuführen.

Die TeilnehmerInnen sollen zum Nachdenken angeregt werden, daher ist es gut, (kurz) nachzufragen und/oder sich jeweils konkrete Situationen schildern zu lassen.

Dabei kann/soll deutlich werden, dass es unterschiedliche Anlässe bei verschiedenen Menschen für gute/schlechte Laune gibt.

Beim gemeinsamen Betrachten der Polaroid-Fotos kann über Anzeichen (Gesichtsausdruck) für gute/schlechte Laune gesucht werden (Differenzierung der Wahrnehmung).

Wenn ein/e Jugendliche/r sich absolut weigert, sich fotografieren zu lassen, so wird dies akzeptiert (allerdings soll dann berichtet werden, wann er/sie gut/schlecht gelaunt ist).

Option: Wenn zuviel Unruhe beim Fotografieren und Auswerten entsteht, kann man die Gruppe teilen, und ein Teil befasst sich mit Teil 4 der Sitzung (s.u.).

4. Was finde ich gut an mir, was gefällt mir weniger gut?

Übung: Jede/r TeilnehmerIn bekommt sechs Karteikarten. Auf jede dieser Karteikarten sollen insgesamt drei positive Eigenschaften sowie drei negative Eigenschaften von der eigenen Person aufgeschrieben werden (je eine Eigenschaft pro Karteikarte).

Das Ganze erfolgt in Einzelarbeit, die TrainerInnen unterstützen auf Wunsch die Jugendlichen (herumgehen, nachfragen). Bei „schreibschwachen" Jugendlichen kann ein Symbol gewählt werden, oder die TrainerInnen schreiben. Die Karteikarten bleiben bei den TeilnehmerInnen. Je eine gute und eine schlechte Eigenschaft wird der Gruppe vorgestellt (ohne Bewertung, aber Möglichkeit zum Nachfragen; bei Unklarheiten ggf. wieder Situationen schildern lassen …).

Fragen an die Gruppe: Was ist euch leichter gefallen, aufzuschreiben? Wer hat zuerst die positiven bzw. negativen von sich aufgeschrieben?

5. Optionale Übungen zum Thema Selbstwahrnehmung

a) Tiere

Verschiedene Tierkarten stehen zur Auswahl. Jede Person aus der Gruppe soll sich ein Tier aussuchen, das er/sie gerne wäre. Frage an die TeilnehmerInnen:

- Warum hast du dir dieses Tier ausgesucht?
- Welches Tier möchtest du auf gar keinen Fall sein?

b) Lebenskreis gestalten

Die Jugendlichen bekommen ein Blatt mit einem Kreis. Dieser Kreis soll wie ein Kuchen in verschiedene Bereiche aufgeteilt werden, die jeder/m Einzelnen im Leben wichtig sind, z.B. Familie, Freunde, Hobby, Verein, …

c) Gespräch zum Thema Angst

Wovor habe ich Angst? – Wovor hat … (z.B. mein Idol) Angst?

d) Körperskizze

Ein/e TeilnehmerIn legt sich auf dem Boden auf ein großes Blatt Papier und seine/ihre Umrisse werden aufgemalt.

Einzelne TeilnehmerInnen können dann auf diese Skizze die Stellen farbig malen und auch benennen, die sie an sich besonders gut finden bzw. bei denen sie besondere Stärken haben („ich kann mich gut in andere einfühlen" → Herz anmalen; „ich finde meine Haare schön" → Haare anmalen …); jede/r TeilnehmerIn erhält eine eigene Farbe.

Die Übung kann dann auch mit den eigenen „Schwächen" ein zweites Mal durchgeführt werden.

6. Entspannungsübung

Einführung in die Entspannungsübungen (hierfür liegen Materialien vor).
Wichtig: Nur kurze Entspannungssequenz (max. 5 min).

Bei „Zeitknappheit" kann die Einführung in die Entspannungsübungen auch in der dritten Stunde gemacht werden.

7. Coolness-Tagebuch; persönliche Ziele festlegen

Die Jugendlichen haben jetzt einen ersten Einblick in das Training und seinen Sinn erhalten, und das Gruppenklima sollte ein wenig angewärmt sein.

Jede/r Teilnehmende legt nun mit dem Coolness-Tagebuch ein persönliches Ziel für die nächsten drei Wochen fest.

Dazu wird das Prinzip des Coolness-Tagebuchs und der Fieberkurve erläutert.

8. Abschlussblitzlicht

9. Belohnung

Benötigtes Material:
- Polaroidkamera (und ausreichend Film!) bzw. Digitalkamera und Drucker bzw. Projektionsmöglichkeit
- Plakate/Flipchart/Schreibzeug/Kleber/Karteikarten
- Material für optionale Übungen; Arbeitsblatt Lebenskreis/Tierkarten usw.
- Material für Entspannungsübung: Kassettenrecorder/CD-Player
- rote und gelbe Karten
- Belohnungsmaterial

Siebte Trainingsstunde
Thema: Beginn Verhaltenstraining, Konfliktlösungskompetenz

Ziel der 7.–9. Stunde ist es, dass jede/r TN mindestens einmal eine Konfliktsituation im Rollenspiel (unter Videokontrolle) durchspielt und alternative Handlungsformen (Konfliktlösungs-/Gewaltvermeidungsstrategien) praktisch erprobt.

Dabei werden die bisher eingeführten Methoden (Achten auf die eigenen Körpersignale, Selbststeuerung, Entspannung …) einbezogen.

Zur Auflockerung können zwischen den Rollenspielen Übungen/„Spiele" (s. Materialien) eingebaut werden.

1. Warming-up

2. Blitzlicht

3. Rollenspiel: Konfliktsituation

Bei diesem Rollenspiel geht es um die Schilderung eigener erlebter Konfliktsituationen der Jugendlichen, die dann unter Videokontrolle bearbeitet werden sollen.

Wenn dies unter Video für einzelne Jugendliche zu schwierig ist, ist die Durchführung per Rollenspiel ausreichend.

Ablauf:

a) Jugendliche, die zunächst freiwillig eine Konfliktsituation vortragen möchten, können beginnen. Die erlebte Situation wird allen Teilnehmenden geschildert und sollte für alle klar verständlich sein. Unklarheiten über den Ablauf der Situation sollten gleich geklärt werden.

b) Jetzt wird diese Situation anhand eines Rollenspiels nachgestellt. Die Rollen werden aufgeteilt, die Hauptrolle spielt jeweils die Person, welche die Konfliktsituation vorgetragen hatte. Alle, die selbst nicht aktiv mitspielen, werden aufgefordert, dieses Rollenspiel genau zu beobachten. Das Rollenspiel wird auf Video aufgenommen und dient nun als Grundlage für die folgende Besprechung.

c) Die Situation soll von allen TeilnehmerInnen analysiert werden, um anschließend alternative Lösungen zu finden (wie hätte man sich anders verhalten können ...). Hier wird nochmals Bezug auf die Selbstinstruktion der 6. Trainingsstunde genommen, als die Jugendlichen versuchten, einen „Filter" zwischen auslösendem Reiz und „automatischer Reaktion" für sich zu entwickeln.
   • Wie haben sich die einzelnen Akteure gefühlt?
   • Was wurde von den Außenstehenden beobachtet?
   • Was für Gedanken kamen jeweils auf?
   • Was für Alternativen gibt es?

d) Eine der Alternativen wird nun wieder mit den gleichen „DarstellerInnen" gespielt sowie nochmals auf Video aufgenommen. Es können auch, je nach Vorschlägen der Jugendlichen, mehrere Alternativen durchgespielt werden.

e) Anhand des aufgezeichneten Videos erfolgt eine weitere Besprechung.
   • Was war an dieser Situation besser als bei der ersten?
   • Wie haben sich die einzelnen Akteure gefühlt?
   • Was wurde von den Außenstehenden beobachtet?
   • Kann man anhand dieser Alternative/n ‚Stress' vermeiden?
   • Was war der jeweilige „Filter", der eingesetzt wurde?

Als Abschluss sollen die TeilnehmerInnen nochmals ihre Erkenntnisse aus diesen Rollenspielen verbalisieren.

Bei diesen Rollenspielen steht jeweils ein/e TeilnehmerIn besonders im Mittelpunkt. Dies kann dazu führen, dass es für einzelne andere „langweilig" wird, sie beginnen, Unsinn zu machen etc. Hier empfiehlt es sich, gezielte Beobachtungsaufgaben zu verteilen (und diese dann abzufragen!), die Aufgabe der Kameraaufzeichnung zu wechseln oder evtl. die SchauspielerInnen zu wechseln. Bei den Diskussionen über die jeweiligen Szenen sollten alle Gruppenmitglieder gezielt angesprochen werden.

---

4. Weitere Rollenspiele

Falls noch Zeit vorhanden ist, kann eine weitere Situation seitens der TeilnehmerInnen vorgeschlagen werden, die dann nach dem gleichen Schema durchgearbeitet wird.

5. Coolness-Barometer bzw. Coolness-Tagebuch
Bearbeiten des Coolness-Barometers (Abfrage der Zielerreichung)

6. Entspannungsübung

7. Abschlussblitzlicht

8. Belohnung

Benötigtes Material:
• Videokamera, Fernsehgerät
• Belohnungsprämien

10.3.5 Evaluation

Die breite Trainingsdurchführung im Jahr 2004 an neun Schulen wurde mittels einer Prozess- und einer Ergebnisevaluation mit unterschiedlichen qualitativen und quantitativen Verfahren ,begleitet' (vgl. Fröhlich-Gildhoff & Engel, 2006).

Bei der Prozessevaluation zeigte sich, dass die TrainerInnen den Verlauf grundsätzlich positiv einschätzten. Die TeilnehmerInnen beurteilten zum einen die jeweiligen Stunden insgesamt überdurchschnittlich positiv. Auch die Gesamteinschätzung des Trainings war überdurchschnittlich positiv.

Bei der Auswertung der quantitativen Daten der Ergebnisevaluation zeigten sich große und signifikante Unterschiede zwischen Trainings- und Kontrollgruppe: Die Trainingsgruppe war problembelasteter bzw. wurde als (aggressiv-)auffälliger beurteilt. Dies ist ein deutlicher Hinweis darauf, dass besonders auffällige SchülerInnen am FAGT teilgenommen haben; methodisch musste aus diesen Unterschieden darauf verzichtet werden, einen systematischen Vergleich zwischen Trainings- und Kontrollgruppe durchzuführen.

In den standardisierten Testverfahren, die von Eltern und LehrerInnen ausgefüllt wurden (CBCL-Aggressionsskala, SDQ), zeigten sich tendenziell Verbesserungen zum Zeitpunkt t1 (nach Beendigung des Trainings) gegenüber den Ausgangsdaten (t0). Die tendenziell positiven Veränderungen betrafen unterschiedliche Bereiche, durchgängig wurde eine Abnahme der „Hyperaktivität" und eine Zunahme prosozialen Verhaltens festgestellt. Auch schätzten die TeilnehmerInnen selbst im Fragebogen FSA (Dörner & Fröhlich-Gildhoff, 2006) eine leichte Abnahme des eigenen aggressiven Verhaltens ein.

Die (tendenzielle) Veränderung im Bereich ,Hyperaktivität' wurde in den Interviews deutlich: LehrerInnen, TeilnehmerInnen selbst und TrainerInnen berichteten vielfach davon, dass die teilnehmenden SchülerInnen „ruhiger geworden" seien.

Im Unterschied zu den Ergebnissen der quantitativen Verfahren zeigten sich in der Auswertung der qualitativen Instrumente auf allen Auswertungsebenen

(Interviews mit LehrerInnen, SchülerInnen und TrainerInnen; schriftliche Reflexionen der TrainerInnen) deutlich positive Effekte des Trainings:

- 10 von 12 LehrerInnen konnten positive Verhaltensänderungen bei den TrainingsteilnehmerInnen feststellen; allerdings gab es in jeder Gruppe SchülerInnen, bei denen das Training nichts bewirkte.
- Fast alle TeilnehmerInnen (92 %) konnten auf einer allgemeinen Ebene eigene Verhaltensänderungen und Lernerfahrungen beschreiben und benennen, wie sich diese in konkreten Handlungsstrategien niederschlagen.
- Die TrainerInnen stellten bei der Mehrzahl der TeilnehmerInnen positive Verhaltensänderungen fest; allerdings beobachteten sie ebenso, dass ein (geringerer) Teil der SchülerInnen sich nicht veränderte.
- In 29 Äußerungen konnten die TrainerInnen explizit positive Änderungen beschreiben: „Offenheit und Ehrlichkeit sind gewachsen" (8 Äußerungen), „Kids haben sich zunehmend gut drauf eingelassen" (5), „bewussteres Wahrnehmen von Situationen" (4) oder „Lehrer berichten von positiven Veränderungen" (5).
- Die TrainerInnen wurden von den TeilnehmerInnen positiv bewertet.

Insgesamt zeigte die Evaluation, dass durch das Freiburger-Anti-Gewalt-Training bei zwei Dritteln der TeilnehmerInnen Verhaltensänderungen erreicht werden können – auch dieses Training ist kein „Wundermittel", um alle gewalttätigen Kinder bzw. Jugendlichen zu erreichen. Die erzielten Effekte sind dennoch ermutigend, wenn man bedenkt, dass in den meisten Fällen die ‚schwierigsten' SchülerInnen einer Schule für die Teilnahme am FAGT ‚nominiert' wurden.

189

11 Sport als Medium in der Arbeit mit straffällig gewordenen/ aggressiven Jugendlichen: *Sitzt* Du noch oder läufst Du schon?

Andreas Abler

11.1 Einleitung

Das Jahr 2004 wurde zum *Europäischen Jahr der Erziehung durch Sport* erklärt. Das Motto des Schwerpunktjahres lautete „Beweg Dich – Für Deine Zukunft" (Bundesministerium für Bildung und Forschung, 2004). In Deutschland sollten in diesem Zusammenhang vor allem nachhaltige Kooperationen zwischen Bildungs- und Sporteinrichtungen gefördert werden. Aber nicht nur in Schulen, die gängigste Form der Bildungseinrichtungen, sondern auch in der Sozialen Arbeit wird Sport immer mehr als geeignetes Medium für die pädagogische Arbeit mit Kindern und Jugendlichen entdeckt (vgl. u. a. Seibel, 2004). Als eine besondere Herausforderung für die Pädagogik, und somit auch für die Gesellschaft, können Jugendliche, die zu einer Jugendstrafe verurteilt wurden, gesehen werden. Häufig treten, wie im Folgenden aufgezeigt wird, gerade bei dieser Gruppe personale und soziale Belastungsfaktoren in besonderem Maße kumuliert auf. Jährlich verbringen ca. 7.200 junge Menschen einen Teil ihres Lebens im deutschen Jugendstrafvollzug (Stichtagwert März 2003; vgl. Statistisches Bundesamt, 2003). Gemessen an den Tatverdächtigenzahlen (vgl. u. a. Backmann, 2003) ist dies ein relativ kleiner Teil einer großen Gruppe von jungen Menschen, die durch aggressives und/oder delinquentes Verhalten in Erscheinung treten.

Was den Sport betrifft, so steht der Ausdauerlauf im Mittelpunkt des Interesses. Diese Sportart konnte in den letzten fünfzehn Jahren einen starken Interessenzuwachs verzeichnen. Zu Beginn der 1980er-Jahre musste sich der Läufer zu seinem Hobby noch regelrecht *bekennen*. Heute kann Laufen, gemessen an den sehr hohen Teilnehmerzahlen an Laufveranstaltungen und Lauftreffs sowie an der Anzahl neu erschienener Ratgeber (vgl. z. B. Steffny & Pramann, 2003; Strunz, 2000) als „in" bezeichnet werden. Die Liste der positiven Auswirkungen, die dem regelmäßigen Ausdauerlauf vor allem von der Fitness- und Gesundheitsbranche nachgesagt wird, ist dementsprechend lang.

Der Titel – „*Sitzt* Du noch oder läufst Du schon?" – verbindet die beiden genannten Bereiche. Er symbolisiert die körperliche Bewegung und spielt gleichzeitig auf den im Strafvollzug *sitzenden* Jugendlichen an. Inhaltlich beschäftigt sich der vorliegende Artikel einerseits mit den negativen Auswirkungen des Jugendstrafvollzugs für jugendliche Straftäter sowie mit den Hintergründen ihres delinquenten Handelns und andererseits mit den vielfältigen Auswirkungen des regelmäßigen Laufens in der Gruppe. Entsprechende Untersuchungen zu diesen Themen werden kritisch betrachtet. Nach einer theoretischen Zusammenführung des Mediums Laufen und der Zielgruppe straffällig gewordener Jugendlicher liegt der Schwerpunkt auf den Ergebnissen einer explorativen Untersuchung von Laufprogrammen, die in Einrichtungen des Jugendstrafvollzugs durchgeführt werden. Als Erhebungsmethode wurden Experten- und Gruppeninterviews gewählt. Mit Hilfe dieser Untersuchung soll die Frage beantwortet werden, welche Wirkungen entsprechende Laufprogramme im Jugendstrafvollzug entfalten können und welche Möglichkeiten sich hierbei für die sozialpädagogische Arbeit mit straffällig gewordenen Jugendlichen ergeben.

11.2 Straffällig gewordene Jugendliche

Bei der Entwicklung von delinquentem Verhalten spielen eine Reihe miteinander in Wechselwirkung stehender Faktoren eine bedeutende Rolle. Bei dem im Folgenden dargestellten integrativen Modell werden daher neben gängigen Erklärungsansätzen für Jugenddelinquenz, unter Berücksichtung neuerer Forschungsergebnisse (u.a. Backmann, 2003), auch Erkenntnisse aus der Entwicklungspsychopathologie (u.a. Resch, 1999) integriert. Das Modell knüpft an ein Konzept von Fröhlich-Gildhoff (2004b) zur Entstehung von Depressionen im Kindes- und Jugendalter an.

1. *Delinquenz* gilt als abmildernde Bezeichnung für Kinder- und Jugendkriminalität (vgl. Scheerer, 1997, S. 195 f). Die weitreichendste rechtliche Maßnahme als Reaktion auf delinquentes Verhalten ist im Rahmen des Jugendgerichtsgesetzes (JGG) die Jugendstrafe. Diese kann nur erfolgen, wenn Erziehungsmaßregeln (vgl. §§ 9–12 JGG) nicht ausreichen oder *„wenn wegen der Schwere der Schuld Strafe erforderlich ist"* (§ 17 Abs. 2 JGG). Ziel des Jugendstrafvollzugs ist es, den verurteilten Jugendlichen zu einem *„rechtschaffenen und verantwortungsbewußten [sic!] Lebenswandel zu führen"* (§ 91 Abs. 1 JGG). Der Grundgedanke der hierbei angestrebten Resozialisierung besteht darin, dass abweichendes Verhalten, also Verhalten außerhalb der bestehenden Normen der Gesellschaft, eine Wiedereingliederung notwendig macht (Maelicke, 2002, S. 783). Haftanstalten sind jedoch nahezu „totale Institutionen" (Grosch, 1995, S. 12), in denen fast alles reglementiert ist. Für die Insassen bedeuten sie eine zwangsweise Isolierung von der übrigen Gesellschaft (vgl. ebd.). Es erscheint daher paradox, dass das Ziel der Integration durch einen weitgehenden sozialen Ausschluss erreicht werden soll. Die Jugendstrafe befindet sich hier in einem Dilemma zwischen der Straf- und Erziehungsfunktion (vgl. Maelicke, 2002, S. 11 ff; Nickolai, 2001; Wirth, 1996). So sei laut Hosser (2001, S. 61 ff) der Ausschluss aus der Gesellschaft im Sinne der Bedürfnisse der Bürger nach Aufrechterhaltung von Sicherheit und Ordnung zwar verständlich, jedoch würde häufig die Wirkung der Haftstrafe auf zukünftiges Verhalten nur nachrangig berücksichtigt. Unter Bezugnahme auf mehrere Untersuchungen und Studien, u.a.

von Kette (1991), Bereswill (1999) und Dolde & Grübl (1996), führt Hosser eine Vielzahl negativer Folgen und Belastungen auf, die im Zusammenhang mit einer Jugendstrafe stehen können (vgl. Hosser, 2001, S. 60–79):

- Überdurchschnittlich viele Inhaftierte leiden unter psychischen und gesundheitlichen Auffälligkeiten, wie beispielsweise Depressionen, Angst und Persönlichkeitsstörungen.
- Zentrale Entwicklungsaufgaben, wie der angemessene Umgang mit Rechten und Pflichten und der Erwerb von Entscheidungskompetenzen, werden stark eingeschränkt.
- Haft kann das Gefühl von Perspektiven- und Hoffnungslosigkeit verstärken und Zukunftsängste des betroffenen Jugendlichen erhöhen.

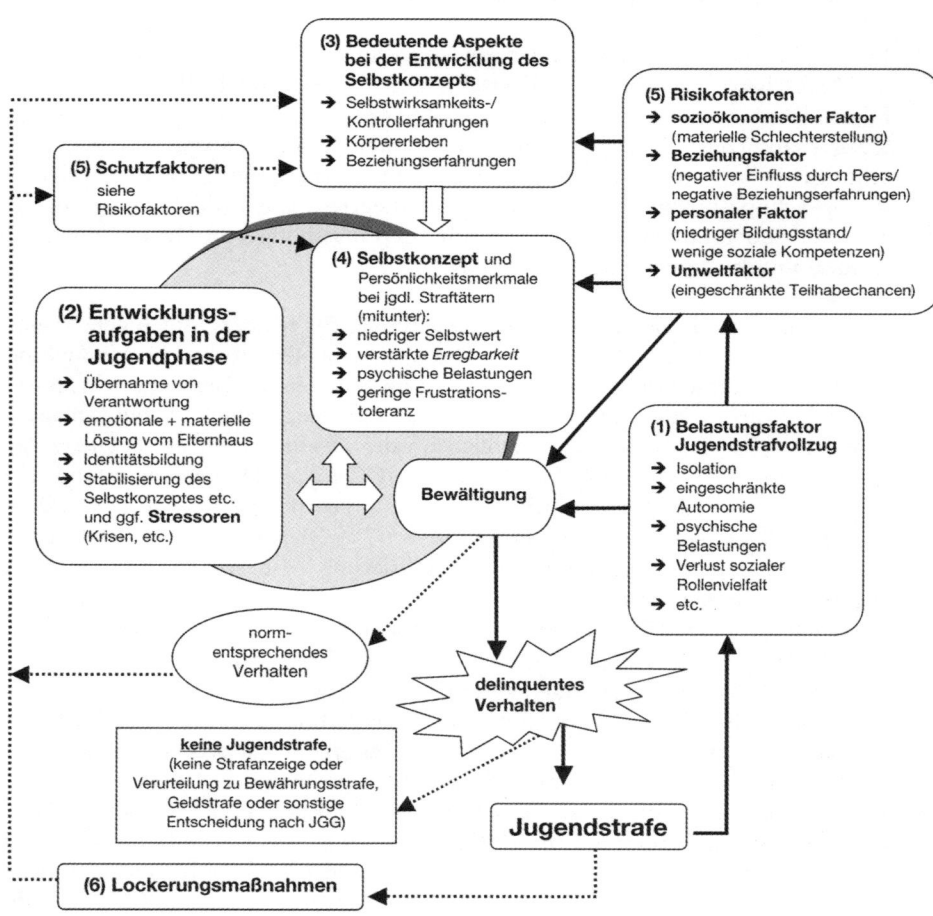

Abb. 14: Kreislauf Delinquenz – ein Erklärungsmodell

- Verlust der *sozialen Rollenvielfalt:* Zum einen ist das Interaktionsfeld des Insassen auf wenige soziale Rollen beschränkt, und zum anderen ist auch das Angebot an sozialen Interaktionspartnern eingeschränkt.
- Unzureichendes Autonomie- und Kompetenzerleben kann zu einem reduzierten Selbstwertgefühl führen.
- Mögliche negative Folgen können auch durch Beziehungen zu Mitinsassen entstehen: Einerseits dienen die Peers durch ihren hohen Stellenwert als Modell beim Erlernen von Verhalten, andererseits kann das Nicht-Eingebunden-Sein in Gefangenengruppen zu Abgrenzungs- oder Selbstbehauptungsverhalten und zu aggressivem Verhalten führen.

Auch Zahlen aus den neuesten bundesweiten Rückfallstatistiken verdeutlichen das Dilemma der Jugendstrafe. Denn gerade bei denjenigen, die aus einer verbüßten Jugendstrafe entlassen werden, ist mit 78 % die Rückfallzahl besonders hoch. Fast jeder Zweite (45 %) dieser Gruppe verbüßt sogar erneut eine Jugendstrafe bzw. eine Freiheitsstrafe (vgl. Jehle, Heinz & Sutterer, 2003, S. 51 ff). Der Jugendstrafvollzug ist demnach häufig ein eher belastender Faktor auf dem Weg in ein straffreies Leben.

2. Bedeutsam ist die *Entwicklungsphase,* in der sich die Jugendlichen befinden und die damit einhergehenden Entwicklungsaufgaben. In der Jugendphase ist dies u. a. die Neugestaltung der Beziehungen zu Gleichaltrigen, insbesondere zum anderen Geschlecht, die Übernahme von Verantwortlichkeit (Umgang mit Freiheiten und Pflichten) und die Herausbildung eines individuellen Werte- und Normensystems. Des Weiteren ist eine emotionale und materielle Lösung von der Familie erforderlich (vgl. Resch et al., 1999, S. 18 ff; Brinkhoff, 1998, S. 79 ff) und die Herausbildung einer personalen und sozialen Identität (vgl. Resch, 1999. S. 211 ff). Darüber hinaus können, wie in allen Entwicklungsphasen, individuelle Stressoren hinzukommen, beispielsweise der Tod einer wichtigen Bezugsperson, die gleichfalls bewältigt werden müssen.

3. Das bestehende *Selbstkonzept* dient als Grundlage für die Bewältigung entsprechender Aufgaben. Für dessen Entwicklung und Stabilisierung sind u. a. Selbstwirksamkeits- und Kontrollerfahrungen (vgl. Resch, 1999, S. 211 f), genauso wie das Körpererleben (vgl. ebd.) und bisherige Beziehungserfahrungen (vgl. Stern, 1995) maßgeblich.

4. Gerade die erlebte Diskontinuität von Beziehungserfahrungen in Form eines frühen Verlustes von Bezugspersonen, instabile Beziehungsverhältnisse (z. B. mehrfache Heimunterbringung) sowie negative Beziehungserfahrungen seien jedoch überproportional häufig bei straffällig gewordenen Jugendlichen (vgl. Dolde & Grübl, 1996, S. 237 ff). Eine umfangreiche Persönlichkeitsforschung bei Jugendstraftätern von Mey (1996) konnte zudem aufzeigen, dass Störungsbilder wie Depressionen, ein niedriges Selbstwertgefühl und verstärkte Erregbarkeit bei jugendlichen Straftätern verstärkt auftreten. Bei dieser Untersuchung gaben 43 % der Befragten an, unter psychischen Belastungen zu leiden, und noch leicht

höher lag der Anteil derer, die sich als „missgestimmt, pessimistisch, bedrückt, unverstanden und voller Minderwertigkeitsgefühle" (ebd., S. 389) beschrieben (vgl. hierzu auch Hosser, 2001, S. 136, 169). Zudem beschrieben sich über ein Drittel als reizbar, gespannt und aufbrausend bei geringer Frustrationstoleranz (vgl. Mey, 1996, S. 389 ff). Vorsichtig gesagt finden sich laut Mey unter den Insassen im Jugendstrafvollzug zwei typische Persönlichkeitsformen: „zum einen der labile, ängstlich-unsichere, milieuanfällige junge Mensch mit instabilem Selbstkonzept und geringer Ich-Stärke, zum anderen der frustrationsintolerante Erregbare mit Neigung zur Aufstauung aggressiver Affekte" (Mey, 1996, S. 407).

5. Neben dem bestehenden Selbstkonzept wird sog. Risiko- bzw. Schutzfaktoren eine bedeutende Rolle bei der Bewältigung von Entwicklungsaufgaben beigemessen (vgl. u. a. Kusch & Petermann, 1995, S. 63 ff). So wurde bezüglich der Entstehung von delinquentem Verhalten bislang häufig von sozioökonomischen Faktoren ausgegangen. Die hierbei zu Grunde liegende Armutsthese besagt, dass Delinquenz mit der materiellen Schlechterstellung (eigene bzw. die der Eltern) zusammenhängt (vgl. Backmann, 2003, S. 99). Obwohl tatsächlich überdurchschnittlich viele der straffällig gewordenen Jugendlichen aus ökonomisch schwachen Familien stammen (vgl. u. a. Dolde & Grübl, 1996, S. 238), zeigt der derzeitige Forschungsstand, dass nicht allein von diesem Erklärungsansatz ausgegangen werden kann (vgl. Oberwittler et al., 2001, S. 53; Backmann, 2003, S. 99 ff; Greve, 2002, S. 28). Vor allem den sozialen Beziehungen (Beziehungsfaktoren) der Jugendlichen zu Gleichaltrigen und zur Familie sowie der damit verbundenen Freizeitgestaltung wird ein hoher Stellenwert beigemessen (vgl. Backmann, 2003, S. 99 ff). Das elterliche Erziehungsverhalten spiele bei der Entwicklung von aggressivem Verhalten eine bedeutende Rolle. Insbesondere das stillschweigende Dulden bzw. der inkonsequente Umgang mit aggressivem Verhalten, das Verstärken durch Zuwendung, das Aufstellen von zu vielen oder zu wenigen sozialen Regeln könne die Entwicklung von aggressivem Verhalten fördern (vgl. Petermann & Warschburger, 1995, S. 138 ff; vgl. auch Kusch & Petermann, 1995, S. 67 f). Die Untersuchung von Oberwittler et al. (2001) zeigt zudem, dass „das Ausmaß an Streit mit den Eltern und Erfahrungen elterlicher Gewalt mit der Delinquenz zusammenhängen" (ebd., S. 53). Hinzu kommt, dass laut der bereits erwähnten Untersuchung von Dolde & Grübl (1996, S. 241 ff) ein Großteil der straffällig gewordenen Jugendlichen zuvor ihre Freizeit außerhalb der Familie verbrachten, wobei über 70 % dabei auch Kontakt zu bereits straffällig gewordenen „Kameraden" hatten (Bedeutung von Gleichaltrigen s. o.).

Unter *personale Faktoren* fallen insbesondere soziale Kompetenzen und der persönliche Bildungsstand. Die meisten jugendlichen Strafgefangenen haben eine unterdurchschnittliche Schul- bzw. Berufsausbildung. So ergab die Erhebung von Dolde und Grübl (1996, S. 237 ff), dass viele der untersuchten jugendlichen Strafgefangenen keinen und nur knapp die Hälfte einen niedrigen Schulabschluss hatten. Noch weniger (ca. 10 %) hatten eine abgeschlossene Berufsausbildung (vgl. auch Grosch, 1995, S. 210 ff). Bedeutsam werden die *personalen* Faktoren ferner im Zusammenhang mit der Teilhabechance und Zukunftsperspektive der *betroffenen* Jugendlichen *(Umweltfaktor):* „Die Krisen im Erwerbsarbeitssektor, Arbeitslosigkeit, Globalisierung, Rationalisierung und Abbau oder Verlagerung von Beschäftigung sind inzwischen nicht mehr ‚bloß‘ eine Randbedingung des Aufwachsens" (Münchmeier, 2001, S. 818). Im Zusammenhang mit den *objektiven* Chancen des Jugendlichen, sich in der Gesellschaft einzufinden, wird zudem den *subjektiv* wahrgenommenen Möglichkeiten (Handlungspotential) eine hohe Bedeutung beigemessen (vgl. Backmann, 2003, S. 105 f).

6. Als möglicher Ansatzpunkt, um den negativen Folgen des Jugendstrafvollzugs entgegenzuwirken, die Schutzfaktoren und das Selbstkonzept des Jugendstraftäters zu stärken, kommen pädagogische Maßnahmen im Rahmen von Lockerungen (§ 91 Abs. 3 JGG) in Betracht (vgl. u. a. Dolde & Grübl, 1996, S. 315 ff). Inwiefern sich hierzu ein Laufprogramm eignet, ist Gegenstand der weiteren Untersuchung.

11.3 Ausdauerlauf: Wohlbefinden und Körpererleben

Wenn im Folgenden verkürzt nur die Rede von Laufen ist, so wird darunter Langstreckenlauf als aerobes Ausdauertraining im Bereich des Gesundheits- und Sozialsports verstanden. Der hier verwendete Gesundheitsbegriff umfasst körperliche, geistige und seelische Aspekte, die in gegenseitiger Wechselwirkung stehen.

Sport kann, so Brinkhoff (1998, S. 107, 316), auf vielfache Weise eine „Moderatorfunktion" bei der Bewältigung von Entwicklungsaufgaben und Stressoren haben. Ebenso stehe Sport in direkter positiver Verbindung mit physischem und psychischem Wohlbefinden (vgl. ebd., S. 109 ff). Dies treffe insbesondere auch auf den Ausdauerlauf zu (vgl. Weber 1984a, Bartmann, 2001). Während jedoch die positiven Auswirkungen des Laufens auf den Körper und seinen Organismus lange Zeit als empirisch gesichert galten, werden bestehende Zusammenhänge heute wesentlich zurückhaltender formuliert (vgl. Schlicht, 1994, S. 7). Auch die Ergebnisse von Untersuchungen zu psychischen Auswirkungen werden differenziert bewertet. Bemängelt werden insbesondere methodische Defizite, wie fehlende Kontrollgruppen, zu geringe Stichprobenzahlen und undurchsichtige Entscheidungsregeln (vgl. ebd., S. 40 ff; vgl. auch Stoll, 2000, S. 31 ff). Ebenso umstritten sind die derzeit gängigen Erklärungsansätze zur Beeinflussung der psychischen Gesundheit durch sportliche Aktivitäten. So wird vor allem unter Einbeziehung neuerer Untersuchungsergebnisse die weit verbreitete Endorphin-Theorie massiv hinterfragt (vgl. u. a. Stoll, 2000, S. 19 ff).

Die empirischen Belege über die direkten Zusammenhänge zwischen Wohlbefinden und Laufen bzw. Sport im Allgemeinen werden zwar angezweifelt, weit weniger jedoch die beobachteten Effekte, welche zusätzlich durch eine Vielzahl von Alltagserfahrungen und Erfahrungsberichten (vgl. z. B. Fischer, 1999) bestätigt werden. So kommt auch Schlicht aufgrund seiner eigenen Meta-Analyse von 39 Originalarbeiten zu dem Schluss, dass Effekte durchaus erkennbar sind, sich aber scheinbar nur durch ein Zusammenwirken von physiologischen Vorgängen mit psychosozialen und kognitiven Faktoren erklären lassen (vgl. Schlicht, 1994, S. 133 ff). Gleich mehrere Untersuchungen bestätigen zudem, dass insbesondere dem Körpererleben gerade im Jugendalter ein hoher Bedeutungsgehalt beigemessen werden kann. Roth (2002) kommt aufgrund seiner Untersuchung sogar zu dem Schluss, dass sowohl bei männlichen als auch bei weiblichen Jugendlichen „die Zufriedenheit mit der Figur den besten Prädiktor für das allgemeine Selbstwertgefühl" (S. 161) darstellt, wobei das Ausmaß an Überzeugung die eigenen körperlichen Zustände und Kompetenzen beeinflussen zu können (internale Kontrollüberzeugung), bei Jungen größer sei als bei Mädchen (vgl. ebd., S. 160). Auch Buddeberg-Fischer und Klaghofer (2002, S. 706 f) sehen durch ihre Untersuchungsergebnisse bestätigt, dass das Körpererleben bei Heranwachsenden in hohem Maße mit der physischen und psychischen Befindlichkeit korreliert.

11.4 Laufen und physisches Wohlbefinden

Positive Effekte des Laufens auf die physische Gesundheit werden vor allem bezüglich einer Reduktion des Körpergewichts, einer Stimulierung des Immunsystems, einer Steigerung des Stoffwechsels sowie eines günstigeren Zucker- und Fettstoffwechsels genannt (vgl. u. a. Eichberg, 2003; Kleinmann, 1985). Was hier *verkürzt* als somatische Veränderungen durch regelmäßiges Laufen beschrieben wurde, wird durch den Läufer mitunter als gesteigerte Fitness und körperliches Wohlbefinden wahrgenommen. Gleichzeitig hätten Läuferinnen und Läufer ein ausgeprägteres Gesundheitsbewusstsein als Nichtsportler (vgl. u. a. Bartmann, 2001, S. 15). Sport, und hier kann insbesondere auch Laufen dazugezählt werden, ermöglicht Körpererfahrungen, beispielsweise durch das Erleben von „Ermüdung und Anstrengung, Entspannung nach der Belastung, physiologische Anpassungsvorgänge über längere Trainingsphasen, Bewegungseindrücke (…), Organfunktionen, wie Herzklopfen, Blutströme, Atmung und Schmerzen des Bewegungsapparates durch Überanstrengung (…), das Austesten von körperlicher und sportlicher Belastbarkeit, (…)" (Sygusch, 2000, S. 93). Solche Erfahrungen können die Wahrnehmungsfähigkeit für die eigenen Bedürfnisse fördern (Selbstwahrnehmung) und vor allem körperbezogene Selbstwirksamkeitserlebnisse ermöglichen (vgl. ebd., S. 93 f). Körperbezogene Wirkungen des Laufens sind also durchaus von hoher Bedeutung. Auch werden diese, gerade von Laufanfängern, häufig eher und direkter erlebt als andere Effekte (vgl. Bartmann, 2001, S. 9).

11.5 Laufen und psychisches Wohlbefinden

Bartmann (2001) ist der Ansicht: „Joggen verhilft unabhängig von Alter und Geschlecht zu mehr Wohlbefinden" (S. 31). Der Autor bezieht sich dabei u.a. auf eine eigene Untersuchung mit Krankenpflegepersonal (vgl. Bartmann, 1989) und auf eine Studie von Rand (1986). Ebenso zeigte eine Studie von Weber (1985), dass das Wohlbefinden der TeilnehmerInnen einer Laufgruppe gegenüber einer Kontrollgruppe im Untersuchungszeitraum signifikant zunahm. Des Weiteren sollen durch Laufen Ängste und Depressionen gesenkt werden können. Schüler (1999, S. 267 f) führt diesbezüglich eine Untersuchung von Hilyer et al. (1982) auf. Bei dieser nahmen 60 Jugendliche einer Besserungsanstalt 20 Wochen lang an einem Trainingsprogramm teil, das aus Laufen und anschließenden Gesprächen bestand. Tests ergaben, dass die Werte für Ängstlichkeit und Depressionen bei dieser Gruppe deutlich abnahmen, während die Werte bei einer Kontrollgruppe im selben Zeitraum zunahmen. Zu entsprechenden Untersuchungsergebnissen kommen auch Bartmann (2001) und Weber (1984b). Regelmäßiges Laufen kann zudem, wie bereits erwähnt, zu einem besseren Körpererleben und dadurch zu Selbstwirksamkeitserfahrungen beitragen. Ebenso könne eine positive Selbstverstärkung durch rasche Lauferfolge und durch Kontrollerfahrungen, bezüglich der eigenen Leistung und dem eigenen körperlichen Wohlbefinden, erreicht werden (vgl. Fröhlich-Gildhoff, 2004a, S. 76 f).

Einige der Auswirkungen im psychischen Bereich sind nicht allein auf das Laufen an sich zurückzuführen, sondern vielmehr durch weitere Faktoren bedingt. Vor allem der Laufgruppe wird hierbei eine entscheidende Rolle zugeschrieben (vgl. u.a. Weber, 1999, S. 17 f). So bietet das Laufen in der Gruppe die Möglichkeit, die eigene Leistungsfähigkeit mit der anderer zu messen, und das Laufen erhält eine *soziale* Funktion.

11.6 Soziale Funktion des Laufens

Unter *sozialer Funktion* werden in diesem Zusammenhang alle Auswirkungen von Laufen verstanden, die Einfluss auf das Sozialverhalten oder auf die sozialen Beziehungen des Läufers nehmen. Dem Sport werden sozialisationsfördernde und integrierende Wirkungen zugesprochen (vgl. u.a. Brinkhoff, 1998, S. 315 ff), und auch Laufen in einer Gruppe ist, nach Einschätzung von Weber (1999, S. 43 ff), förderlich für den Aufbau von sozialen Beziehungen. Der Teilnehmer kann Kontakt aufnehmen, die Gruppe bietet Gelegenheit für Begegnung und Austausch, und Gruppenprozesse sind erlebbar. Weber spricht in diesem Zusammenhang auch von einem *kommunikativen* Laufen (vgl. Weber 1984c). Das Laufen in der Gruppe bietet zudem die Chance des sozialen Lernens (vgl. Pühse, 1990). So konnte Schüler (1991) im Rahmen einer Untersuchung aufzeigen, dass durch *kommunikatives* Laufen in einem pädagogischen Kontext „(...) die Sensibilisierung für die Situation des anderen (Empathie), gegenseitige Hilfestellungen (pro-soziales Verhalten), Kompromißbereitschaft (Konfliktfähigkeit), die Einbeziehung und Anerkennung von Außenseitern (Integration), sowie die eigene emotionale Ansprechbarkeit (Offenheit)" (S. 18 f) gefördert werden kann. Des Weiteren nimmt der Autor an, dass durch „intensiv betriebenes Laufen aggressiv-destruktives Verhalten ventiliert und in konstruktive Bahnen" (ebd., S. 23) gelenkt und durch das *Verkraften* von Misserfolgen die Frustrationstoleranz erhöht werden kann (vgl. ebd., S. 17 ff).

„Laufen verändert die Lebensweise" (Weber, 1999, S. 17). Weber geht davon aus, dass ein therapeutisches Laufen dazu beitragen kann, neue Gewohnheiten zu entwickeln und alte abzugewöhnen. Er bezieht dies in erster Linie auf körperbezogene Lebensgewohnheiten, wie beispielsweise die Essgewohnheit (vgl. ebd.). Dass dieser Effekt möglicherweise auch auf andere Situationen zutrifft, zeigen Praxiserfahrungen von Dülfer und Fröhlich-Gildhoff (1992, S. 33). So berichteten zwei Drittel der Teilnehmer eines *Laufkurses für Menschen mit seelischen Belastungen,* dass sie Veränderungen in ihrem Alltag eingeleitet haben. Bestimmte Zusammenhänge seien für sie offensichtlicher geworden, und ihre subjektive Bereitschaft, Konflikte einzugehen, sei gestiegen. Somit könnte Laufen, bzw. die Reflexion von Lauferfahrungen, zu gewünschten Verhaltensänderungen beitragen.

Untersuchungen zeigen, dass Laufen eine Vielzahl von positiven Auswirkungen auf das allgemeine Wohlbefinden im Sinne eines umfassenden Gesundheitsbegriffs haben kann. Zu berücksichtigen bleiben jedoch die erwähnten Mängel an einschlägigen Untersuchungen und die Erkenntnis, dass viele Wirkungen multifaktorell bedingt sind. Laufen ist kein Allheilmittel, aber es lassen sich unter anderem positive Einflüsse auf die physische Gesundheit und auf das Selbstkonzept des Läufers feststellen, sowie die Besserung von psychischen Belastungen wie Ängsten, Depressionen und Stress. Am wenigsten erforscht sind die aufgezeigten *sozialen* Funktionen des Laufens.

11.7 Verknüpfung und Thesen

Laut § 1 Abs.1 SGB VIII hat jeder junge Mensch ein Recht auf die Förderung seiner Entwicklung und auf Erziehung zu einer eigenverantwortlichen und gemeinschaftsfähigen Persönlichkeit. Bei jugendlichen Strafgefangenen kommt noch der in § 91 Abs.1 JGG festgehaltene Erziehungsauftrag hinzu, laut dem der Verurteilte zu einem *rechtschaffenen und verantwortungsbewussten Lebenswandel* geführt werden soll. Sowohl im JGG (§ 91 Abs.2 JGG) als auch im SGB VIII (§ 11 Abs.3) wird u. a. Sport als Grundlage dieser Erziehung genannt. Die Verbindung von Erziehungsauftrag und Sport lässt sich auch in der Praxis des Jugendstrafvollzugs wiederfinden (vgl. u. a. Nickolai 1987; Krüger, 1998, S. 57 ff). Sport gilt hierbei als ein praxiserprobtes Mittel im Rahmen des Erziehungs- und Sozialisationsprozesses. Bislang liegen jedoch im deutschsprachigen Raum hierzu kaum Untersuchungen (vgl. u. a. Kofler 1976, Stuckensen, 1998) vor.

Bei der Verknüpfung der theoretischen Grundlagen, straffällig gewordene Jugendliche einerseits und andererseits die Sportart Langstreckenlauf, lassen sich folgende Thesen aufstellen:

1. *Laufen kann bei straffällig gewordenen Jugendlichen zu einem körperlichen Wohlbefinden beitragen.*

Durch regelmäßiges Laufen wird die allgemeine körperliche Leistungsfähigkeit und Kondition gesteigert, das Immunsystem nachhaltig gestärkt und ein positives Körpererleben ermöglicht.

2. *Laufen hat einen positiven Einfluss auf die psychische Stabilität von jugendlichen Strafgefangenen und führt zu einer Stärkung ihres Selbstkonzeptes.*

Laufen gestattet eine differenzierte Selbstwahrnehmung (Körpererleben) und ermöglicht Selbstwirksamkeitserfahrungen (Einfluss auf eigene Leistung und Wohlbefinden). Werden diese Erfahrungen häufig erlebt und beispielsweise in einer Laufgruppe reflektiert und auf weitere Lebenssituationen transferiert, so können daraus Kontrollüberzeugungen entstehen. Durch regelmäßiges Laufen werden zudem schnell Leistungssteigerungen erreicht. Durch eine Vielzahl solcher Erfolgserlebnisse, durch ein positives Erleben des eigenen Körpers und durch Kontrollerfahrungen kommt es zu einer Steigerung des Selbstwertgefühls, welches bei jugendlichen Straftätern häufig niedrig ist und zu einer Stabilisierung ihres Selbstkonzeptes beiträgt. Wie aufgezeigt, kann durch Laufen zudem eine Stärkung der psychischen Gesundheit erreicht werden (positiver Einfluss bei Depressionen und Angst).

3. *Durch Laufprogramme können soziale Kompetenzen vermittelt und der Aufbau von sozialen Beziehungen gefördert werden.*

Durch Laufen kann die Interaktion zwischen den Jugendlichen untereinander und zwischen den Jugendlichen und dem Fachpersonal gefördert und gestärkt werden. Gemeinsame (Lauf-)Erfahrungen bieten die Grundlage für einen konstruktiven Beziehungsaufbau. Dieser ist notwendige Basis für einen erfolgreichen Erziehungs- und Beratungsprozess im Alltag des Jugendstrafvollzuges (vgl. hierzu u. a. Hosser, 2001, S. 73; Grosch, 1995, S. 16 f; Greve, 2002, S. 27). Darüber hinaus kann das Laufprogramm als soziales Lernfeld genutzt werden (Empathie, prosoziales Verhalten etc.).

11.8 Qualitative Untersuchung von Laufprogrammen im Jugendstrafvollzug[6]

Da es sich bei der soeben vollzogenen Verknüpfung um ein unerforschtes Thema handelt, lag das Forschungsinteresse auf dem Nachweis des Wirkungspotentials von Laufprogrammen, die im Rahmen des Jugendstrafvollzugs durchgeführt werden und nicht auf dem Nachweis einer einzelnen Laufwirkung. Folgende Fragestellung sollte untersucht werden:

• Welche Wirkungen können durch einen gezielten Einsatz von Laufprogrammen im Jugendstrafvollzug erreicht werden?

11.8.1 Untersuchte Einrichtungen/Laufprogramme

Gegenstand der Untersuchung waren Laufprogramme mit der Zielgruppe straffällig gewordene Jugendliche/junge Erwachsene, die sich im offenen, im geschlossenen oder in einer sog. *alternativen* Form (i. S. des § 91 Abs.3 JGG) des Jugendstrafvollzugs befinden. Die Untersuchung beschränkte sich auf männliche Jugendliche im Alter von 14 bis 26 Jahren und wurde in vier Einrichtungen durchgeführt:

Bei der ersten Einrichtung (E1) handelt es sich um einen offenen (Jugend-) Strafvollzug in der Schweiz. Aufgenommen werden insbesondere Jugendliche zwischen 17 und 25 Jahren mit einer Gewalt- und/oder Suchtproblematik. Die Konzeption der Einrichtung ist auf eine Verweildauer von zwei bis drei Jahren angelegt und baut auf die Behandlungsschwerpunkte Berufsbildung, Sozialpädagogik und Psychotherapie auf. Voraussetzung für eine Aufnahme ist der Wille, das eigene Leben neu zu gestalten, und die Bereitschaft, sich auf das therapeutische Angebot einzulassen.

Die zweite Einrichtung (E2) ist eine Außenstelle einer großen Jugendvollzugsanstalt in Südwestdeutschland. Die Einrichtung ist als Freigängerhaus konzipiert, demnach haben alle Bewohner die Lockerungsstufe *Freigänger* und gehen nach Möglichkeit einer externen Ausbildungs- bzw. Arbeitsbeschäftigung nach. Größtenteils verbringen die 16 bis 26 Jahre alten Insassen eine Reststrafe in dieser Einrichtung.

Die Einrichtung E3 besteht seit September, 2003 und hat als Ziel, einen alternativen Jugendstrafvollzug (i. S. d. § 91 Abs. 3 JGG) als Teil der Jugendhilfe zu gestalten, der eine altersgemäße Erziehung ermöglicht. Der Zugang der Bewohner erfolgt über Jugendvollzugsanstalten. Aufgenommen werden insbesondere Jugendliche zwischen 14 und 18 Jahren, die erstmals zu einer Jugendstrafe ver-

---

6 Folgende Angaben und wörtliche Zitate entstammen dem anonymisierten und teilweise paraphrasierten Interviewmaterial (Experteninterviews EI 1–4, Gruppeninterviews GI 1+2), sofern nicht anders angegeben. Da nur männliche Jugendliche und Experten befragten wurden, wird im Folgenden nur die maskuline Bezeichnung verwendet.

urteilt wurden. Der Tagesablauf der Einrichtung ist stark strukturiert. Die Teilnahme an den einzelnen Programmeinheiten (Unterricht, Arbeit, soziale Trainingmaßnahmen, Freizeit- und Sportaktivitäten) ist verpflichtend. Nahziele der Einrichtung sind das Aufarbeiten von Entwicklungsstörungen, das Aneignen von sozialen Kompetenzen sowie die Vorbereitung für einen Ausbildungs-/Berufseinstieg.

Die vierte Einrichtung (E4) befindet sich in der kanadischen Provinz Britisch Kolumbien und ist ebenfalls als alternativer Strafvollzug ausgerichtet. Der Träger der Einrichtung ist eine Non-profit-Gesellschaft. Aufgenommen werden bis zu 14 jugendliche Straftäter im Alter von 14 bis 18 Jahren. In der praktischen Arbeit kommen Elemente aus der Verhaltenstherapie (vgl. u. a. Petermann & Petermann, 1996), beispielsweise in Form von positiven Verstärkern, zum Einsatz. Weitere Elemente sind das Lernen in und von der Gruppe (*peer group counseling* → vgl. u. a. Kaestner, 2003), körperliche Arbeiten, Naturerfahrungen und Sport.

Tab. 44: Überblick über die untersuchten Einrichtungen und Laufprogramme

Laufprogramm Kriterien	E1 offener Vollzug, CH	E2 Freigänger- haus, D	E3 Alternativer Vollzug, D	E4 Alternativer Vollzug, Kanada
Bestehend seit	04/2004	vor 2002	09/2003	1972
Verbindlichkeit des Laufprogramms	ja, als Betriebssport	nein	ja, als Frühsport	ja, als Frühsport
Häufigkeit (je Woche)	einmal	zweimal	fünf-/sechsmal	fünfmal
Ablauf d. Laufeinheit	relativ offen	relativ offen	fest strukturiert	fest strukturiert
Länge in Kilometer	ca. 7 km	7 bzw. 4 km	ca. 4 km	3–16 km
Anzahl Teilnehmer	12–22	3–5	13	14
Alter der Teilnehmer	17–25 Jahre	16–26 Jahre	14–18 Jahre	14–18 Jahre
Durchschnittliche Verweildauer d. BW	3 Jahre und mehr	4–11 Monate	ca. 12 Monate	immer 4 Monate
Durchgeführte Interviews; je ein:	Experten- und Gruppen-interview	Experten- und Gruppen-interview	Experten-interview	Experten-interview

11.8.2 Erhebungs- und Auswertungsmethodik

Aufgrund der Vielzahl von Einflussfaktoren beim Langstreckenlauf und dessen facettenreichen Auswirkungen (vgl. u. a. Schlicht, 1994, S. 133 ff; Aaken 1984, S. 69 ff), sowie hinsichtlich der Fragestellung (s. o.) wurde auf die qualitative Sozialforschung zurückgegriffen. Unter Berücksichtung allgemeiner Gütekriterien qualitativer Sozialforschung (vgl. Mayring, 2002, S. 144 ff) wurden für die Datenerhebung Experteninterviews (vgl. Meuser & Nagel, 2002, S. 73 ff) und fokussierte Gruppeninterviews (vgl. Hopf, 1991, S. 178 f) durchgeführt. Es diente jeweils ein eigens dafür entwickelter Gesprächsleitfaden als Grundlage für die Interviews (vgl. hierzu Helfferich, 2004, S. 163 f). Für die Auswertung wurde das transkribierte Material der Experten- (EI) und Gruppeninterviews (GI) herangezogen, welches zuvor anonymisiert und teilweise paraphrasiert wurde. Kernstück der Auswertung bildete eine themenspezifische Analyse, in Form einer qualitativen Inhaltsanalyse (vgl. Mayring, 1991, S. 209 ff; Meuser & Nagel, 2002, S. 80). Hierfür wurde am Ausgangsmaterial ein Kategoriensystem entwickelt. Insgesamt umfasste dieses elf Kategorien, anhand derer alle Interviews aufgearbeitet wurden.

11.8.3 Ergebnisse der Untersuchung

1. Kategorie: Erprobung und Außenkontakte
In den Einrichtungen E2 und E3 haben Bewohner durch die Teilnahme an externen Laufveranstaltungen Kontakte nach außen (in E1 und E4 erfolgen *nur* interne Laufveranstaltungen). Die Bedeutung dieser *Außenkontakte* wird von Experte 3, vor allem für die Anfangsphase der Jugendlichen in der Einrichtung, als wichtig bezeichnet, da sie in dieser Phase kaum Gelegenheit zu solchen hätten, ebenso von Experte 2 für Teilnehmer aus der geschlossenen Jugendvollzugsanstalt. Obwohl auch Bewohner mit gelockertem Haftstatus der E2 soziale Kontakte durch die Teilnahme an Laufveranstaltungen haben, wurden diese Kontakte nicht explizit benannt. Dies mag mitunter daran liegen, dass die Bewohner aufgrund ihres Freigängerstatus regelmäßig *Außenkontakte* (Berufstätigkeit) haben und diese somit keine Besonderheit darstellen. Das Sozialverhalten der Bewohner bei externen Laufveranstaltungen wird von Experte 3 als durchweg „korrekt" und positiv bezeichnet. Entsprechende Erfahrungen konnten in der Einrichtung 2 gemacht werden. Hinzu kommt in dieser Einrichtung und in der E1, dass die Bewohner während der regulären wöchentlichen Laufeinheiten ohne direkte Aufsicht vorauslaufen können. Dabei sei noch nie jemand „abgehauen". In den Einrichtungen 3 und 4 übernehmen die Jugendlichen teilweise die Durchführung der Laufeinheit (beispielsweise die Anleitung des Aufwärmtrainings).

Es lässt sich ablesen, dass der Bedeutungsgehalt von *Außenkontakten* für die Bewohner mit davon abhängt, inwiefern weitere entsprechende Möglichkeiten bestehen (je weniger Kontaktmöglichkeiten bestehen, desto bedeutsamer werden diese). Über die Qualität dieser Kontakte durch die Laufprogramme (Aufbau bzw. Festigung bestehender sozialer Beziehungen) lässt sich keine Aussage treffen. Dennoch können sie im Sinne einer sozialen Rollenvielfalt als positiv bewertet werden. Durch eine selbstständig gestaltete und weitestgehend unbeaufsichtigte Laufeinheit, und insbesondere durch die Teilnahme an externen Laufveranstaltungen können die Bewohner ihre Vertrauenswürdigkeit unter Beweis stellen und sich im Umgang mit Freiheiten und Pflichten (pünktliches Erscheinen zu vereinbarten Treffpunkten, Abstinenz von Alkohol etc.) erproben.

2. Kategorie: weitere Lockerungen/vorzeitige Haftentlassung
Da das Laufprogramm der ersten Einrichtung verbindlich ist, wird eine unentschuldigte Nichtteilnahme als Verweigerung betrachtet, die i.d.R. eine Konsequenz nach sich zieht. Dies kann bis hin zur Streichung weiterer Lockerungen (z.B. Wochenendausgangssperre) führen. Einrichtung 3 und 4 haben beide ein Belohnungs-bzw. Stufensystem, bei denen eine Verstärkung von *positivem* Verhalten durch weiterführende Lockerungsmaßnahmen und größere Eigenverantwortung erreicht werden soll. Im Rahmen dieser Systeme wird die *Mitarbeit* und das *Verhalten* der Bewohner bei den einzelnen Tagesaktivitäten, wozu auch das Laufprogramm zählt, bewertet. Somit ist in den drei Einrichtungen mit einem verbindlichen Laufprogramm die Teilnahme am Lauf mitentscheidend für den Erhalt von weiteren Lockerungen.

Beim Laufprogramm der Einrichtung 2 handelt es sich um ein freiwilliges Angebot, daher erfolgen keine Konsequenzen bei einer Nichtteilnahme. Jedoch ist Experte 2 der Ansicht, dass sich eine regelmäßige Teilnahme am Laufprogramm positiv auf eine vorzeitige Entlassung auswirken kann. Grundlage für diese ist u.a. eine Stellungnahme des zuständigen Sozialarbeiters, in welcher der Vollzugsverlauf beurteilt wird. Mittlerweile benennt Experte 2 in solchen Stellungnahmen ein ggfs. positives Engagement und Verhalten beim Laufprogramm. Die Frage, die sich dabei stellt, ist, welchen Einfluss eine positive Bescheinigung über Teilnahme und Verhalten bei einem entsprechenden Laufprogramm haben kann. Asprion (mündliche Mitteilung von P. Asprion, Bewährungshilfe Freiburg, 24.03.2004) ist aufgrund seiner langjährigen Praxiserfahrungen im Strafvollzug der Ansicht, dass sich die „Erprobung im Freien" durch sportliche und/oder erlebnispädagogische Maßnahmen hervorragend eignet, um eine „gute Führung" nachzuweisen. Bei solchen Maßnahmen könne der Insasse durch entsprechendes Verhalten (keine besonderen Auffälligkeiten, Verlässlichkeit etc.) seine Veränderungsbereitschaft und seine Vertrauenswürdigkeit unter Beweis stellen. Im Sinne dieser Erprobungs-Praxis kann davon ausgegangen werden, dass eine kontinuierliche Teilnahme und eine Bescheinigung über positives Verhalten bei dem Laufprogramm der Einrichtung 2 zu einer vorzeitigen Entlassung beiträgt.

3. Kategorie: Konkurrenz – sich einordnen/definieren
Ein von allen Befragten häufig mehrfach beschriebenes Thema war Konkurrenzverhalten beim Laufen. So ist laut Experte 1 die Konkurrenz „miteingeplant". Vor allem fünf gute Läufer würden jedes Mal darum konkurrieren, wer als erster im Ziel ankommt. Einer der Jugendlichen, der bei dem abschließenden Wett-

rennen jedes Mal dabei ist, antwortete auf die Frage, wie er die Konkurrenz erlebt, folgendermaßen: „Also, der Peter und ich versuchen die anderen zwei Kollegen, wo auch schnell sind, [ein]zuholen. Die haben ihr Tempo und wir haben unser Tempo. Wir versuchen zu gewinnen und die auch. (...) Gegen Schluss, da macht jeder schnell und gibt Gas. Da sind alle wieder alleine" (BW2 in GI1, S. 5). Auch die Experten aus den Einrichtungen 3 und 4 sowie Bewohner der E2 berichteten von ähnlichen *Wettkämpfen* während der Laufeinheiten.

Das Messen der eigenen Leistungsfähigkeit im Vergleich mit anderen scheint ein wichtiger Gesichtspunkt zu sein, und offensichtlich eignen sich die untersuchten Laufprogramme, zumindest für einen Teil der Jugendlichen, hierfür. Die Aussagen der Experten lassen vermuten, dass dies hauptsächlich auf leistungsstarke Läufer zutrifft („Die guten Sportler, (...) die beweisen sich darüber, das ist keine Frage."; EI3, S. 4 f). Daher stellt sich die Frage, inwieweit das Mithalten/Konkurrieren in der Laufgruppe für *laufschwächere* Bewohner von Bedeutung ist:

- „Und die anderen kommen irgendwann auch auf den Zug, weil sie merken, ok – die Hierarchien, die auf dem Hof sind unter den Bewohnern, die sind ein wichtiger Bestandteil auf dem kleinen Dorf hier oben. Wo stehe ich da? (...) Sehr viel definiert sich da auch über den Sport bei ihnen. (...) Da bist du nicht gerne der, wo irgendwie völlig daneben steht" (EI1, S. 4 f).
- „Es gibt eine Hierarchie in der Gruppe und normalerweise machen die ganz oben und ganz unten unter sich aus, wer ist der Oberste und wer ist der Unterste. Und wenn zum Beispiel einer das Rennen gemeistert hat, dann ist er von einer unteren Hierarchie schnell nach oben gekommen" (EI4, S. 4.). Auch Experte 3 beschrieb entsprechende Beobachtungen.

Die Herausbildung von Subkulturen mit häufig hierarchischen Strukturen ist in Jugendvollzugsanstalten kein unbekanntes Phänomen. In drei der untersuchten Einrichtungen wurde von den Experten bestätigt, dass entsprechende Hierarchien unter den Bewohnern bestehen, und dass das *Einordnen* in diese Strukturen unter anderem über das Laufen erfolgt. Ein Mitarbeiter (Experte 4) spricht gar von einem Statussymbol bezüglich des Laufens. Auch wenn fraglich ist, inwiefern solche Subkulturen wünschenswert sind, ist es nach Auffassung des Verfassers sinnvoller, dass das *Einordnen* und das *Sich-definieren* u.a. über Laufen bzw. Sport erfolgt und nicht über Gewalt- bzw. Gewaltandrohungen, was in Jugendvollzugsanstalten häufig vorkomme. Neben dem Konkurrieren um Anerkennung zu erhalten, ist der dadurch entstehende Motivationsaspekt für die Teilnahme am Laufprogramm ein nennenswerter Effekt („die Motivation holen sie sich gegenseitig, nicht von mir"; GI1, S. 4).

4. Kategorie: Sozialverhalten

In den Einrichtungen 3 und 4 kann während der Laufeinheiten häufig gegenseitige Unterstützung, Motivation und praktische Hilfestellungen beobachtet werden, aber es käme gelegentlich auch zu kleineren Auseinandersetzungen zwischen den Jugendlichen. Insgesamt unterscheide sich, laut den Experten 3 und 4, das Verhalten während der Laufeinheit nicht vom Verhalten im Einrichtungsalltag. Da in diesen beiden Einrichtungen die Laufeinheit ein direkter Bestandteil der Verhaltensbeurteilung ist (s.o.), kann das beobachtete Sozialverhalten nur unzureichend mit den Auswirkungen des Laufprogramms in Verbindung gebracht werden. Auch Aussagen von Experte und Bewohnern der zweiten Einrichtung lassen pro-soziales Verhalten beispielsweise gegenüber schwächeren Läufern erkennen, jedoch bleibt der Motivationshintergrund dieser Handlungen unklar (ernst gemeinte Unterstützung oder *keine Lust,* alleine zu laufen). In E4 wurden sogar eher gegenläufige Aussagen von den befragten Laufteilnehmern getroffen. So komme es vor, dass Jugendliche sich über langsamere Läufer lustig machen: „Wir lachen sie aus und so. Nett auslachen, aber sind böse. Sagen beispielsweise zum Spaß: ‚Wo bisch gewesen?‘" (BW2 in GI1, S. 4).

Ob die untersuchten Laufprogramme Auswirkungen auf das Sozialverhalten der teilnehmenden Bewohner haben, konnte mit der verwendeten Erhebungsmethode nur unzureichend erfasst werden. Das Untersuchungsmaterial lässt jedoch vermuten, dass das Laufen an sich diesbezüglich keine nennenswerten positiven Veränderungen bewirkt.

5. Kategorie: Beziehungsaufbau zwischen Mitarbeiter und Bewohner
Nach Angaben aller Experten trage das gemeinsame Laufen zum Beziehungsaufbau zwischen ihnen und den Bewohnern bei. So berichtete der Sozialarbeiter der Einrichtung 2, dass er über das Laufen mit einigen Bewohnern „jetzt viel besser ins Gespräch" (EI2, S. 5) kommt, da diese beim Laufen viel mehr über sich erzählen und er daher mehr über sie weiß. Auch konnte der Experte durch das gemeinsame Laufen Beziehungen zu Bewohnern aufbauen, mit denen er sonst keinen Kontakt hat. Auch die Experten 1 und 3 betonten, dass sie über den „Sport einen anderen Zugang" (EI3, S. 7) zu den Bewohnern erhalten. „Du kommst (…) über Sport mit ihnen an die besten Kontakte" (EI1, S. 3). Inwiefern steht aber dieser Beziehungsaufbau mit dem Laufprogramm in Verbindung und durch was lässt sich dieser begründen? Ein Erklärungsansatz wurde bereits indirekt benannt: Experte 2 erhält durch das Laufen Kontakt zu Bewohnern, mit denen er ansonsten kaum Kontakt hat. Es spielt demnach schlichtweg die gemeinsam verbrachte Zeit eine Rolle. Zum anderen scheint es den Bewohnern beim Laufen leichter zu fallen von sich selbst zu erzählen. Der Grund hierfür ist möglicherweise, dass das Laufen eine gemeinsame Erfahrung für Bewohner und Mitarbeiter beinhaltet. Diese Erfahrung ist das Erleben einer körperlichen und mentalen Anstrengung. Dadurch, dass sowohl Bewohner als auch Mitarbeiter diese Anstrengung erleben, entsteht eine Gemeinsamkeit. Von dieser gemeinsamen Basis aus fällt es den Bewohnern leichter, von sich selbst zu erzählen und in einen konstruktiven Dialog mit dem Mitarbeiter zu treten. Oder in den Worten der Experten ausgedrückt:

• „Dass die Mitarbeiter mitlaufen, das ist natürlich auch ganz wichtig. Dass nicht nur die Jungs rennen, sondern dass die [Bewohner] mich sehen jeden Montag morgen bei einem ‚langsamen Tod‘, weil ich mich genauso anstrenge. (…) Das bildet persönlichen Zusammenhalt, das macht es persönlich" (EI4, S. 6).

- „Sie können ihren Stand als Mitarbeiter definieren. Die Jungs achten da sehr genau drauf, ob jemand [Mitarbeiter] bei schlechtem Wetter mitläuft, oder sich drückt in ihren Augen. (…) Wobei es eher darum geht, ob sie [als Mitarbeiter] engagiert dabei sind, (…) also ob sie jetzt etwas schneller oder langsamer sind, das ist gar nicht so ganz entscheidend. Die Frage ist, ob sie dabei bleiben, ob sie sich mitreinstellen in die Gruppe, sich mit engagieren. Da haben die Jungs schon feine Antennen" (EI3, S. 8 f).

Neben der gemeinsam erlebten Anstrengung wird von den Bewohnern der E3 und E4 das Engagement der teilnehmenden Mitarbeiter am Laufprogramm anerkannt. Von den Teilnehmern am freiwilligen Laufprogramm der E2 findet hingegen die Tatsache, dass die Mitarbeiter das Laufprogramm größtenteils in ihrer Privatzeit durchführen, Anerkennung. Nach diesem Ansatz lässt sich also die beziehungsförderliche Wirkung der Laufprogramme durch die drei Faktoren Zeit, gemeinsames Erfahrungserlebnis und Annerkennung des Engagements der Mitarbeiter erklären.

6. Kategorie: Gespräche und Beratung beim Laufen
Beim Laufen unterhalten sich Mitarbeiter und Bewohner und auch die Bewohner untereinander. Das Lauftempo sei i.d.R. so, dass eine Unterhaltung gut möglich ist. Dies wurde, bis auf das der Einrichtung 1, über alle Laufprogramme ausgesagt. Bei dem Laufprogramm der Einrichtung 3 erfolgen diese Gespräche meistens in Kleingruppen. Dabei stehen sportliche Themen und „organisatorische Dinge" (beispielsweise Planung einer neuen Fitnessabteilung) im Mittelpunkt. In den Einrichtungen 2 und 4 gibt es ähnliche Gespräche. Darüber hinaus finden aber auch Einzelgespräche zwischen einem Mitarbeiter und einem Jugendlichen während der Laufeinheiten statt. Laut Experte 2 gehe es dabei häufig um die Arbeitstätigkeit und um persönliche Angelegenheiten des Bewohners, wie Finanzen und Ausgangsregelungen. Auf die Frage des Interviewers nach einem Vergleich eines solchen „Laufgesprächs" mit einem regulären Beratungsgespräch antwortete der Experte: „Das sind Welten! Ich habe so die Erfahrung gemacht, dass man während dem Laufen viel besser mit denen ins Gespräch kommt. (…) Ich kann in der dreiviertel Stunde viel mehr besprechen, als wenn ich zum Beispiel die gleiche Zeit mit ihm im Büro verbringen würde. Da wird viel mehr gesprochen. Das geht da auch ganz locker ab" (EI2 S. 5). Entsprechende Erfahrungen machen auch Mitarbeiter der Einrichtung 4. Häufig werden in solchen Gesprächen während des Laufs Alltagsprobleme, wie beispielsweise Konflikte und Schwierigkeiten in der Schule, aber auch die Zukunftsperspektive und persönliche Ziele der Jugendlichen besprochen. Die Laufkonstellationen *(wer mit wem läuft)* und die Gesprächsinhalte ergeben sich überwiegend aus der Situation heraus. Nur selten initiieren Mitarbeiter beabsichtigt das Gespräch mit einem Jugendlichen während des Laufs und sprechen bewusst bestimmte Themen an.

Laufprogramme im Jugendstrafvollzug können demnach bei entsprechendem Lauftempo *Gesprächsräume* für Gespräche zwischen Mitarbeitern und Bewohnern eröffnen. Als Grundlage kann die zuvor beschriebene beziehungsfördernde

Wirkung der Laufprogramme angesehen werden. Wie die Beispiele der E2 und E4 aufgezeigt haben, können solche Gespräche auch in Form von echten Beratungsgesprächen verlaufen.

7. Kategorie: Selbstwahrnehmung

Die Kategorie Selbstwahrnehmung wurde in die beiden Bereiche Körperwahrnehmung und psychisch-emotionale Wahrnehmung unterteilt. Alle befragten Bewohner [BW] machten Aussagen zu Körperwahrnehmungen, die in einen klaren Zusammenhang mit den Laufprogrammen gebracht werden konnten. Hierzu eine Passage aus dem Gruppeninterview 1: „[BW1:] Also etwas Auffälliges ist passiert. Recht viele haben immer während dem Joggen oder nach dem Joggen geraucht. Und dann haben sechs auf einmal aufgehört zu rauchen, wobei zwei – drei haben wieder angefangen zu rauchen. (...) [BW3:] Ja, Zigaretten schaden schon. (...) [BW2:] Was ich gemerkt habe, ist, dass sich in der Zeit konditionell sicher was verändert hat. Ich denk, der Körper überwindet." (GI1, S. 5). Bewohner 3 beschrieb neben physischen Auswirkungen (beispielsweise Muskelkater, besserer Schlaf) seine Bemühungen, bei seinen ersten Läufen „langsam" zu beginnen und sich „das einzuteilen mit der Luft", ihm diese aber nach zwei Kilometern „ausging" (GI2, S. 6). Und Bewohner 2 betonte mehrfach, dass er den Lauf dafür nutze, seine Grenzen zu testen („gucken, wie weit ich kann, Grenzen testen"; GI2, S. 6). Auch die Experten äußerten Einschätzungen zu den Körperwahrnehmungen der Laufteilnehmer. So zum Beispiel Experte 1: „Ein Exjunkie oder ein Heroiner oder Kokainer, der kommt hier an mit körperlichen Möglichkeiten, die wirklich unter Null sind. (...) Die müssen erst mal in ein Körperbewusstsein reinkommen." (EI1, S. 5). Um dies zu ermöglichen und der eingeschränkten körperlichen Belastbarkeit zu entsprechen, spazieren oder wandern diese Bewohner zunächst während der Laufeinheit „nur".

Der zweite Bereich bezieht sich auf emotional-psychische Wahrnehmungen der Bewohner bezüglich des Laufens: „[BW2:] Laufen befreit auch ä bisschen so die Gedanken (...) da hast du ein Ziel und fertig, alles andere ist unwichtig" (GI2, S. 6); „[BW4:] Laufe tut Stress abbauen (...), die Energie staut sich halt nicht an" (GI2, S. 4). „[BW3:] Ausgeglichen ist man halt, du wirst auch ruhiger so im Ganzen" (GI2, S. 4). „[BW2:] Wenn man müde ist, gibt man so schnell auf, aber bei mir kommt der Ehrgeiz. (...) [BW3:] Ich hab verstanden, dass ich auch mal warten muss. (...) Mehr Geduld habe ich jetzt" (GI1, S. 5). Experte 1 ist der Auffassung, dass die Jugendlichen beim Laufen erleben, wie sich psychische Anspannungen lösen und Belastendes, wie Müdigkeit, Probleme mit Bezugspersonen etc., von ihnen abfällt. Auch würden die Bewohner die Erfahrung machen, dass ein Problem nach dem Lauf häufig „viel kleiner" ist als zuvor.

Es wurden nur in den Einrichtungen 1 und 2 Gruppeninterviews durchgeführt. Aber allein die Vielfältigkeit der hierbei getroffenen Aussagen lassen darauf schließen, dass die Selbstwahrnehmung dieser Bewohner durch das Laufen gefördert wird. Unter Berücksichtigung dessen, dass die Laufprogramme der E1 und E2 nur ein- bzw. zweimal wöchentlich stattfinden, kann davon ausgegangen werden, dass auch die Laufprogramme von E3 und E4 (je fünfmal wöchentlich) zu einer verstärkten Selbstwahrnehmung der Bewohner beitragen. Wie bereits verdeutlicht, ist eine differenzierte Selbstwahrnehmung Grundlage für Selbststeuerungen. Dass entsprechende Selbststeuerungen beim Laufen erfolgen, zeigen die Beobachtungen der Mitarbeiter. So würden Bewohner der E1 ihr Lauftempo selbst regulieren, wenn sie merken, dass sie an ihre Grenzen stoßen, und auch „schnelle Läufer" hätten aus der Erfahrung, einen Lauf zu schnell angegangen zu sein, gelernt. Laut Experte 2 haben sich zwei Bewohner vorgenommen, auf jeden Fall auch nach ihrer Entlassung regelmäßig Laufen zu gehen, „weil sie merken, was Aggressionen anbelangt, dass es ihnen gut tut, sich zu bewegen." (EI3, S. 10).

8. Kategorie: Spannungen – Ausgeglichenheit

Bei dieser Kategorie kann zunächst auf die soeben aufgeführten Aussagen der Bewohner zu emotional-psychischen und körperbezogenen Wahrnehmungen verwiesen werden (s. 7. Kategorie). Darüber hinaus beschreiben auch alle vier Experten das Laufen als eine Möglichkeit, emotionale Spannungen bzw. körperliche Energien abzubauen. Dies mache sich u.a. wie folgt bemerkbar: Es gibt an Wochenenden, an denen Laufen oder ein anderes sportliches Angebot stattfindet, weniger Spannungen in der Gruppe, als an Wochenenden, an denen keine sportlichen Aktivitäten durchgeführt werden. Und die Bewohner sind nach dem Laufen generell „erst mal müder und ausgeglichener" (EI3, S. 9; vgl. EI4, S. 4). Laut Mitarbeitern des einrichtungsinternen Betriebs arbeiten die Bewohner von E1 nach dem Lauf „besser" als sonst. Auch der Mitarbeiter der E4 gab an, dass die Bewohner im Schulunterricht nach dem Laufen ausgeglichener und konzentrierter sind als an Tagen, an denen sie nicht laufen. Als Hauptbegründung wird von den Experten die ausgleichende Wirkung des Laufens genannt. Der Laufrhythmus helfe, Belastungen des Alltages aus einem neuen „Blickwinkel" zu sehen, Probleme wirken plötzlich kleiner, und Spannungen könnten abgebaut werden. Der Lauf wirke wie ein „Ventil".

Die Erfahrungen der Bewohner und Experten zeigen, dass Laufen die Möglichkeit bietet, emotionale und physische Spannungen *auszugleichen*. Zu berücksichtigen ist jedoch, dass viele der befragten Bewohner ein relativ hohes sportliches Leistungsniveau hatten. Die Aussagen, dass vor allem ambitionierte Bewohner entsprechend positive Erfahrungen machen (vgl. EI1, S. 4) und das Laufen am Anfang von den Bewohnern (Laufanfänger) eher negativ und als Stress erlebt wird (vgl. EI4, S. 3), lassen daher vermuten, dass die beschriebene Wirkung nur bedingt zutrifft.

9. Kategorie: Erfolg haben und Stolz sein

Alle vier Experten berichteten von Erfolgserlebnissen, die die Bewohner beim Laufen machen, wobei unterschiedliche Arten von Erfolg zum Ausdruck kamen: Während von Experte 2 insbesondere die schnellen Trainingsfortschritte der Laufanfänger hervorgehoben wurden, betonte Experte 3 zusätzlich die individuellen Erfolge der Bewohner: „Die persönliche Leistung, die sie bringen können, auf die sind sie wirklich stolz." (EI3, S. 6). Experte 1 ist der Ansicht, dass das erlebte Erfolgserlebnis der Bewohner nach einem abgeschlossenen Lauf oftmals größer war, wenn während des Laufens *schlechte* Witterungsverhältnisse (Regen, Wind, Kälte) bestanden *(Schlechtwettererfolg)*. Zwar gäbe es vor dem Lauf mehr Widerstand seitens der Bewohner, die Rückmeldung danach sei jedoch umso positiver. Im Gegensatz zum *schnellen* Erfolg, betonte Experte 4 den *großen* Erfolg der Bewohner beim einrichtungsinternen Abschlusslauf. „Und vor allem was bei allen Jungs ist; am Anfang wenn sie sagen: ‚Drei Kilometer, das können wir nicht!‘ und am Schluss wenn sie den Halbmarathon machen, die geballte Faust und der Bizeps [=Siegerpose]: ‚Ja, ich habe es geschafft!‘. Das ist ein Gefühl für die." (EI4, S. 3).

Die Bewohner sind auf ihre erbrachten Leistungen stolz, dies kam in Aussagen der Mitarbeiter, aber auch in Aussagen von Bewohnern selbst zum Ausdruck. In Verbindung mit *Erfolg haben* und *Stolz sein* sprechen Experten und Bewohner das Überwinden einer sog. „mentalen Hürde" (EI4, S. 2) an. Ein Bewohner der E2 beschrieb diese *Hürde* als einen Punkt beim Laufen, an dem man nicht mehr kann. Um diesen Punkt zu überwinden, müsse man seinen eigenen „inneren Schweinehund überwinden" (GI2, S. 3). Experte 4 maß den Lauferfolgen der Bewohner einen sehr hohen Stellenwert bei. Seiner Erfahrung nach sei es das Wichtigste für die Jugendlichen, das Laufprogramm und den Abschlusslauf (24 Kilometer) zu bewältigen. Erklären lasse sich dies dadurch, dass den Jugendlichen beim Laufen niemand helfe. Dies stehe im Gegensatz zu ihren sonstigen Tätigkeiten in der Einrichtung (Schreinerei, Schulunterricht etc.), wo immer jemand anwesend ist und ihnen Unterstützung und Hilfe anbietet. Der Lauf sei „simple, ein paar Turnschuhe und dein attitude, deine Einstellung, nichts weiter" (EI4, S. 5). Die erbrachte Leistung sei „klarer" (im Sinne von nachvollziehbarer) als alle anderen Leistungen, die sie in der Einrichtung erbringen. Es liege an dem Jugendlichen selbst, ob er läuft, wie stark er sich anstrengt; keiner hilft, und der Erfolg ist daher sein *eigener*.

10. Kategorie: Laufen als Freizeitgestaltung
Laufen und andere sportliche Aktivitäten werden in Einrichtung 2 bewusst zur Freizeitgestaltung angeboten. Die Bewohner wissen ansonsten, laut Experte 2, abgesehen von Rauchen und Fernsehschauen, häufig wenig mit ihrer freien Zeit „anzufangen". Dies bestätigten auch zwei Bewohner dieser Einrichtung, die im Laufen eine sinnvollere Freizeitbeschäftigung sehen als beispielsweise „im Eisenstemmen" im Kraftraum. Laufen macht einem Teil der Bewohner einfach „Spaß", sie empfinden den Lauf als „äußerst positiv": „Der [Jugendliche] war total begeistert, er war immer dabei, zwar immer einer von den letzten, wollte aber immer mit" (EI2, S. 4). Ein ehemaliger Bewohner (E2) war vom Laufen so begeistert gewesen, dass er bei jeder Gelegenheit mitgelaufen ist und auch jetzt noch nach seiner Entlassung Laufen als Hobby betreibt und an Volksläufen gemeinsam mit Bewohnern der E2 teilnimmt.

„Das ist eigentlich der schönste Kick, der letzte Kick!" [Beschreibung eines Bewohners (E1) über sein Erleben des Schlusssprints am Ende eines Laufes.]

11. Kategorie: Reflexion und Transfer
Drei der befragten Experten sprachen von sich aus Reflexions- und Transfermöglichkeit von Lauferfahrungen an. So berichtete Experte 3 von einem Bewoh-

ner, der unbedingt eine Halbmarathonstrecke laufen wollte: „Er hat es geschafft und war stolz wie sonst was darauf. ‚Das muss ich meiner Mutter erzählen und das hätte ich nicht gedacht, dass ich so weit laufen kann. In der Schule hatte ich schon immer nach tausend Metern keine Lust mehr gehabt.‘ Und das ist auch ein guter Punkt, wo man zwanglos einsteigen kann, wenn sie solche Rückmeldungen bringen. Wenn sie sagen ‚früher war das für mich so‘, dann mit gezielten, vorsichtigen Fragen in die Richtung zu lenken ‚ja schau her, wie siehst du es? Was denkst du, warum ist das jetzt anders?‘ Also früher hast du gesagt ‚ich habe keine Lust mehr gehabt‘ und jetzt schaffst du einundzwanzig Kilometer, jetzt schaffst du eine Entfernung, die früher für dich der Mond war" (EI3, S. 6). Lauferlebnisse, insbesondere Lauferfolge auf andere Erfahrungsbereiche zu übertragen, wird auch von Experte 4 angestrebt. So versuche er zunächst, die Laufentwicklung des Bewohners mit diesem zu reflektieren: „Kannst du dich noch erinnern? Vor vier Monaten konntest du nicht einmal drei Kilometer rennen" (EI4, S. 3), und anschließend das Geleistete zu transferieren („Was du im Physischen machen kannst, das kannst du genauso im *Mentalen* machen"; ebd., S. 3). Sich der Wirkung des Laufens im Hinblick auf das eigene Wohlbefinden bewusst zu werden (Reflexion) und Laufen gezielt daraufhin einzusetzen, ist der Gedanke von Experte 1. So versucht er, den Bewohnern zu vermitteln, den Lauf bewusst als „Psychohygiene" zu nutzen und als „eine Möglichkeit zu sagen: ‚Ok ich eskaliere nicht, sondern ich geh [laufen]‘" (EI1, S. 4).

11.9 Konsequenzen und Anknüpfungspunkte für die pädagogische Arbeit

Neben den aufgezeigten elf Kategorien ergeben sich durch den Einsatz von Laufprogrammen weitere Möglichkeiten für die Arbeit mit straffällig gewordenen/aggressiven Jugendlichen:

In den untersuchten Einrichtungen werden einerseits die beim Laufen gemachten selbstwertstärkenden Kontrollerfahrungen (Lauferfolge; das Überwinden der sog. *mentalen Hürde*) reflektiert und übertragen, andererseits werden von einem Experten Selbstwahrnehmungserfahrungen bezüglich der *ausgleichenden Wirkung* des Laufens in die Reflexion mit einbezogen (vgl. 11. Kategorie). Jedoch erfolgen in keiner der untersuchten Einrichtungen diese Reflexionen systematisch. Der Verfasser ist der Ansicht, dass weitere Reflexions- und Transferleistungen im Rahmen der Laufprogramme erfolgen könnten. Insbesondere Themen, die sich durch das Laufen in der Gruppe ergeben, wie Fremdwahrnehmung (Empathie), der Umgang mit Interessenskonflikten (*mich nervt das Warten auf die Gruppe*; GI 2), aber auch individuelle Themen, wie z. B. der Umgang mit Misserfolgen, Frustrationstoleranz etc. Um das Reflexionspotential voll zu entfalten, wäre zudem eine systematische Nachbesprechung sinnvoll. Ein möglicher Zeitpunkt hierfür können Gesprächsrunden im direkten Anschluss an die Laufeinheit sein. Denkbar ist zudem ein Aufgreifen der Lauferfahrungen im

Rahmen von Einzel- und/oder Gruppengesprächen. Da scheinbar die Laufprogramme an sich nur gering positive Auswirkungen auf das Sozialverhalten der Teilnehmer haben (s. 4. Kategorie), könnte somit zumindest ein soziales Lernfeld ermöglicht werden. Durch die Verteilung von ggfs. anfallenden Aufgaben, wie beispielsweise der Anleitung des Aufwärmtrainings, kann dieses zusätzlich erweitert werden.

Das *eigentliche* Thema beim Konkurrenzverhalten während des Laufs (s. 3. Kategorie) ist der Wunsch nach Anerkennung und Integration in die Gruppe. Dies sollte allen Teilnehmern ermöglicht werden. Daher muss es Aufgabe der pädagogischen Fachkräfte sein, bei der Anerkennung von sportlichen Leistungen ein *Gleichgewicht* herzustellen, damit nicht nur die absolute Leistung der Spitzenläufer Anerkennung findet, sondern auch die individuelle Leistung (bzw. Leistungssteigerung) des Einzelnen. Erfolg kann auf unterschiedliche Weise definiert werden *(am Ziel ankommen; nicht mehr als drei Gehpausen benötigen; etc.).* Um die Bewohner hierfür zu sensibilisieren ist es hilfreich, den individuellen Erfolg in den Vordergrund zu rücken: „Du musst deinen [!] Erfolg sehen. Du kannst dich deshalb nicht mit dem Peter [leistungsstarker Läufer] messen (…). Aber schau, was ist in deinem Bereich möglich." (EI1, S. 6). Auf diese Weise versucht der Mitarbeiter der E1 bei jedem Lauf, *schwache* Läufer zu motivieren und ein Erfolgserlebnis zu vermitteln. Ergänzend ist auch ein ressourcenorientierter Ansatz denkbar, denn Laufen muss mit Sicherheit nicht für jeden Bewohner einer Einrichtung der geeignete Sport sein. So prüfen beispielsweise Mitarbeiter und Bewohner in E3 gemeinsam, wo im sportlichen Bereich die Stärken des einzelnen Bewohners liegen. In diesen wird der Jugendliche gefördert und erhält verstärkt positive Rückmeldungen.

Für die Auswirkungen auf das Selbstwirksamkeitserleben (s. 7. Kategorie), und somit letztlich auf das Selbstwertgefühl, ist es entscheidend, wie die gemachten Körpererfahrungen bewertet werden. Einer der befragten Jugendlichen drückte dies wie folgt aus: „[BW 3:] Ich denke, dass Joggen sich mehr ins Positive als ins Negative [auswirkt]. [BW 2:] Wenn du es nicht schaffst und irgendwo denkst: ‚Ach leck mich am Arsch‘, dann mehr ins Negative. Gehen wir mal davon aus, da ist einer, der einhundert, einhundertfünfzig Kilo hat. Nimmt sich vor zu joggen und bleibt nach zehn Minuten stehen und sagt: ‚Ach leck mich‘, für den wird's nur noch schlimmer, ich mein psychisch jetzt. (…) Aber wenn das einer ist, der sein Ding durchzieht, für den wird's natürlich besser dadurch: ‚Ich schaffe was!‘" (GI2, S. 6). Um positive Körper- und Selbstwirksamkeitserfahrungen zu ermöglichen, ist auch hier die Intervention der beteiligten Mitarbeiter wichtig, um so einerseits Überforderungssituationen zu vermeiden und andererseits damit Erfolge am individuellen Leistungsvermögen (des übergewichtigen Jugendlichen, des „Exjunkies" etc.) gemessen werden.

11.10 Zusammenfassung und Diskussion der Untersuchungsergebnisse

Im Folgenden werden die zentralen Ergebnisse der themenspezifischen Analyse in einer Abbildung zusammengefasst und anschließend diskutiert:

Durch die Teilnahme an Laufprogrammen und insbesondere durch die Teilnahme an externen Laufveranstaltungen bekommen jugendliche Strafgefangene die Möglichkeit, ihre Vertrauenswürdigkeit unter Beweis zu stellen. Auf diese Weise ermöglichte Außenkontakte können zudem zur sozialen Rollenvielfalt der Bewohner beitragen. Bei drei untersuchten verpflichtenden Laufprogrammen steht die Teilnahme und der Erhalt weiterer Lockerungsmaßnahmen in direktem Zusammenhang. Dem durch diese Regelung erreichten Motivationsfaktor steht jedoch eine kritisch zu sehende Einschränkung der Selbstständigkeit/Autonomie (Teilnahmezwang) der Bewohner gegenüber. Bei dem freiwilligen Laufprogramm der Einrichtung 2 kann die Teilnahme in Verbindung mit einer vorzeitigen Entlassung stehen.

Das Konkurrieren untereinander bzw. das sich *Einordnen* in Gruppenhierarchien ist bei Jugendlichen im Jugendstrafvollzug ein zentrales Thema. Das Laufen in der Gruppe bietet hierfür eine konstruktive Gelegenheit. Damit nicht nur sportliche Höchstleistungen, sondern auch die individuell erbrachten Leistungen Anerkennung finden, ist die Intervention der beteiligten Mitarbeiter mitunter notwendig.

Offensichtlich können Laufprogramme zu einem intensiveren Beziehungsaufbau zwischen Bewohnern und Mitarbeitern beitragen. Ein Erklärungsansatz wurde dargestellt. Auch bietet die Laufeinheit unter bestimmten Voraussetzungen die Möglichkeit für konstruktive Beratungsgespräche. Diese lassen sich scheinbar in ihrer Effektivität durchaus mit Beratungsgesprächen, beispielsweise im Rahmen einer Sozialberatung, vergleichen.

Alle befragten Bewohner beschrieben in Zusammenhang mit den Laufprogrammen sowohl Körperwahrnehmungen, als auch persönlichkeitsspezifische emotionale Reaktionen. Die Angaben der Bewohner und der Experten zeigten zudem auf, dass in Zusammenhang mit der entsprechenden Selbstwahrnehmung Selbstregulationen erfolgen und daraufhin Kontrollerfahrungen gemacht werden konnten.

Die befragten Experten sind sich einig, dass Laufen dazu beiträgt, physische und psychische Spannungen bei den Bewohnern abzubauen. Auch die Aussagen der Bewohner zeigten, dass Laufen zum körperlichen und seelischen Wohlbefinden beitragen kann. Entscheidend hierbei ist, wie die gemachten Lauferfahrungen bewertet werden. Im positiven Fall können Stress sowie körperliche Energie reduziert werden. Zumindest kurzfristig kann dadurch das Aggressionspotential des Bewohners reduziert werden.

Fest steht, dass die Teilnahme an den untersuchten Laufprogrammen zu Erfolgserlebnissen führt. Bei vielen Beschreibungen der Experten und der Bewohner stand das Überwinden einer *mentalen Hürde* beim Laufen im Mittelpunkt. Es lässt sich daher vermuten, dass die regelmäßige Teilnahme am Laufpro-

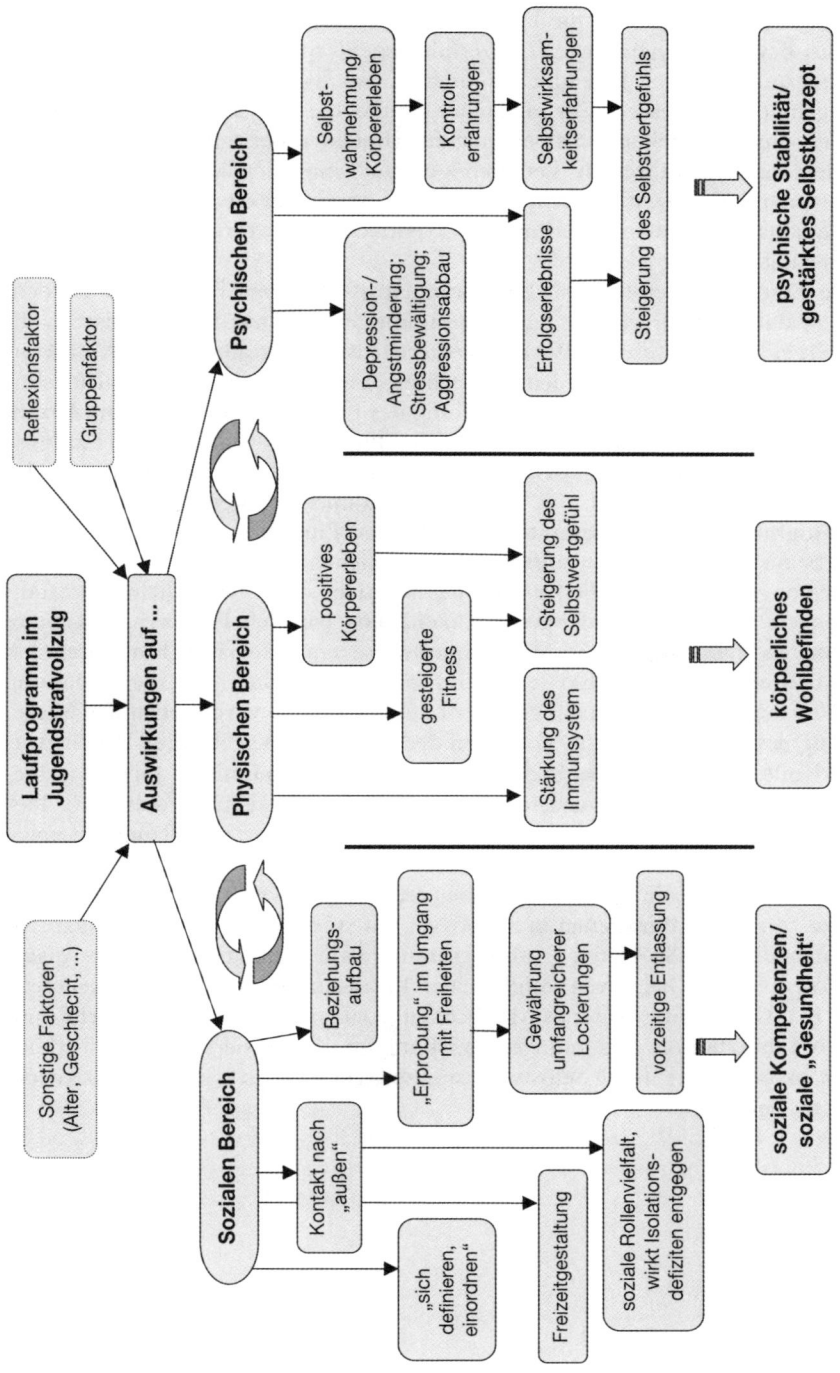

Abb. 15: Mögliche Wirkungen eines Laufprogramms im Jugendstrafvollzug

gramm Auswirkungen auf die Frustrationstoleranz und das Durchhaltevermögen des Bewohners hat sowie Grenzerfahrungen ermöglicht. Den Lauferfolgen wird mitunter von den Jugendlichen/jungen Erwachsenen ein sehr hoher Bedeutungsgehalt beigemessen. Ein möglicher Grund hierfür ist, dass die erbrachte Laufleistung unmittelbarer als bei anderen erbrachten Leistungen auf das *eigene* Handeln zurückzuführen ist. Letztlich kann für einige der Bewohner Laufen zu einer sinnvollen Freizeitbeschäftigung werden, auch über die Zeit in der Einrichtung hinaus. Dies kann wiederum als präventiver Aspekt für eine positive Legalbewährung gewertet werden.

Die Ergebnisse der Untersuchung können insofern verallgemeinert werden, als dass durch entsprechende Laufprogramme im Rahmen des Jugendstrafvollzugs die oben aufgeführten Wirkungen erzielt werden können. Das Wort *können* muss hierbei betont werden, da mehrere Einflussfaktoren zu berücksichtigen sind: Unter anderem die Ausgestaltung des Laufprogramms an sich (Anzahl der Laufeinheiten, verbindliche oder freiwillige Ausgestaltung des Laufprogramms, systematische Reflexion, individuelle Einzelbetreuung während der Laufeinheiten etc.), dann die jeweiligen Rahmenfaktoren (Einbettung des Laufprogramms in die Gesamtkonzeption der Einrichtung, Engagement der Mitarbeiter etc.) und nicht zuletzt die persönlichen Faktoren (körperliche Voraussetzungen, bisheriges Selbstkonzept, negative/positive sportliche Vorerfahrungen etc.). Zu berücksichtigen ist auch, dass einzelne Faktoren bestimmte Wirkungen ausschließen. So ist beispielsweise ein intensives Einzelgespräch beim Laufen in einer geschlossenen Gruppe nicht möglich. Für die Entfaltung des Wirkungspotentials entsprechender Laufprogramme wird, neben der Ausgestaltung des Laufprogramms, vor allem den beteiligten Fachkräften eine bedeutende Rolle beigemessen. Da in der Untersuchung nur männliche Jugendstrafgefangene berücksichtigt wurden, lassen sich zudem keine Aussagen über Wirkungen von Laufprogrammen im Rahmen des Jugendstrafvollzugs auf junge Frauen treffen.

Wie die Untersuchung aufzeigen konnte, sprechen viele Argumente für den Einsatz von Laufprogrammen in der Arbeit mit straffällig gewordenen/aggressiven Jugendlichen. So bieten Laufprogramme als handlungsorientierter Ansatz das Potential, den negativen Folgen einer Jugendstrafe entgegenzuwirken (vgl. Abb. 15). Gleichzeitig bietet es Möglichkeiten für positive Beziehungserfahrungen (→ Schutzfaktor) und kann zur Stärkung und Stabilisierung des Selbstkonzeptes, insbesondere durch Selbstwirksamkeitserfahrungen und positives Körpererleben, beitragen.

12   Resümee

In diesem Buch wurde deutlich, dass wir über ein zunehmend präziseres, empirisch abgesichertes Wissen über die Entstehung und Aufrechterhaltung von aggressivem bzw. gewalttätigem Verhalten verfügen. Die Entstehungszusammenhänge sind komplex, die Auslösebedingungen individuell sehr unterschiedlich. Zugleich wurde deutlich, dass, wenn sich dieses Verhalten einmal verfestigt hat, es zu einem Persönlichkeits-/Struktur-Merkmal wird und entsprechend schwer zu beeinflussen ist. Zugleich sprechen die Befunde dafür, dass dieses Verhalten sich nicht ,rasant' verbreitet, sondern dass es eine (leicht) größer werdende Zahl von Kindern und Jugendlichen gibt, die dauerhaft Entwicklungsaufgaben und Anforderungen mit aggressivem Verhalten ,beantworten'.

Die Stabilität des Gewaltverhaltens soll nicht zu Pessimismus führen, sondern eher zu der Erkenntnis, dass Geduld und ein systematisches Vorgehen nötig ist, um Veränderungen hervorzurufen. Besonders bedeutsam ist es, dass sich in institutionellen Zusammenhängen die Mitglieder des Teams auf eine einheitliche Vorgehensweise einigen und diese konsequent realisieren. Auf individueller Ebene im pädagogisch-therapeutischen Alltag ist es wichtig, eine Haltung zu realisieren, die einerseits durch Wertschätzung, andererseits aber durch Klarheit und Konfrontationsbereitschaft gekennzeichnet ist. Innerpsychische Veränderung benötigt Anstöße – eine klar auftretende Orientierung bietende und zugleich Halt gebende und Veränderungshorizonte aufzeigende PädagogIn kann einen solchen Anstoß bieten.

Wegen der Dramatik gewalttätigen Handelns ist eine Vielzahl von Programmen entstanden, um diesem Verhalten zu begegnen. Die Realisierung dieser Programme wird oft durch öffentliche Stellen unterstützt. Leider sind viele dieser Programme hinsichtlich ihrer Wirksamkeit nicht ausreichend evaluiert worden. Es gibt insbesondere nur sehr wenige Untersuchungen zu langfristigen Wirkungen. Dort, wo solche Untersuchungen vorliegen, sind die Ergebnisse nüchtern zu betrachten: Unabhängig von der Art des Programms gelingt es offensichtlich immer, bei etwa 60 % bis 70 % der Zielgruppe erste Veränderungen anzustoßen. Dies sind angesichts der beschriebenen Verhaltensstabilität zunächst gute Resultate. Da Vergleichsuntersuchungen zwischen den verschiedenen Programmen fehlen, ist davon auszugehen, dass wahrscheinlich die unterschiedlichen Interventionsverfahren auch für unterschiedliche Zielgruppen geeignet sind – hier ist Vergleichsforschung nötig. Generell scheint es so zu sein, dass es nicht *das* Programm für alle Zielgruppen gibt – in der Praxis wird man nicht umhin kommen, für die jeweiligen Gruppen von gewalttätigen Kindern oder Jugendlichen, mit denen pädagogisch oder therapeutisch gearbeitet wird, ein vorhandenes Programm zu adaptieren oder aus bewährten Elementen zielgruppenspezifische Interventionsprogramme zusammenzustellen.

Eine besondere Notwendigkeit besteht hinsichtlich einer frühzeitigen Prävention: Wenn gewalttätiges Verhalten etwa ab dem vierten oder fünften Lebensjahr stabil ist, so haben insbesondere Kindertagesstätten eine große und gute Einflussmöglichkeit. In Ausbildungen sollten Elementar-PädagogInnen systematisch qualifiziert werden, solche Programme im Alltag einzusetzen, dabei sind Kombinationsprogramme, die die Kinder und ihre Eltern erreichen, von besonderer Wirksamkeit und Bedeutung.

Bei all dem sollen die gesellschaftlichen Einflüsse nicht vergessen werden: Lange hat die Gesellschaft nicht allen Jugendlichen ausreichende Ausbildungs- und Berufsmöglichkeiten zur Verfügung gestellt; so erlebt(e) immer eine bestimmte („Rand"-)Gruppe eine grundlegende Perspektivlosigkeit, das Gefühl des Ausgegrenzt-Seins oder Nicht-Gewollt-Seins. Dieses Gefühl kann psychodynamisch betrachtet an frühe Lebenserfahrung anknüpfen. Jedoch sollten unabhängig von der individuellen Betrachtung des Problems gesellschaftliche Steuerungsmechanismen – auf der Ebene politischer Verantwortung – das Gefühl der Perspektivlosigkeit nicht verstärken: So sollte zumindest jeder Jugendliche und junge Erwachsene das Angebot eines Ausbildungsplatzes oder einer kontinuierlichen Beschäftigungsmöglichkeit erhalten!

Literatur

Aaken, E.v. (1984). Grundsätze der schonungslosen Therapie: Dauerlaufen als Alternativ-Medizin. In: A. Weber (Hrsg.) (1984a). Gesundheit und Wohlbefinden durch regelmäßiges Laufen. Paderborn: Junfermann, S. 55–62.

Achenbach, T.M. (1993). Taxonomy and comorbidity of conduct problems: Evidence from empirically based approaches. In: Development and Psychopathology, 5, pp. 51–64.

Adler, A. (1976). Kindererziehung. Deutsche Erstausgabe. Frankfurt/M.: Fischer.

Ainsworth, M. (1978). Patterns of attachment. A psychological study of the strange situation. Hillsdale, NY: Erlbaum.

Aliki (1994). Gefühle sind wie Farben. Aus dem Amerikanischen von S. Härtel. 6. Auflage. Weinheim, Basel: Beltz.

Archer, J. (1999). Risk-taking, fear, dominance, and testosterone. In: Behavioral and Brain Sciences, 22, pp. 214–215.

American Psychiatric Association (1994). Diagnostic and statistical manual of mental disorders. 4th ed. (DSM-IV). Washington, DC.: APA (dt. Bearbeitung von H. Saß, H.-U. Wittchen & M. Zausig (1996). Diagnostisches und statistisches Manual Psychischer Störungen [DSM-IV]. Göttingen: Hogrefe).

Arbeitsgruppe Deutsche Child Behavior Checklist (1993). Lehrerfragebogen über das Verhalten von Kindern und Jugendlichen; deutsche Bearbeitung der teacher's Report Form der Child Behavior Checklist (TRF). Einführung und Anleitung zur Handauswertung, bearbeitet von Döpfner, M. & Melchers. Köln: Arbeitsgruppe Kinder-, Jugend- und Familiendiagnostik (KJFD).

Arbeitsgruppe Deutsche Child Behavior Checklist (1998a). Elternfragebogen über das Verhalten von Kindern und Jugendlichen; deutsche Bearbeitung der Child Behavior Checklist (CBCL/4–18): Einführung und Anleitung zur Handauswertung. 2. Auflage mit deutschen Normen, bearbeitet von M. Döpfner et al. Arbeitsgruppe Kinder-, Jugend- und Familiendiagnostik. Köln.

Arbeitsgruppe Deutsche Child Behavior Checklist (1998b). Fragebogen für Jugendliche. Deutsche Bearbeitung der Youth Self-report Form der Child Behavior Checklist (YSR). Einführung und Anleitung zur Handauswertung. 2. Auflage mit deutschen Normen, bearbeitet von M. Döpfner et al. Köln: Arbeitsgruppe Kinder-, Jugend- und Familiendiagnostik (KJFD).

Aßhauer, M., Burow, F. & Hanewinkel, R. (1999). Fit und stark fürs Leben 3 und 4. Leipzig, Stuttgart, Düsseldorf: Ernst Klett Grundschulverlag.

Astor, R.A., Meyer, H.A. & Behre, W.J. (1999). Unowened places and times: Maps and interviews about violence in high schools. American Educational Research Journal 36 (1), pp. 3–42.

Baacke, D. (1999). Die 6- bis 12-Jährigen: Einführung in die Probleme des Kindesalters. 6. Auflage. Weinheim, Basel: Beltz.

Backmann, B. (2003). Sanktionseinstellungen und Delinquenz Jugendlicher. Eine vergleichende empirische Darstellung zur schweizerischen und deutschen Situation unter Berücksichtigung des jeweiligen Jugendstrafrechts. Freiburg i. Br.: Ed Iuscrim.

Baer, U. (2000). 666 Spiele für jede Gruppe, für alle Situationen. 10. Auflage. Seelze: Kallmeyersche Verlagsbuchhandlung.

Bandura, A. (1977). Self-Efficacy: Toward a unifying theory of behavior change. Psychological Review, 84, pp. 191–215.

Bandura, A. (Hrsg.) (1995). Self-Efficacy in changing societies. Cambridge: Cambridge University Press.

Bandura, A. (Hrsg.) (1997). Self-efficacy: the exercise of control. New York: Freemann.

Bartmann, U. (1989). Lauftherapie bei Krankenpflegepersonal. Heidelberg: Asanger.

Bartmann, U. (2001). Laufen und Joggen für die Psyche – Ein Weg zur seelischen Ausgeglichenheit. Tübingen: DGVT.

Baum, H. (1998). Starke Kinder haben's leichter. Spielerisch das Vertrauen in die eigene Kraft stärken. Freiburg i. Br.: Herder.

Baumeister, R. F. & Boden, J. M. (1998). Aggression and the self: High self-esteem, low self-control, and ego threat. In: R. Geen & E. Donnerstein (Eds.). Human aggression: Theories, research, and implications for social policy. San Diego, CA: Academic, pp. 111–137.

Beebe, B. & Lachmann, F. M. (1988). The contribution of mother-infant mutual influence to the origins of self and object representations. In: Psychonal. Psychol., 5, pp. 305–337.

Behr, M. (2002). Therapie als Erleben – Die Bedeutung der interaktionellen Theorie des Selbst für die Praxis einer personzentrierten Kinder- und Jugendlichenpsychotherapie. In: C. Boeck-Singelmann, B. Ehlers, T. Hensel, F. Kemper & C. Monden-Engelhardt, (Hrsg.) (2002). Personzentrierte Psychotherapie mit Kindern und Jugendlichen, Band 1: Anwendung und Praxis (2. überarb. Auflage). Göttingen, Bern, Toronto, Seattle: Hogrefe, S. 95–122.

Beland, K. (1988). Second Step. A violence-prevention curriculum. Grades 1–3. Seattle: Committee for Children.

Bereswill, M. (1999). Gefängnis und Jugendbiographie. Qualitative Zugänge zu Jugend, Männlichkeitsentwürfen und Delinquenz. JuSt-Bericht Nr. 4. KFN Forschungsbericht Nr. 78. Hannover: KFN.

Berkowitz, E. D. (1991). America's Welfare State. From Roosevelt to Reagon. United States of America: John Hopkins University Press.

Berkowitz, L. & LePage, A. (1976). Weapons as aggression-eliciting stimuli. In: Journal of Personality and Social Psychology, 7, pp. 202–207.

Bettencourt, B. A. & Miller, N. (1996). Gender differences in aggression as a function of provocation: A meta-analysis. In: Psychological Bulletin, 119, pp. 422–447.

Biermann-Ratjen, E.-M. (2002). Entwicklungspsychologie und Störungslehre. In: C. Boeck-Singelmann et al. (Hrsg.). Personzentrierte Psychotherapie mit Kindern und Jugendlichen, Band 1: Grundlagen und Konzepte. Göttingen, Bern, Toronto, Seattle: Hogrefe, S. 11–34.

Borduin, C. M. et al. (2003). Multisystemeic treatment of serious antisocial behavior in adolescents. In: C. A. Essau (2003a) (Eds.). Conduct and oppositional defiant disorders: Epidemiology, risk factors, and treatment. Hillsdale, NJ.: Lawrence Erlbaum Associates, pp. 299–318.

Borg-Laufs, M. (1996). Das Training mit aggressiven Kindern aus der Perspektive der Selbstmanagementtherapie. Eine Praxisstudie. Frankfurt/M.: Peter Lang.

Borg-Laufs, M. (1997). Aggressives Verhalten: Mythen und Möglichkeiten. Tübingen: Dgvt.

Borg-Laufs, M. (2002). Verhaltenstherapie mit aggressiven Jugendlichen. Ableitungen aus der Entwicklungspsychopathologie. In: Berufsverband der Kinder- und Jugendlichenpsychotherapeutinnen und Kinder- und Jugendlichenpsychotherapeuten: Viele Seelen wohnen doch in meiner Brust. Identitätsarbeit in der Psychotherapie mit Jugendlichen. Verlag für Psychotherapie: Münster, S. 107–131.

Bortz, J. & Döring, N. (2002). Forschungsmethoden und Evaluation. 3. Auflage. Heidelberg: Springer.

Buss, A.H. & Perrry, M. (1992). The aggression questionnaire. In: Journal of Personality and Social Psychology, 63, pp. 452–459.

Brettfeld, K. & Wetzels, P. (2003). Jugendliche als Opfer und Täter: Befunde aus kriminologischen Dunkelfeldstudien. In: U. Lehmkuhl (Hrsg). Aggressives Verhalten bei Kindern und Jugendlichen. Ursachen, Prävention, Behandlung. Göttingen: Vandenhoeck & Ruprecht, S. 78–114.

Brisch, K.H., Buchheim, A. & Kächele, H. (1999). Diagnostik von Bindungsstörungen. In: Praxis der Kinderpsychologie und Kinderpsychiatrie, 48. Jg., S. 425–437.

Brinkhoff, K.-P. (1998). Sport und Sozialisation im Jugendalter. Entwicklungen, soziale Unterstützungen und Gesundheit. Weinheim, München: Juventa.

Buckley, M. & Walsh, M.E. (1998). Children's understanding of violence: A developmental analysis. In: Applied Developmental Science, 2, no. 4, pp. 182–193.

Buddeberg-Fischer, B. & Klaghofer, R. (2002). Entwicklung des Körpererlebens in der Adoleszenz. In: Praxis der Kinderpsychologie und Kinderpsychiatrie, 51. Jg., H. 9., S. 697–710.

Bundesministerium für Bildung und Forschung (2004). „Beweg Dich – Für Deine Zukunft" – Europäisches Jahr der Erziehung durch Sport. Online im Internet: URL: http://bmbf.de/de1335.php [Stand 10.12.2004].

Burke, J.D., Loeber, R. & Lahey, B.B. (2003). Course and Outcomes. In: C.A. Essau (2003a). Conduct and oppositional defiant disorders: Epidemiology, risk factors and treatment. Hillsdale, N.J.: Lawrence Erlbaum Associates, pp. 61–94.

Burks, V.S. et al. (1999). Knowledge structures, social information, processing and childrens aggressive behavior. In: Social Development, 8, pp. 220–236.

Campbell, S. B. (1991). Longitudinal studiesof active and aggressive preschoolers: Individual differences of early behavior an outcome. In: D. Cicchetti & S. L. Toth (Hrsg.). Internalizing and externalizing expression of dysfunction. Hillsdale, NJ.: Lawrence Erlbaum Associates, pp. 57–90.

Cantwell, D. et al. (1997). Correspondence between adolescent report and parent report of psychiatric diagnostic data. Journal of the American Academy of Child and Adolescent Psychiatry, 36, pp. 610–619.

Caprara, G.V., Perugini, M. & Barbaranelli, C. (1994). Studies of inividual differences in aggression. In: M. Potegal & J.F. Knutson (Eds.). The dynamics of aggression. Hillsdale, N.Y.: Lawrence Erlbaum Associates, pp. 123–153.

Carey, W.B. & McDevitt, S. C. (1995). Coping with Childrens Temperament. New York: Basic Books.

Cicchetti, D., Toth, S. L. & Lynch, M. (1995). Bowlby's dream comes full circle. The application of attachment theory to risk and psychopathology. In: T.H. Ollendick & J.R. Prinz (Eds.). Advances in Clinical Child Psychology, Vol. 17. New York: Plenum, pp. 1–75.

Cierpka, M. (Hrsg.) (2001). FAUSTLOS – Ein Curriculum zur Prävention von aggressivem und gewaltbereitem Verhalten bei Kindern der Klassen 1 bis 3. Göttingen: Hogrefe.

Cierpka, M. (2003). FAUSTLOS – ein sozial-emotionales Lernprogramm. In: Psychotherapeut, 48. Jg., S. 247–254.

Cierpka, M. (2004). Täterschaft im Ansatz verhindern – das Curriculum FAUSTLOS. In: Psychotherapie im Dialog: Täter, 5. Jg., Juni, H. 2, Stuttgart, New York: Georg Thieme Verlag, S. 160–162.

Cohler, B.J., Scott, F.M. & Musick, J.S. (1995). Adversity, vulnerability, and resilience: Culural and developmental perspectives. In: D. Ciccetti & D.J. Cohen (Eds.). Developmental psychopatholoy, Vol.2. New York: Wiley, pp. 753–800.

Coie, J.D. et al. (1991). The role of aggression in peer relations: An analysis of aggression episodes in boys' play groups. In: Child Development, 62, pp. 812–826.

Crick, N.R. & Dodge, K.A. (1994). A rewiew and reformulation of social information processing mechanisms in children's social adjustment. In: Psychological Bulletin, 115, pp. 74–101.

Crick, N.R. & Grotpeter, J.K. (1995). Relational aggression, gender and social-psychological adjustment. In: Child Development, 66, pp. 710–722.

Crick, N.R. (1996). The role of overt aggression, relational aggression and prosocial behavior in the prediction of children's future social adjustment. In: Child Development, 67, pp. 2317–2327.

Dahle, K.-P. (1998a). Straffälligkeit im Lebenslängsschnitt. In: H.-L. Kröber & K.-P. Dahle (Hrsg.). Sexualstraftaten und Gewaltdelinquenz: Verlauf – Behandlung – Opferschutz. Heidelberg: Kriminalstatistik, S. 47–56.

Dahle, K.-P. (1998b). Therapiemotivation und forensische Psychotherapie. In: E. Wagner & W. Werdenich (Hrsg.). Forensische Psychotherapie. Wien: Facultas, S. 97–112.

Dalferth, M. (1997). Zurück in die Institutionen? Probleme der gemeindenahen Betreuung geistig behinderter Menschen in den USA, Norwegen und Großbritannien. In: Geistige Behinderung, 36. Jg., H. 4., S. 344–357.

Deutsche Gesellschaft für Kinder- und Jugendpsychiatrie und Psychotherapie (Hrsg.) (2003). Leitlinien zu Diagnostik und Therapie von psychischen Störungen im Säuglings-, Kindes- und Jugendalter. Köln: Deutscher Ärzte Verlag.

Deutscher Verein für private und öffentliche Fürsorge (1997). Fachlexikon der Sozialarbeit. 4. vollständig überarbeitete Auflage. Stuttgart, Berlin, Köln: Kohlhammer.

Deutsch, M. & Coleman, P.T. (Hrsg.) (2000). The handbook of conflict resolution: Theory and practice. San Francisco: Jossey-Bass.

Denham, S.A. et al. (2002). Compromised emotional competence: Seeds of violence sown early? In: American Journal of Orthopsychiatry, 72, pp. 70–82.

Dill, K.E. et al. (1997). Effects of aggressive personality on social expectations and social perceptions. In: Journal of Research in Personality, 31, pp. 272–292.

Dilling, H. et al. (1994). Internationale Klassifikation psychischer Störungen. ICD-10 Kapitel V (F) Forschungskriterien. Bern: Hans Huber.

Dodge, K. (Hrsg.) (1991). Special section: Developmental psychopathology in children of depressed mothers. In: Developmental Psychology, 26, pp. 3–67.

Döpfner, M. et al. (1993). Verhaltensbeurteilungsbogen für Vorschulkinder (VBV 3–6). Weinheim: Beltz.

Döpfner, M. & Lehmkuhl, G. (2000a). Diagnostik-System für Psychische Störungen im Kindes- und Jugendalter nach ICD-10 und DSM-IV (DISYPS-KJ). 2. korr. und erg. Auflage. Bern: Huber.

Döpfner, M., Schürmann, S. & Fröhlich, J. (1998). Therapieprogramm für Kinder mit hyperkinetischem und oppositionellem Verhalten (THOP). 2. korr. Auflage. Weinheim: Psychologie Verlags Union.

Dörner, T. & Fröhlich-Gildhoff, K. (2006). Fragebogen zur Selbsteinschätzung aggressiven Verhaltens (FSA) – Konzept, Normen, Testdaten. In: K. Fröhlich-Gildhoff, Freiburger Anti-Gewalt-Training. Stuttgart: Kohlhammer.

Dolde, G. & Grübl, G. (1996). Jugendstrafvollzug in Baden-Württemberg – Untersuchungen zur Biographie, zum Vollzugsverlauf und zur Rückfälligkeit von ehemaligen Jugendstrafgefangenen. In: H.-J. Kerner, G. Dolde & H.-G. Mey (Hrsg.). Jugendstrafvollzug und Bewährung – Analysen zum Vollzugsverlauf und zur Rückfallentwicklung. Bonn: Forum-Verlag Godesberg, S. 219–356.

Donnerstein, E. (1984). Pornography: It's effect on violence against women. In: N.M. Malamuth & E. Donnerstein (Eds.). Pornography and sexual aggression. Orlando, FL: Academic Press, pp. 53–81.

Dornes, M. (1995). Der kompetente Säugling. Frankfurt/M.: Fischer.

Dornes, M. (1997). Die frühe Kindheit. Entwicklungspsychologie der ersten Lebensjahre. Frankfurt/M.: Fischer.

Dornes, M. (2000). Die emotionale Welt des Kindes. Frankfurt/M.: Fischer.

Dornes, M. (2003). Die frühe Kindheit. Entwicklungspsychologie der ersten Lebensjahre. 7. Auflage. Frankfurt/M.: Fischer.

Dülfer, R. & Fröhlich-Gildhoff, K. (1992). Laufen und Gespräche. Erfahrungen und Wirkungen eines ganzheitlichen Angebots für Menschen mit seelischen Beeinträchtigungen. In: GwG-Zeitschrift 87, S. 30–34.

Duvall, B. (1998). From Invisibility to Recognition. In: National Alliance for Direct Support Professionals (Eds). Frontline Initiative, vol. 2, no. 4, p. 7.

Eichberg, S. (2003). Sportaktivität, Fitness und Gesundheit im Lebenslauf: Grundlagen für Prävention und Gesundheitsförderung aus Sicht der Sportwissenschaft. Hamburg: Kovac.

Eichenhofer, E. (1990). Recht der sozialen Sicherheit in den USA. Baden-Baden: Nomos.

Eisenberg, N. (2000). Emotion, regulation, and moral development. In: Annual Review of Psychology, 51, pp. 665–697.

Elsner, K. (2004). Tätertherapie. Grundlagen und kognitiv-behavioraler Schwerpunkt. In: Psychotherapie im Dialog: Täter, 5. Jg., Juni, H. 2, Stuttgart, New York: Georg Thieme Verlag, S. 109–119.

Enders, U. & Wolters, D. (1996). Schön & blöd – Ein Bilderbuch über schöne und blöde Gefühle. 3. Auflage. Weinheim: Anrich.

Eron, L., Huesmann, R. & Zelli, A. (1991). The role of parental variables in the learning of aggression. In: D. Pepler & K. Rubin (Hrsg). The Development and Treatment of Childhood Aggression. Hillsdale, N.J.: Lawrence Erlbaum Associates, pp. 169–188.

Essau, C.A. (2002). Depression bei Kindern und Jugendlichen. München, Basel: Ernst Reinhardt.

Essau, C.A. (2003). Angst bei Kindern und Jugendlichen. München, Basel: Ernst Reinhardt.

Essau, C.A. & Conradt, J. (2004). Aggression bei Kindern und Jugendlichen. München, Basel: Ernst Reinhardt.

Essau, C.A. & Petermann, F. (1995). Depression. In: F. Petermann (Hrsg.). Lehrbuch der Klinischen Kinderpsychologie. Göttingen: Hogrefe, S. 241–264.

Fend, H. (2001). Entwicklungspsychologie des Jugendalters. 2. Auflage. Opladen: Leske+ Budrich.

Falck, H.S. (1996). Aspekte der Ausbildung zur Sozialarbeit in den USA. In: Rundbrief Gilde Soziale Arbeit- GISA 1/1996.

Familiy Life Development Center (Eds.) (2001). Therapeutic Crisis Intervention. A Crisis Prevention and Management System. Student Workbook. Ithaka, New York: Familiy Life Development Center, College of Human Ecology, Cornell University.

Fiebig, H. & Winterberg, F. (1998). Wir werden eine Klassengemeinschaft. Soziales Lernen in der Orientierungsstufe. Mülheim an der Ruhr: Verlag an der Ruhr.

Fischer, J. (1999). Mein langer Lauf zu mir selbst. Köln: Kiepenheuer & Witsch.

Freitag, M. (2001). Auf dem Weg zu einer Positivliste. In: AJS-Informationen, 2001, 37. Jg., H. 1, S. 20–33.

Friedlmeier, W. (1999). Emotionsregulation in der Kindheit. In: W. Friedlmeier & M. Holodynski (Hrsg.). Emotionale Entwicklung. Heidelberg: Spektrum, S. 197–218.

Fröhlich-Gildhoff, K. (Hrsg.) (2002). Indikation in der Jugendhilfe. Weinheim, München: Beltz.

Fröhlich-Gildhoff, K. (2003). Einzelbetreuung in der Jugendhilfe. Münster: LIT.

Fröhlich-Gildhoff, K. (2004a). Laufen und Selbsterfahrung als studienbegleitendes Angebot für Studierende der Sozialen Arbeit. In: B. Seibel (Hrsg.). Sport und Soziale Arbeit – Ein Modellprojekt der Evangelischen Fachhochschule Freiburg, der Südbadischen Sportschule Steinbach und der Badischen Sportjugend Freiburg. Münster: LIT, S. 71–95.

Fröhlich-Gildhoff, K. (2004b). Depressionen bei Kindern und Jugendlichen: Symptomatik – Ursachen – Therapie. In: Gesprächspsychotherapie und Personzentrierte Beratung (2/2004), S. 101–110.

Fröhlich-Gildhoff, K. (2006). Freiburger Anti-Gewalt-Training (FAGT). Stuttgart: Kohlhammer.

Fröhlich-Gildhoff, K. & Engel, E.M. (2006). Evaluation des Freiburger Anti-Gewalt-Trainings. In: K. Fröhlich-Gildhoff. Freiburger Anti-Gewalt-Training (FAGT). Stuttgart: Kohlhammer.

Fröhlich-Gildhoff, K., Engel, E. & Rönnau, M. (im Druck). SPFH im Wandel. Freiburg: FEL.

Fröhlich-Gildhoff, K. & Hufnagel, G. (1997). Personenzentrierte Störungslehre unter besonderer Berücksichtigung moderner entwicklungspsychologischer Erkenntnisse. In: GwG-Zeitschrift 1/97, 28. Jg., S. 37–49.

Galtung, J. (Hrsg.) (1993). Gewalt im Alltag und in der Weltpolitik. Münster: Agenda.

Grawe, K. (1998). Psychologische Therapie. Göttingen, Bern, Toronto, Seattle: Hogrefe.

Grawe, K. (2004). Neuropsychotherapie. Göttingen, Bern: Hogrefe.

Grawe, K. & Grawe-Gerber, M. (1999). Ressourcenaktivierung – ein primäres Wirkprinzip der Psychotherapie. In: Psychotherapeut, 44. Jg., H. 2, S. 63–73.

Greenberg, M.T., Kusche, C.A. & Speltz, M. (1993). Emotional regulation and psychopathology: The role of relationships in early childhood. In: D. Cicchetti & S. L. Tooth (Eds.). Rochester symposium on developmental psychopathology. Vol. 2: Internalizing and externalizing expressions of dysfunction. Hillsdale, N.Y.: Lawrence Erlbaum Associates, pp. 21–56.

Greve, W. (2002). Forschungsthema Strafvollzug – Aussichten für wissenschaftliche Zugänge zu einer verschlossenen Institution. In: Kriminalpädagogische Praxis, 30. Jg., H. 41, S. 25–31.

Griffel, R. (2000). Power statt Gewalt: Prävention in der Arbeit mit gefährdeten Kindern. In: Ajs Aktion Jugendschutz. Landesarbeitsstelle Baden-Württemberg (Hrsg.). Stuttgart: Georg Riederer Corona.

Grosch, O. (1995). Lockerung im Jugendstrafvollzug: Grundlagen und Praxis; eine haftverlaufsorientierte Untersuchung anhand des baden-württembergischen Jugendstrafvollzugs. Freiburg i. Br.: Eigenverlag Max-Planck-Institut für Ausländisches und Internationales Strafrecht.

Grosse-Holtforth, M. & Grawe, K. (2004). Inkongruenz und Fallkonzeption in der Psychologischen Therapie. In: Verhaltenstherapie & Psychosoziale Praxis, 36. Jg., H. 1, S. 9–21.

Grossmann, K. (2001). Die Geschichte der Bindungsforschung. In: G. Suess, H. Scheuerer-Englisch & W.-K. Pfeifer (Hrsg.). Bindungstheorie und Familiendynamik. Gießen: Psychosozial Verlag, S. 29–52.

Grossmann, K. (1989). Das kindliche Erleben von Schmerz, die Rolle der Familie bei schweren Verbrennungen und die Ängste der Kinder vor Operationen. In: Der Kinderarzt, 20, 1400–1411.

Gschwendt, M. et al. (2003). Frühe Erscheinungsformen von Aggressionen bei Kleinkindern von Hochrisiko-Mutter-Kleinkind-Dyaden. In: U. Lehmkuhl (Hrsg.). Aggressives Verhalten bei Kindern und Jugendlichen. Ursachen, Prävention, Behandlung. Göttingen: Vandenhoeck & Ruprecht, S. 140–145.

Hähner, U. (1999). Von der Verwahrung über die Förderung zur Selbstbestimmung Fragmente über die Förderung zur Selbstbestimmung. In: Bundesvereinigung Lebenshilfe für Menschen mit geistiger Behinderung e. V. (Hrsg.). Vom Betreuer zum Begleiter. Eine Neuorientierung unter dem Paradigma Selbstbestimmung. 3. Auflage. Marburg: Lebenshilfe-Verlag, S. 25–51.

Halpern, R. (1993). Poverty and infant development. In: C. Zeanah (Hrsg.). Handbook of infant mental health. New York: Guilford, pp. 73–86.

Halpern, C.T. et al. (1993). Relationships between aggression and pubertal increases in testosterone: A panel analysis. In: Social Biology, 40, pp. 8–24.

Haselbeck, H. (1997). Borderline Störung. In: Deutscher Verein für öffentliche und private Fürsorge (Hrsg.). Fachlexikon der Sozialen Arbeit. 4. Auflage. Stuttgart, Berlin, Köln: Kohlhammer.

Havighurst, R.J. (1948). Developmental tasks and education. New York: McKay.

Heilemann, M. (2004). Lebensphilosophische Bezugspunkte bei der Behandlung jugendlicher Gewalttäter. Aufgabe, Konzeption, Behandlung und Bewertung des Anti-Aggressivitäts-Trainings (AAT). In: Psychotherapie im Dialog: Täter, 5. Jg., Juni, H. 2. Stuttgart, New York: Georg Thieme Verlag, S. 135–143.

Heilemann, M. & Fischwasser-von-Proeck, G. (2001). Gewalt wandeln. Das Anti-Aggressivitäts-Training AAT. Lengerich u. a.: Pabst Publishing.

Heinrichs, N. et al. (2002). Prävention kindlicher Verhaltensstörungen. In: Psychologische Rundschau, 53. Jg., H. 4., S. 170–183.

Helfferich, C. (2004). Die Qualität qualitativer Daten. Manual für die Durchführung qualitativer Interviews. 1. Auflage. Wiesbaden: VS Verlag.

Helming, E. (2002). Indikation in der Sozialpädagogischen Familienhilfe. In: K. Fröhlich-Gildhoff (Hrsg.). Indikation in der Jugendhilfe. Weinheim, München: Beltz, S. 53–76.

Herriger, N. (1986). Präventives Handeln und Soziale Praxis: Konzepte zur Verhütung abweichenden Verhaltens von Kindern und Jugendlichen. Weinheim, München: Juventa.

Hilyer, J.C. et al. (1982). Physical fitness training and counseling as treatment for youthful offenders. In: Journal of Counseling Psychology, 29, pp. 292–303.

Honkanen-Schoberth, P. (2003, 2. Aufl.). Starke Kinder brauchen starke Eltern. Der Elternkurs des Deutschen Kinderschutzbundes. Berlin: Eigendruck Deutscher Kinderschutzbund. Auch URL: http://www.elternkurs-schulung.de.

Hopf, C. (1991). Qualitative Interviews in der Sozialforschung. Ein Überblick. In: U. Flick et al. (Hrsg.). Handbuch Qualitative Sozialforschung. München: Psychologie Verlags Union, S. 177–182.

Hosser, D. (2001). Soziale Unterstützung im Strafvollzug. Hafterleben und protektive Faktoren bei jungen Männer. Baden-Baden: Nomos.

Hufnagel, G. & Fröhlich-Gildhoff, K. (2002). Die Entstehung seelischer Störungen – betrachtet aus einer personzentrierten und entwicklungspsychologischen Perspektive. In: C. Boeck-Singelmann et al. (Hrsg.). Personzentrierte Psychotherapie mit Kindern und Jugendlichen. 2. überarb. Auflage. Band 1: Grundlagen und Konzepte. Göttingen, Bern, Toronto, Seattle: Hogrefe, S. 35–80.

Humpert, W. & Dann, H.D. (2001). KTM Kompakt. Basistraining, Zerstörungsreduktion und Gewaltprävention für pädagogische und helfende Berufe auf der Grundlage des Konstanzer Trainingsmodells. Bern: Huber.

Hurrelmann, K. & Settertobulte, W. (2000). Prävention und Gesundheitsförderung im Kindes- und Jugendalter In: F. Petermann (Hrsg.). Lehrbuch der klinischen Kinderpsychologie und –psychotherapie. 4. vollst. überarb. und erw. Auflage. Göttingen, Bern, Toronto, Seattle: Hogrefe, S. 131–148.

Ihle, W., Esser, G. & Schmidt, M.H. (2003). Rechtsextreme Einstellungen und Gewaltbereitschaft im frühen Erwachsenenalter: Prävalenz, Korrelate, soziale, umwelt- und personenbezogene Risikofaktoren. In: U. Lehmkuhl (Hrsg.). Aggressives Verhalten bei Kindern und Jugendlichen. Ursachen, Prävention, Behandlung. Göttingen: Vandenhoeck & Ruprecht, S. 132–139.

Ijzendoorn, M.v. et al. (1992). The relative effects of maternal and child problems on the quality of attachment in clinical samples. In: Child Development, 63, pp. 840–858.

Jaede, W. (2002). Der entwicklungsökologische Ansatz in der Personzentrierten Kinder- und Jugendlichenpsychotherapie. In: C. Boeck-Singelmann et al. (Hrsg.). Personzentrierte Psychotherapie mit Kindern und Jugendlichen, Band 1: Grundlagen und Konzepte. 2. völlig neu bearbeitete Auflage, Göttingen: Hogrefe, S. 123–150.

Janke, B. (2002). Entwicklung des Emotionswissens bei Kindern. Göttingen, Bern, Toronto, Seattle: Hogrefe.

Jehle, J.-M., Heinz, W. & Sutterer, P. (2003). Legalbewährung nach strafrechtlichen Sanktionen: Eine kommentierte Rückfallstatistik. Bundesministerium für Justiz (Hrsg.). Mönchengladbach: Forum-Verlag Godesberg.

Jerusalem, M. (1990). Persönliche Ressourcen, Vulnerabilität und Stresserleben. Göttingen, Toronto, Zürich: Hogrefe.

Kaestner, M. (2003). Peer-Education – ein sozialpädagogischer Arbeitsansatz. In: M. Noerber (Hrsg.). Peer Education. Bildung und Erziehung von Gleichaltrigen durch Gleichaltrige. 1. Auflage. Weinheim, Basel, Berlin: Beltz, S. 50–64.

Kaiser, T. (2002). Das Wut-weg-Buch – Spiele, Traumreisen, Entspannung gegen Wut und Aggression bei Kindern. 3. Auflage. Freiburg i. Br.: Christophorus.

Kammerer, B. (2000). Starke Kinder – keine Drogen: Das Projekte-Handbuch zur Suchtprävention mit Kindern. Einführung, Grundlagen, Praxis und Projekte. Nürnberg: Emwe.

Karstedt, S. (2001). Prävention und Jugendkriminalität – welche Maßnahmen sind erfolgreich, welche nicht? In: AJS-Informationen, 37. Jg., H. 1, S. 11–19.

Kazdin, A.E. (1995). Conduct disorders in childhood and adolescence. 2nd Edition. Thousand Oaks: Sage.

Kette, G. (1991). Haft – Eine sozialpsychologische Analyse. Göttingen: Hogrefe.

Keupp, H. (1991). Sozialepidemiologie – Zur gesundheitspolitischen Hypothek der Klassengesellschaft. In: G. Hörmann & W. Körner (Hrsg.). Klinische Psychologie. Ein kritisches Handbuch. Reinbek: Rowohlt. S. 331–352.

Keupp, H. (1997). Ermutigung zum aufrechten Gang. Tübingen: Dgvt.

Keupp, H. (1999). Identitätskonstruktionen. Das Patchwork der Identitäten in der Spätmoderne. Reinbek b. Hamburg: Rowohlt.

Keupp, H. (2005). Kinder (un-)erwünscht? Aufwachsen in einer Gesellschaft ohne „einbettende Kulturen". In: Verhaltenstherapie und Psychosoziale Praxis, 37. Jg., H. 2, S. 293–306.

Kleiber, D. & Meixner, S. (2000). Aggression und (Gewalt-)Delinquenz bei Kindern und Jugendlichen: Ausmaß, Entwicklungszusammenhänge und Prävention. Gesprächspsychotherapie und Personzentrierte Beratung, 31. Jg., H. 3, S. 191–205.

Klein-Heßling, J. (1997). Stressbewältigungstrainings für Kinder. Eine Evaluation. Tübingen: Dgvt.

Kleinmann, D. (1985). Sport als Medizin für jedermann. Stuttgart: Hippokrates.

Kofler, G. (1976). Sport und Resozialisierung – Sportpädagogische Untersuchungen im Jugendstrafvollzug. Schorndorf: Hofmann.

Kohnstamm, R. (1990). Praktische Kinderpsychologie. Die ersten 7 Jahre. Eine Einführung für Eltern, Erzieher und Lehrer. 3. korrig. und erw. Auflage. Bern, Stuttgart, Toronto: Hans-Huber.

Krahé, B. (2001). The Social Psychology of Aggression. Philadelphia: Psychology Press Ltd.

Krannich, S. et al. (1997). FAUSTLOS – Ein Curriculum zur Förderung sozialer Kompetenzen und zur Prävention von aggressivem und gewaltbereitem Verhalten bei Kindern. In: Praxis der Kinderpsychologie und Kinderpsychiatrie, 46. Jg., S. 236–247.

Kremer, S. (1999). Zum Beitrag von Sozialpolitik für die Leistungsfähigkeit freiheitlicher Volkswirtschaften. Berlin: Logos.

Kröger, C., Winter, H. & Shaw, R. (1998). Handbuch für die Evaluation von Maßnahmen zur Suchtprävention. München: IFT – Institut für Therapieforschung.

Krüger, M. (1998). Die Soziale Arbeit als Thema an den Instituten für Sportwissenschaft. In: N. Fessler, B. Seibel & K. Strittmatter (Hrsg.). Sport und Soziale Arbeit. Schorndorf: Hofmann, S. 51–62.

Kusch, M. & Petermann, F. (1995). Konzepte und Ergebnisse der Entwicklungspsychopathologie. In: F. Petermann (Hrsg.). Lehrbuch der Klinischen Kinderpsychologie. Modelle psychischer Störungen im Kindes- und Jugendalter. Göttingen, Bern, Toronto, Seattle: Hogrefe, S. 53–93.

Lachmann, F.M. (2004). Aggression verstehen und verändern. Stuttgart: Pfeiffer bei Klett-Cotta.

Lahey, B.B. & Loeber, R. (1997). Attention-Deficit/Hyperactivity Disorder, Oppositional Defiant Disorder, Conduct Disorder and Adult Antisocial Behavior: A Life Span Perspective. In: D.M. Stoff (Hrsg.). Handbook of Antisocial Behavior. New York: Wiley, pp. 51–59.

Lahey, B.B. et al. (1998). Developmental epidemiology of the distruptive behavior disorders. In: H.C. Quay & A.E. Hogan (Hrsg.). Handbook of disruptive behavior disorders. New York: Wiley, pp. 23–48.

Lahey, B.B. et al. (2000). Age and gender differences in oppositional behavior and conduct problems: A cross-sectional household study of middle childhood and adolescence. In: Journal of Abnormal Psychology, 109, pp. 488–503.

Lakin, K.Ch. (1998). On the Outside Looking. In: Attending to Waiting Lists in Systems of Services for people with Developemental Disabilities. In: Mental Retardation, 36, pp. 157–162.

Laucht, M. (2003). Aggressives und dissoziales Verhalten in der Prä-Adoleszenz: Entstehungsbedingungen und Vorläufer in der frühen Kindheit. In: U. Lehmkuhl (Hrsg.). Aggressives Verhalten bei Kindern und Jugendlichen. Ursachen, Prävention, Behandlung. Göttingen: Vandenhoeck & Ruprecht, S. 47–56.

Lauth, G. (o.J.). Kölner Elterntraining KET. Köln: Manuskript der Fakultät Heilpädagogik an der Universität Köln.

Lewis, M. (1993). The development of anger and rage. In: R. Glick & S. Roose (Hrsg.). Rage, Power and Aggression. New Haven, London: Yale Univ. Press, pp. 148–168.

Lichtenegger, B. (1997). Ge(h)fühle – Arbeitsmaterialien für Schule, Hort und Jugendgruppen. Linz: Veritas.

Lobe, M. (1972). Das kleine Ich bin Ich. 23. Auflage. Wien, München: Jungbrunnen.

Loeber, R. (1990). Development and risk factors of juvenile antisocial behavior and delinquency. In: Clinical Psychology Review, 10, pp. 1–41.

Loeber, R. et al. (1995). Which boys will fare worse? Early predictors of the onset of Conduct Disorder in a six-year longitudinal study. In: Journal of the American Academy of Child and adolescent Psychiatry, 34, pp. 499–509.

Loeber, R. & Hay, D.F. (1997). Attention-deficit/hyperactivity disorder, oppositional defiant disorder, conduct disorder, and adult antisocial behavior: A life span perspective. In: D.M. Stoff, J. Breiling & J.D. Maser (Hrsg.). Handbook of antisocial behavior. New York: Wiley, pp. 51–59.

Loeber, R. & Stouthamer-Loeber, M. (1986). Family factors as correalates and predictors of juvenile conduct problems and delinquency. In: N. Morris & M. Tonry (Hrsg.). Crime and justice: An annual review of research. Chicago: University of Chicago Press, pp. 29–149.

Loeber, R. & Stouthamer-Loeber, M. (1998). Development of juvenile aggression and violence. Some common misconceptions and controversies. In: American Psychologist, 53, pp. 242–259.

Lord, B.V. (2001). Die Praxis der Sozialen Arbeit in den USA, In: H.-J. Kersting & M. Riege (Hrsg.). Internationale Sozialarbeit. Schriften des Fachbereichs Sozialwesen der Fachhochschule Niederrhein, Band 29, S. 135–144.

Lösel, F., Beelmann, A. Stemmler, Ph.D. & Jaursch, S. (o.J.). Soziale Kompetenz für Kinder und Familien: Ergebnisse der Erlangen-Nürnberger Entwicklungs- und Präventionsstudie. Universität Erlangen-Nürnberg, Institut für Psychologie. Manuskript veröffentlicht über die Homepage des Bundesministeriums für Frauen, Senioren, Familie und Jugend: www.bmfsfj.de [Zugriff: 26.12.2004].

Lösel, F. & Bender, D. (1998). Aggressives und Delinquentes Verhalten von Kindern und Jugendlichen- Kenntnisstand und Forschungsperspektiven. In: H.-L. Kröber & K.-P. Dahle (Hrsg.). Sexualstraftaten und Gewaltdelinquenz. Verlauf – Behandlung – Opferschutz. Heidelberg: Kriminalstatistik, S. 13–37.

Lösel, F., Bliesener, T. & Averbeck, M. (1999). Hat die Delinquenz von Schülern zugenommen? Ein Vergleich im Dunkelfeld nach 22 Jahren. In: M. Schäfer & D. Frey (Hrsg.). Aggression und Gewalt unter Kindern und Jugendlichen. Göttingen: Hogrefe, S. 65–89.

Lore, R. & Schulz, L. (1993). Control of human aggression. A comparative perspective. In: American Psychologist, 48, pp.16–25.

Lyons-Ruth, K. (1996). Attachment relationships among children with aggressive behavior problems: The role of disorganized early attachment patterns. In: Consulting and Clinical Psychology, 64, pp. 64–73.

Maelicke, B. (2002). QuoVadis, Strafvollzug? In: Kriminalpädagogische Praxis, 30. Jg., H. 41, S. 11–17.

Markie-Dadds, C., Sanders, M.R. & Turner, K.M. (2002). Das Triple P Elternarbeitsbuch. Der Ratgeber zur positiven Erziehung mit praktischen Übungen. Münster: PAG Verlag für Psychotherapie.

Marshall, W.L. et al. (2002). Therapist features in sexual offender treatment: Their reliable identification and influence on behaviour change. In: Clinical Psychology and Psychotherapy, 9, pp. 395–405.

Martin, L. (1999). Gewalt in Schule und Erziehung. Bad Heilbrunn: Klinkhardt.

Marzahn, Ch. (1980). Geschichte der Sozialarbeit/Sozialpädagogik. In: D. Kreft & I. Mielenz (Hrsg.). Wörterbuch Soziale Arbeit. 4. Auflage. Weinheim, Basel: Beltz, S. 244–248.

Mattern, M. (1997). Die Absicherung „sozial Schwacher" im US-amerikanischen und deutschen Gesundheitssystem – Vergleich und kritische Bewertung. Sozialarbeit/Sozialpädagogik im Sozialstaat. Band 8. Münster: Lit.

Maydell, B.v. (2002). Reichsversicherungsordnung (RVO). In: Deutscher Verein für öffentliche und private Fürsorge (Hrsg.). Fachlexikon der sozialen Arbeit. 5. Auflage. Frankfurt/M.: Eigenverlag, S. 775f.

Mayring, P. (1991). Qualitative Inhaltsanalyse. In: U. Flick et al. (Hrsg.). Handbuch Qualitative Sozialforschung. München: Psychologie Verlags Union, S. 209–213.

Mayring, P. (2002). Einführung in die qualitative Sozialforschung. 5. Auflage. Weinheim, Basel: Beltz.

McCartney, J.R. & Campbell V.A. (1998). Confirmed Abuse Cases in Public Residential Facilities for Persons with Mental Retardation: A Multiple State Study. In: Mental Retardation, 36, pp. 465–473.

McCord, J. (Ed.) (1998). Coercion and punishment in long-term perspectives. New York: Cambridge University Press.

McKee, G.L. (2001). Study of Nonprofessional Direct Care Staff Recruitment, Retention, and Wages. Online im Internet: http://ddd.state.wy.us/Documents/wagedoc.htm.

Mentzos, S. (1993). Der Krieg und seine psychosozialen Funktionen. Frankfurt/M.: Fischer.

Metzler, H. & Wacker, E. (2001). Behinderung. In: H. Otto & H. Thiersch (Hrsg.). Handbuch der Sozialarbeit/Sozialpädagogik. 2. überarb. Auflage. Neuwied: Lechterhand, S. 118–152.

Meuser, M. & Nagel, U. (2002). ExpertInneninterviews – vielfach erprobt, wenig bedacht. Ein Beitrag zur qualitativen Methodendiskussion. In: A. Bogner, B. Littig & W. Menz (Hrsg.). Das Experteninterview: Theorie, Methode, Anwendung. Opladen: Leske + Budrich, S. 71–93.

Mey, H.-G. (1996). Diagnose, Planung und Verlauf der Jugendstrafe in Nordrhein-Westfalen. In: H.-J. Kerner, G. Dolde & H.-G. Mey (Hrsg.): Jugendstrafvollzug und Bewährung – Analysen zum Vollzugsverlauf und zur Rückfallentwicklung. Bonn: Forum-Verlag Godesberg, S. 389–428.

Miller, P.A. & Eisenberg, N. (1988). The relation of empathy to aggressive and externalising / antisocial behavior. In: Psychological Bulletin, 103, pp. 324–344.

Moffitt, T.E. (1990). Juvenile delinquency and attention-deficit disorder: Developmental trajectories from age 3 to age 15. In: Child Development, 61, pp. 893–910.

Moffitt, T.E. et al. (1996). Childhood-onset versus adolescent-onset antisocial conduct problems in males: Natural history from ages 3 to 18. In: Development and Psychopathology, 8, pp. 399–424.

Mühl, H. (2000). Einführung in die Geistigbehindertenpädagogik. 4. Auflage Stuttgart: Kohlhammer.

Münchmeier, R. (2003). Aufwachsen unter veränderten Bedingungen – Zur Situation und Zukunft von Jugend. In: U. Lehmkuhl (Hrsg). Aggressives Verhalten bei Kindern und Jugendlichen. Ursachen, Prävention, Behandlung. Göttingen: Vandenhoeck & Ruprecht, S. 57–77.

Münchmeier, R. (2001). Jugend als Konstrukt. In: H.-U. Otto & H. Thiersch (Hrsg.). Handbuch der Sozialarbeit/Sozialpädagogik. 2. überarb. Auflage. Neuwied: Luchterhand, S. 816–830.

Nakhnikian, E. & Kahn, K. (2004). Direct Care Workers Speaking out on their own behalf. In: Better Jobs Better Care, 2.

Nickolai, W. (1987). Das Sportangebot der Jugendvollzugsanstalt Adelsheim. In: D. Kürten & W. Nickolai (Hrsg.). Chancen einer Sportpädagogik im Strafvollzug. Ettenheim: Stückle.

Nickolai, W. (Hrsg.) (2001). Sozialer Ausschluss durch Einschluss: Strafvollzug und Straffälligenhilfe zwischen Restriktion und Resozialisierung. Freiburg i. Br.: Lambertus.

Nolting, H.-P. (1999). Lernfall Aggression: Wie sie entsteht und wie sie zu überwinden ist. Reinbek b. Hamburg: Rowohlt.

Nolting, H-P. (2002). Lernfall Aggression. 21. Auflage. Reinbek b. Hamburg: Rowohlt.

Nunner-Winkler, G. (2004). Überlegungen zum Gewaltbegriff. In: W. Heitmeyer & H.-G. Soeffner (Hrsg.). Gewalt. Frankfurt/M.: Suhrkamp, S. 21–61.

Oberwittler, D. et al. (2001). Soziale Lebenslagen und Delinquenz von Jugendlichen. Arbeitsbericht aus dem Max-Planck-Institut für Ausländisches und Internationales Strafrecht. Freiburg i. Br.: edition iuscrim.

Oerter, R. et al. (Hrsg.) (1999). Klinische Entwicklungspsychologie. Ein Lehrbuch. Weinheim: Psychologie Verlags Union.

Ohlemacher, T. et al. (2001a). Anti-Aggressivitäts-Training und Legalbewährung. Versuch einer Evaluation. In: M. Bereswill (Hrsg.). Interdisziplinäre Beiträge zur Kriminologischen Forschung. Baden-Baden.

Ohlemacher, T., Sögding, D., Höynck, T., Ethé, N. & Welte, G. (2001b). Anti-Aggressivitäts-Training und Legalbewährung. Hannover: kriminologisches Forschungsinstitut Niedersachsen, Eigendruck. Online veröffentlicht unter: www.kfn.de [Zugriff: 25.6.2005].

Olweus, D. (1979). Stability of aggressive reaction patterns in males: A review. In: Psychological Bulletin, 86, pp. 852–865.

Olweus , D. (1995). Gewalt in der Schule. Was Lehrer und Eltern wissen sollten – und tun können. Bern: Huber.

Ostendorf, H., Köhnken, G. & Schütze, G. (2002): Aggression und Gewalt. Frankfurt/M., Berlin, Bern: Lang.

Oswald, H. (1999). Steigt die Gewalt unter Jugendlichen ? In: M. Schäfer & D. Frey (Hrsg.). Aggression und Gewalt unter Kindern und Jugendlichen. Göttingen: Hogrefe. S. 43–52.

Ottmüller, C.O. (1988). Glen Mills Schools. Ein Modell der Jugendkriminalrechtspflege in den USA. Pfaffenweiler.

Papousek, M. (2004). Regulationsstörungen der frühen Kindheit: Klinische Evidenz für ein neues diagnostisches Konzept. In: M. Papousek, M. Schieche & H. Wurmser (Hrsg.). Regulationsstörungen der frühen Kindheit. Bern, Göttingen, Toronto, Seattle: Huber, S. 77–110.

Papousek, H. & Papousek, M. (1979). The infant's fundamental adaptive response system in social interaction. In: E.B. Thomas (Hrsg.). Origins of the infant's social responsiveness. Hillsdale, N.Y.: Lawrence Erlbaum Associates, pp. 175–208.

Papousek, H. & Papousek, M. (1999). Symbolbildung, Emotionsregulation und soziale Interaktion. In: W. Friedlmeier & M. Holodynski (Hrsg.). Emotionale Entwicklung. Heidelberg: Spektrum, S. 136–155.

Pataki, G., Maul, T. & Tarantino, A. (1998). Strategies for Crisis Intervention and Prevention- Revised. Instructors Guide. Albany.

Petermann, F. (2002). Verhaltenstraining für Schulanfänger. Paderborn, München (u.a.): Schöningh.

Petermann, F. & Bochmann, F. (1993). Metaanalyse von Kinderverhaltenstrainings: Eine erste Bilanz. In: Zeitschrift für Klinische Psychologie, 22. Jg., S. 137–152.

Petermann, F., Döpfner, M. & Schmidt, H.M. (2001). Aggressiv-dissoziale Störungen. Göttingen, Bern, Toronto, Seattle: Hogrefe.

Petermann, F. et al. (1999a). Komorbidität, Risikofaktoren und Verlauf aggressiven Verhaltens: Ergebnisse der Bremer Jugendstudie. In: Kindheit und Entwicklung, 8. Jg., S. 49–58.

Petermann, F. et al. (1997). Sozialtraining in der Schule. Weinheim: Psychologie Verlags Union.

Petermann, F., Kusch, M. & Niebank, K. (1998). Entwicklungspsychopathologie. Ein Lehrbuch. Weinheim: PVU.

Petermann, F., Niebank, K. & Scheithauer, H. (2004). Entwicklungswissenschaft: Entwicklungspsychologie – Genetik – Neuropsychologie. Berlin, Heidelberg: Springer.

Petermann, F. & Petermann, U. (1994). Training mit aggressiven Kindern. 7. Auflage. Weinheim: Psychologie Verlags Union.

Petermann, F. & Petermann, U. (1996). Training mit Jugendlichen. Förderung von Arbeits- und Sozialverhalten. 5. Auflage. Weinheim: Beltz.

Petermann, F. & Petermann, U. (1997). Training mit aggressiven Kindern. Einzeltraining, Kindergruppe, Elternberatung. 8. veränd. und erw. Auflage. Weinheim: Psychologie Verlags Union.

Petermann, F. & Petermann, U. (2000). Aggressionsdiagnostik. Göttingen: Hogrefe.

Petermann, F. & Petermann, U. (2001). Training mit aggressiven Kindern. 10. überarb. Auflage. Weinheim: Psychologie Verlags Union.

Petermann, F. & Warschburger, P. (1995). Aggression. In: F. Petermann (Hrsg.). Lehrbuch der Klinischen Kinderpsychologie. Modelle psychischer Störungen im Kindes- und Jugendalter. Göttingen, Bern, Toronto, Seattle: Hogrefe, S. 127–163.

Petermann, F. & Wiedebusch, S. (2003). Emotionale Kompetenz bei Kindern. Göttingen, Bern, Toronto, Seattle: Hogrefe.

Pfeiffer, C. et al. (1998). Ausgrenzung, Gewalt und Kriminalität im Leben junger Menschen – Kinder und Jugendliche als Täter und Opfer. Hannover: DVJJ.

Portmann, R. (2001). Spiele, die stark machen. 2. Auflage. München: Don-Bosco.

Portmann, R. (2002). Spiele zum Umgang mit Aggressionen. 7. Auflage. München: Don-Bosco.

Prinz, R.J. & Jones, T.L. (2003). Family-based interventions. In: C.A. Essau (2003a). Conduct and oppositional defiant disorders: Epidemilogy, risk factors, and treatment. Hillsdale, N.J.: Lawrence Erlbaum Associates, pp. 279–298.

Prudhomme-White, B. et al. (2000). Behavioral and physiological responsivity, sleep, and patterns of daily cortisol production in infants with and without colic. In: Child Development, 71, pp. 862–877.

Pühse, U. (1990). Soziales Lernen im Sport. Bad Heilbrunn: Klinkhardt.

Rand, C. (1986). Moods And Degrees Of Involvement In Running. Diss. Abstr. Intern., 46 (7-B), 2466.

Raine, A. et al. (2003). Effects of environmental enrichment at ages 3–5 on schizotypal personality and antisocial behavior at age 17 and 23 years. American Journal of Psychiatry, 169, pp. 1627–1635.

Ratzke, K. (2001). Gewalt, Aggressivität und Aggressionen. In: M. Cierpka (Hrsg.). Kinder mit aggressivem Verhalten. Ein Praxismanual für Schulen, Kindergärten und Beratungsstellen. Göttingen, Bern, Toronto, Seattle: Hogrefe.

Resch, F. (1999). Entwicklungspsychopathologie des Kindes- und Jugendalters. Ein Lehrbuch. Weinheim: Beltz.

Resch, F. (2004). Entwicklungspsychopathologie der frühen Kindheit im interdisziplinären Spannungsfeld. In: M. Papousek, M. Schieche & H. Wurmser (Hrsg.). Regulationsstörungen der frühen Kindheit. Bern, Göttingen, Toronto, Seattle: Huber, S. 317–348.

Richardson, D.R, Green, L.R. & Lago, T. (1998). The relationship between perspective taking and nonaggressive responding in the face of attack. In: Journal of Personality, 66, pp. 235–256.

Romano, E., Tremblay, R.E. & Vitaro, F. (2001). Prevalence of psychiatric diagnoses and the role of perceived impairment: findings from an adolescent community sample. In: Journal of Child Psychology and Psychiatry, 42, pp. 451–461.

Roth, M. (2002). Geschlechtsunterschiede im Körperbild Jugendlicher und deren Bedeutung für das Selbstwertgefühl. In: Praxis der Kinderpsychologie und Kinderpsychiatrie, 51. Jg., H. 3., S. 150–164.

Rothbart, M.K. & Bates, J.E. (1998). Temperament. In: W. Damon (Series Ed.), N. Eisenberg (Vol. Ed.). Handbook of child psychology: Social, emotional, and personality development. New York: Wiley, Sons, pp. 105–176.

Rothbart, M.K., Derryberry, D. & Posner, M.I. (1994). A psychobiological approach to the development of temperamt. In: J.E. Bates & T.D. Wachs (Hrsg.). Temperament: Individual differences at the interface of biology and behaviour. Washington, DC: American Psychological Association, pp. 83–116.

Rotter, J.B. (1966). General expectancies for internal vs. External control of reinforcement. In: Psychological Monographs, 80.

Russel, A. & Owens, L. (1999). Peer estimates of school-aged boys' and girls' aggression to same – and coss-sex targets. In: Social Development, 8, pp. 364–379.

Saß, H., Wittchen, H.-U. & Zaudig, M. (1996). Diagnostisches und Statistisches Manual Psychischer Störungen. Göttingen: Hogrefe.

Scheithauer, H. (2003). Aggressives Verhalten von Jungen und Mädchen. Göttingen, Bern: Hogrefe.

Scheithauer, H. & Petermann, F. (2000). Aggression In: F. Petermann (Hrsg.). Lehrbuch der klinischen Kinderpsychologie und –psychotherapie. 4. überarb. und erw. Auflage. Göttingen, Bern, Toronto, Seattle: Hogrefe, S. 187–226.

Scheithauer, H. & Petermann F. (2004). Aggressiv-dissoziales Verhalten. In: F. Petermann, K. Niebank & H. Scheithauer (Hrsg.). Entwicklungswissenschaft: Entwicklungspsychologie – Genetik – Neuropsychologie. Berlin, Heidelberg: Springer, S. 367–406.

Schenk-Danzinger, L. (2002). Entwicklungspsychologie. Neubearbeitung Rieder, K., Wien: öbv & hpt.

Scheerer, S. (1997). Delinquenz. In: Deutschen Verein für öffentliche und private Fürsorge (Hrsg.). Fachlexikon der Sozialen Arbeit. 4. Auflage. Stuttgart, Berlin, Köln: Kohlhammer, S. 195–196.

Scherr, A. (2004). Körperlichkeit, Gewalt und soziale Ausgrenzung in der ‚postindustriellen Wissensgesellschaft'. In: W. Heitmeyer & H.-G. Soeffner (Hrsg.). Gewalt. Frankfurt/M.: Suhrkamp, S. 202–225.

Schick, A. & Cierpka, M. (2003). FAUSTLOS: Evaluation eines Curriculums zur Förderung sozial-emotionaler Kompetenzen und zur Gewaltprävention in der Grundschule. In: Kindheit und Entwicklung, 12. Jg., H. 2, Präventionsprogramme. Göttingen: Hogrefe, S. 100–110.

Schick, A. & Ott, I. (2002). Gewaltprävention an Schulen – Ansätze und Ergebnisse. In: Praxis der Kinderpsychologie und Kinderpsychiatrie, 51. Jg., S. 766–799.

Schlicht, W. (1994). Sport und Primärprävention. Göttingen: Hogrefe.

Schmeck, K. (2003). Die Bedeutung von spezifischen Temperamentsmerkmalen bei aggressiven Verhaltensstörungen. In: U. Lehmkuhl (Hrsg). Aggressives Verhalten bei Kindern und Jugendlichen. Ursachen, Prävention, Behandlung. Göttingen: Vandenhoeck & Ruprecht, S. 157–174.

Schmidt-Denter, U. (1996). Soziale Entwicklung. 3. Auflage. Weinheim: Beltz: Psychologie-Verlags-Union.

Schmidtchen, S. (2001). Allgemeine Psychotherapie für Kinder, Jugendliche und Familien. 1. Auflage. Stuttgart, Berlin, Köln: Kohlhammer.

Schüler, W. (1991). Sozialpädagogische Intervention durch Sport. Dargestellt am Beispiel des Langstreckenlaufs. Eine empirische Untersuchung an Kindern und Jugendlichen im Heim. Berlin: Spiess.

Schüler, W. (1999). Zur lauftherapeutischen Beeinflussung von Verhaltensstörungen bei Kindern und Jungendlichen – aufgezeigt an US-amerikanischen Untersuchungen. In: A. Weber (Hrsg.) (1999a). Hilf Dir selbst: Laufe! – Das Paderborner Modell der Lauftherapie und andere Modelle des Laufens. Paderborn: Junfermann, S. 264–274.

Sedlak, F. & Sindelar, B. (1994). Hurra, ich kann's – Frühförderung für Vorschüler und Schulanfänger. 6. Auflage. Wien: ÖBV.

Seibel, B. (Hrsg.) (2004). Sport und Soziale Arbeit – Ein Modellprojekt der Evangelischen Fachhochschule Freiburg, der Südbadischen Sportschule Steinbach und der Badischen Sportjugend Freiburg. Münster: LIT.

Shaw, D. S. & Winslow, E. B. (1997). Precursors and correlates of antisocial behavior from infancy to preschool. In: D. M. Stoff, J. Breiling & J.D. Maser (Hrsg.). Handbook of antisocial behavior. New York: Wiley, pp. 148–158.

Silverthorn, P. & Frick, P.J. (1999). Developmental pathways to antisocial behavior: The delayed-onset pathway in girls. In: Development and Psychopathology, 11, pp. 101–126.

Snunit, M. (1991). Der Seelenvogel. Hamburg: Carlsen.

Sommer, G. & Ernst, H. (Hrsg.) (1977). Gemeindepsychologie. Therapie und Prävention in der sozialen Umwelt. München: Urban und Schwarzenberg.

Spangler, G. (1995). Frühkindliche Bindungserfahrungen und Emotionsregulation. In: W. Friedlmeier & M. Holodynski (1999). Emotionale Entwicklung. Heidelberg: Spektrum Akademischer Verlag, S. 176–196.

Spangler, G. & Zimmermann, P. (Hrsg.) (1995). Die Bindungstheorie: Grundlagen, Forschung und Anwendung. 3. Auflage. Stuttgart: Klett-Cotta.

Stadt Nürnberg, Jugendamt (1996). Die Flirpse. 2. Auflage. Gefördert durch: Bayr. Staatsministerium für Arbeit und Sozialordnung, Familie, Frauen und Gesundheit. Nürnberg: im Selbstverlag.

State University of New York at New Paltz (2002). Online im Internet: www.newpaltz.edu.

State of Pensylvania (2002). The Pennsylvania Code website reflects the Pennsylvania Code changes effective through 32 Pa. B. 6236, Online im Internet: http://www.pacodr.com/secure/data/055/chapter5330/s5320.43.html.

Statistisches Bundesamt Deutschland (2004). Strafgefangene. Online im Internet: URL: http://www. destatis. de/basis/d/recht/rechts6.php [Stand: 03.12.2004].

Steffny, H. & Pramann, U. (2003). Perfektes Lauf-Training. Reihe: Fit for fun. Südwest.

Steinert, E. & Thiele, G. (2000). Sozialarbeitsforschung für Studium und Praxis. Einführung in die qualitativen und quantitativen Methoden. Köln, Wien, Aarau: Fortis.

Stern, D.N. (1992). Die Lebenserfahrung des Säuglings. Stuttgart: Klett-Cotta.

Stern, D.N. (1995). Die Repräsentation von Beziehungsmustern, entwicklungspsychologische Betrachtungen. In: R. Petzold (Hrsg.). Die Kraft liebevoller Blicke. Psychotherapie & Babyforschung, Bd. 2. Paderborn: Junfermann, S. 193–219.

Stern, D.N. (1998). Die Mutterschafts-Konstellation. Eine vergleichende Darstellung verschiedener Formen der Mutter-Kind-Psychotherapie. Stuttgart: Klett-Cotta.

Stoll, O. (2000). Ausdauersport und psychologische Aspekte im Freizeit und Breitensport. In: H. Ziemainz, U. Schmidt, O. Stoll (Hrsg.). Psychologie in Ausdauersportarten. Butzbach-Griedel: Afra, S. 8–36.

Strunz, U. (2000). Forever Young. Das Leichtlaufprogramm. München: Gräfe und Unzer.

Stuckensen, A. (1998). Die Chance von Sportvereinen bei der Resozialisierung krimineller Jugendlicher – Eine empirische Untersuchung über die Frage, ob sich Mitgliedschaft in einem Sportverein positiv auf die Resozialisierung Jugendlicher auswirken kann. Diss. Johannes Gutenberg – Universität Mainz.

Sturzbecher, D., Lanua, D. & Shahla, H. (2001). Jugendgewalt unter ostdeutschen Jugendlichen. In: D. Sturzbecher (Hrsg.). Jugend in Ostdeutschland: Lebenssituation und Delinquenz. Opladen: Leske + Budrich, S. 249–300.

Sygusch, R. (2000). Sportliche Aktivität und subjektive Gesundheitskonzepte. Eine Studie zum Erleben von Körper und Gesundheit bei jugendlichen Sportlern. Schorndorf: Hofmann.

Tausch, A.-M. & Langer, I. (1975). Weinen, Wüten, Lachen – Sechs Menschen zeigen, was sie fühlen. Kindergarten- und Vorschulprogramm du – ich – wir. Ravensburg: Otto Maier.

Taylor, M. (1998). A Call to Exemplary Service. In: Impact, 10, no 4.

Teichmann, H., Meyer-Probst, B. & Roether, D. (1991). Risikobewältigung in der lebenslangen psychischen Entwicklung. Berlin: Verlag Gesundheit.

Theunissen, G. (1998). Eltern behinderter Kinder als Experten in eigener Sache. In: Zeitschrift für Heilpädagogik, 49. Jg., H. 3, S. 105–110.

Thomas, A. & Chess, S. (1980). Temperament und Entwicklung. Stuttgart. Enke.

Thomas, A. & Chess, S. (1989). Temperament and personality. In: G.A. Kohnstamm, J.A. Bates & M.K. Rothbart (Hrsg.). Temperament in childhood. New York: Wiley.

Thomas, R.M. & Feldmann, B. (2002). Die Entwicklung des Kindes – Ein Lehr- und Praxisbuch. Weinheim, Basel: Beltz.

Thompson, R.A. (1998). Early sociopersonality development. In: W. Damon & N. Eisenberg (Hrsg.). Handbook of child psychology. New York: Wiley, 3, pp. 25–104.

Tillmann, K.-J. et al. (2000). Schülergewalt als Schulproblem – Verursachende Bedingungen, Erscheinungsformen und pädagogische Handlungsperspektiven. 2. Auflage. Weinheim, München: Juventa.

Tremblay, R.E. (2000a). The origins of youth violence. In: Canadian Journal of Policy Research, 1, pp. 19–24.

Trembley, R.E. (2000b). The development of aggressive behavior during childhood: What have we learned in the past century? In: International Journal of Behavioral Development, 24, pp. 129–141.

Tremblay, R.E. et al. (1999a). The search for age of „onset" of physical aggression: Rousseau and Bandura revisited. In: Criminal Behavior and Mental Health, 9, pp. 8–23.

Tschöpe-Scheffler, S. (2003). Elternkurse auf dem Prüfstand. Opladen: Leske + Budrich.

Tschöpe-Scheffler, S. (o.J.). Elternkurse im Vergleich. http://www.diakonie-baden.de/cms/pdf/forum_8_tschoepescheffler.pdf [Zugriff: 17.06.2005].

Turiel, E. (1998). The development of morality. In: W. Damon (Series Ed.) & N. Eisenberg (Volume Ed.). Handbook of child psychology, 5th ed. Vol. 3. Social, emotional, and personality development. New York: Wiley, pp. 863–932.

Verlinden, M. & Hauke, K. (1884). Einander annehmen. Soziale Beziehungen im Kindergarten: Ziele und Anregungen für Erzieher. Köln, Stuttgart, Berlin, Mainz: Kohlhammer.

Vitiello, B. & Stoff, D. M. (1997). Subtypes of aggression and their relevance to child psychiatry. In: Journal of the American Academy of Child and Adolescent Psychiatry, 36, pp. 307–315.

Vogt-Hillmann, M. & Burr, W. (Hrsg.) (2002). Kinderleichte Lösungen. Lösungsorientierte Kreative Kindertherapie. 4. Auflage. Dortmund: Borgmann.

Walden, T., Lemerise, E. & Smith, M.C. (1999). Friendship and popularity in preschool classrooms. Early Education and Development, 10, pp. 351–371.

Walker, J. (1995). Gewaltfreier Umgang mit Konflikten in der Grundschule. Berlin: Cornelson Scriptor.

Weber, A. (Hrsg.) (1984a). Gesundheit und Wohlbefinden durch regelmäßiges Laufen. Paderborn: Junfermann.

Weber, A. (1984b). Mehr Lebensfreude durch Laufen. In: A. Weber (Hrsg.) (1984a). Gesundheit und Wohlbefinden durch regelmäßiges Laufen. Paderborn: Junfermann, S. 13–30.

Weber, A. (1984c). Laufen verbindet Menschen – Kommunikatives Laufen. In: A. Weber (Hrsg.). Gesundheit und Wohlbefinden durch regelmäßiges Laufen. Paderborn: Junfermann, S. 127–141.

Weber, A. (1985). Fit für das Leben. Seelisches Wohlbefinden durch Laufen. Oberhachingen: Sportinform.

Weber, A. (1999). Das Paderborner Modell der Lauftherapie. In: A. Weber (Hrsg.). Hilf Dir selbst Laufe – Das Paderborner Modell der Lauftherapie und andere Modelle des Laufens. Paderborn: Junfermann, S. 13–53.

Weidner, J., Kilb, R. & Kreft, D. (Hrsg.) (1997). Gewalt im Griff. Neue Formen des Anti-Aggressivitäts-Trainings. Weinheim, Basel: Beltz.

World Health Organisation (WHO) (1993). The ICD-10 Classification of Mental and Behavioural Disorders: Diagnostic Criteria for Research. Geneva: World Health Organisation.

Wild, E., Hofer, M. & Pekrun, R. (2001). Psychologie des Lernens. In: A. Krapp & B. Weidenmann (Hrsg.). Pädagogische Psychologie: Ein Lehrbuch. 4. Auflage. Weinheim: Beltz. S. 207–270.

Whitehouse, E. & Pudney, W. (2002). Ein Vulkan in meinem Bauch. Berlin: Cornelson Scriptor.

Wirth, W. (1996). Das Evaluierungskriterium der Legalbewährung in der Strafvollzugsforschung. Ein methodologischer Problemaufriß in vier Thesen. In: H.-J. Kerner, G. Dolde & H.-G. Mey (Hrsg.). Jugendstrafvollzug und Bewährung – Analysen zum Vollzugsverlauf und zur Rückfallentwicklung. Bonn: Forum-Verlag Godesberg, S. 97–113.

Woerner, W. et al. (2002). Normierung und Evaluation der deutschen Elternversion des Strength and Difficulties Questionnaire (SDQ): Ergebnisse einer repräsentativen Felderhebung. In: Zeitschrift für Kinder- und Jugendpsychiatrie and Psychotherapie, 30, S. 105–112.

Wurmser, H. & Papousek, M. (2004). Zahlen und Fakten zu frühkindlichen Regulationsstörungen: Datenbasis aus der Münchner Spezialambulanz. In: M. Papousek, M. Schieche & H. Wurmser (Hrsg.). Regulationsstörungen der frühen Kindheit. Bern, Göttingen, Toronto, Seattle: Huber, S. 49–76.

Wustmann, C. (2003). Was Kinder stärkt – Ergebnisse der Resilienzforschung und ihre Bedeutung für die pädagogische Praxis. In: W.E. Fthenakis (Hrsg.). Elementarpädagogik nach PISA. Wie aus Kindertagesstätten Bildungseinrichtungen werden können. Freiburg i. Br.: Herder, S. 106–135.

Zahn-Waxler, C. et al. (1996). Behavior problems in 5-year-old monozygotic and dizygotic twins and environmental influences, patterns or regulation, and internalization of control. In: Development and Psychopathology, 8, pp. 103–122.

Ziegenhain, U. (2004). Entwicklungspsychologische Beratung für junge Eltern: Grundlagen und Handlungskonzepte für die Jugendhilfe. Weinheim, München: Juventa.

Zentner, M.R. (2000). Das Temperament als Risikofaktor in der frühkindlichen Entwicklung. In: F. Petermann, K. Niebank & H. Scheithauer (Hrsg.). Risiken in der frühkindlichen Entwicklung. Entwicklungspsychopathologie der ersten Lebensjahre. Göttingen: Hogrefe, S. 257–281.

Zimmer, R. (1989). Kreative Bewegungsspiele. Psychomotorische Fölrderung im Kindergarten. 10. Auflage. Freiburg i. Br.: Herder.

Zimmer, R. (1993). Handbuch der Bewegungserziehung. Didaktisch-methodische Grundlagen und Ideen für die Praxis. 9. Auflage. Freiburg i. Br., Basel, Wien: Herder.

Zimmer, R. (1999). Handbuch der Psychomotorik. 4. Auflage. Freiburg i. Br.: Herder.

Zumkley H. (1994). The stability of aggressive behavior: A meta analysis. In: German Journal of Psychology, 18, pp. 273–281.

Über die Autorinnen und Autoren

Fröhlich-Gildhoff, Klaus, Prof. Dr.,
Jg. 1956, ist hauptamtlicher Dozent für Klinische Psychologie und Entwicklungspsychologie an der EFH Freiburg. Approbation als Psychologischer Psychotherapeut und Kinder- und Jugendlichenpsychotherapeut. Zusatzausbildungen in Psychoanalyse (DGIP, DGPT), Personzentrierter Psychotherapie mit Kindern und Jugendlichen (GwG), Gesprächspsychotherapie (GwG). 20 Jahre Tätigkeit als niedergelassener Psychotherapeut und als Geschäftsführer eines Jugendhilfeträgers (AKGG). Supervisor bzw. Dozent/Ausbilder bei verschiedenen Psychotherapie-Ausbildungsstätten. Leiter des Zentrums für Kinder- und Jugendforschung an der EFH Freiburg; Forschung im Bereich Jugendhilfe, Pädagogik der Frühen Kindheit, Psychotherapie mit Kindern und Jugendlichen. Leiter des BA Studiengangs Pädagogik der Frühen Kindheit.

Adresse: Evangelische Fachhochschule Freiburg
          Bugginger Str. 38, 79114 Freiburg
          Tel. 0761–4781240
          E-Mail: froehlich-gildhoff@efh-freiburg.de

Abler, Andreas
Jg. 1978, Dipl.-Sozialpädagoge (FH), Erlebnis- und Umweltpädagoge, staatlich geprüfter Bankkaufmann
aktuelle Berufstätigkeit: Sozialpädagoge in einem städtischen Kinder- und Familienzentrum

E-Mail: andreasabler@freenet.de

Dold, Ines
Jg. 1979, Dipl.-Sozialpädagogin (FH)

E-Mail: inesdold@gmx.de

Gröschner, Tonja
Jg. 1978, Dipl.-Sozialpädagogin (FH), Gruppenleiterin in einem integrativen Kindergarten mit von seelischer Behinderung bedrohten Kindern

E-Mail: tonja.groeschner@gmx.de

Isele, Katrin
Jg. 1980, Dipl.-Sozialpädagogin/Sozialarbeiterin (FH)
aktuelle Berufstätigkeit: Jugendhausleitung

Adresse: Gustav-Schulenburg-Str. 20, 76189 Karlsruhe
E-Mail: katrin-isele@web.de

Klein, Philipp
Jg. 1978, Dipl.-Sozialarbeiter/Dipl.-Sozialpädagoge (FH)
Tätigkeit: Care Management in England, zuvor: Arbeit in der Jugendhilfe in den USA

E-Mail: kleinphi@web.de

Mordhorst, Wendula
Jg. 1979, Dipl.-Sozialarbeiterin/Dipl.-Sozialpädagogin (FH)
Tätigkeit: Care Management England, zuvor: Arbeit in der Jugendhilfe in den USA

E-Mail: w.mordhorst@web.de

Steinmetz-Brand, Ute
Jg. 1950, Studium: Erziehungswissenschaft, Diplom-Pädagogik;
Lehramt für die Fächer Deutsch und Englisch
Tätigkeit: Leitung einer Schule für Erziehungshilfe und Kranke mit sozialpädagogischer Tagesgruppe; Päd. Leitung im Bereich Jugendhilfe des AKGG, Kassel
Nebenberuflich: Lehraufträge an der Universität Kassel; Erarbeitung eines Konzeptes „Erziehungshilfe für Regelschulen" im Staatlichen Schulamt Kassel

Adresse: Wilhelmshöher Weg 85, 34130 Kassel

Stichwortverzeichnis

Klaus Fröhlich-Gildhoff

Freiburger Anti-Gewalt-Training (FAGT)

Ein Handbuch

2006. 216 Seiten. Kart.
€ 24,80
ISBN 3-17-018847-X

Das Freiburger Anti-Gewalt-Training (FAGT) ist ein Interventions-programm zur Veränderung (über-)aggressiven und gewalttätigen Verhaltens bei Kindern und Jugendlichen. Es verfolgt einen ganz-heitlichen Ansatz, d. h. es setzt nicht nur am Gewaltverhalten an, sondern versucht, die zugrunde liegenden Faktoren (inadäquate Selbst- und Fremdwahrnehmung, unzureichende Selbststeuerung, geringer Selbstwert, unzureichende soziale Kompetenzen) anzugehen.

Das in der Praxis mehrfach erfolgreich angewandte und systema-tisch evaluierte Programm ist aus einzelnen Trainingseinheiten mit Kindern und Jugendlichen sowie Elementen der Elternarbeit aufge-baut. Die Diagnostik- und Evaluationsinstrumente sind gleichfalls Bestandteil des Handbuchs.

▶ **www.kohlhammer.de**

W. Kohlhammer GmbH · 70549 Stuttgart
Tel. 0711/7863 - 7280 · Fax 0711/7863 - 8430